Christoph Lucerna
Vermarktung von Sportereignissen

Christoph Lucerna

Vermarktung von Sportereignissen

Eine sozialpsychologische Perspektive

**Mit einem Geleitwort von
Prof. Dr. Hans Mühlbacher**

 Springer Fachmedien Wiesbaden GmbH

Die Deutsche Bibliothek – CIP-Einheitsaufnahme

Lucerna, Christoph:
Vermarktung von Sportereignissen : eine sozialpsychologische
Perspektive / Christoph Lucerna. Mit einem Geleitw. von
Hans Mühlbacher.
(DUV : Wirtschaftswissenschaft)
Zugl.: Innsbruck. Univ., Diss., 1996
ISBN 978-3-8244-0340-0   ISBN 978-3-663-11744-5 (eBook)
DOI 10.1007/978-3-663-11744-5

© Springer Fachmedien Wiesbaden 1997
Ursprünglich erschienen bei Deutscher Universitäts-Verlag GmbH, Wiesbaden 1997

Lektorat: Monika Mülhausen

Geleitwort

Anbieter von Sportereignissen leiden unter der schwankenden Zahl von Zusehern, die sich persönlich an die Stätte des Ereignisses begeben. Für Profisportunternehmen stellt dies ein nicht unbeträchtliches Gefährdungspotential ihrer Existenz dar. Darum ist jedes Angebot von seiten der Wissenschaft willkommen, die Ursachen der Zuseherschwankungen aufzuklären und Anregungen zu geben, wie sie hintanzuhalten wären.

Dr. Lucerna hat sich mit seiner Arbeit das Ziel gesetzt, auf Basis einer Analyse der bestehenden Ansätze zur Erklärung aktiven Konsums von Sportereignissen einen theoretischen Bezugsrahmen für das Phänomen zu schaffen, einen für die Erklärung der Schwankungen der Zuseherzahlen geeignet erscheinenden theoretischen Ansatz auszuwählen und darauf aufbauend nicht nur das Phänomen zu erklären, sondern auch Handlungsvorschläge für Manager von Sportereignissen abzuleiten. Das Ergebnis ist eine sehr kritische Analyse vorliegender theoretischer Konzepte und empirischer Untersuchungen, die zur Auswahl des Konstrukts der Gruppenidentifikation als geeigneten Ansatzpunkt für die weitere Annäherung an die gesteckten Ziele führt. Die diesem Konstrukt zugrundeliegende Theorie der sozialen Identität wird in der Folge zur Ableitung der Ausgangsbedingungen für mehr oder weniger regelmäßigen aktiven Konsum von Sportereignissen herangezogen. Sie dienen dem Autor als Grundlage für eine ganze Reihe von praktischen Schlußfolgerungen für Veranstalter von Sportereignissen.

Die von Dr. Lucerna vorgelegten theoretischen Überlegungen zu den Auslösern unterschiedlichen Zuseherverhaltens sind eine anregende Grundlage für weiterführende empirische Untersuchungen im Rahmen sozialwissenschaftlicher Forschungsarbeiten. Für Sportveranstalter enthält die Arbeit lesens- und beachtenswerte praktische Vorschläge zur Lösung eines weitverbreiteten Problems. Das Buch ist daher als Ideenquelle für theoretisch wie auch praktisch interessierte Leserinnen und Leser zu empfehlen.

Univ. Prof. Dr. Hans Mühlbacher

V

Vorwort

Es geht ihm nicht darum, die Blume zu pflücken, es geht ihm darum, den Weg zu gehen.

Still war`s geworden, dunkel und kühl. Sehr kühl. Er wollte weiter, nein, er mußte einfach weiter, sonst würde er wohl erfrieren..... Der Weg war sehr mühsam, mit letzten Kräften setzte er einen Schritt neben den anderen. Die Luft wurde dünner, der Wind kälter. Er wollte schon aufgeben, als er in der Ferne Licht sah. Es war so stark, daß es den Weg, den er gerade mit letzter Mühe beschritt, zu beleuchten vermochte. Bei näherem Hinsehen bemerkte er, daß die Quelle des Lichtes eine unaufdringliche, zierliche Blume war. Es war eine Blume, die sich der Kälte und Dunkelheit widersetzte, ja im Gegenteil, eine Pflanze, die gerade in dieser Kälte eine Schönheit und Reinheit ausstrahlte, die unvergleichlich war. Er näherte sich der Blume, bemerkte aber, daß sie doch viel weiter weg zu sein schien, als er gedacht hatte. "Geh weiter!" flüsterte ihm die Blume immer wieder zu. Und so geschah`s, er ging weiter. Er wollte die Blume einfach sehen, erkennen, er wollte sie begreifen. Ja, er wollte es. Und im Gehen kam die Kraft zurück, und mit der Kraft die Wärme. Er ist sich bewußt, daß er die Blume niemals ganz erreichen wird, aber er kennt seinen Weg.

Dank gebührt vor allem Herrn Prof. Mühlbacher, der meinen Forschungsprozeß begleitete, mich Schritt für Schritt in das "Handwerk" der Wissenschaft einführte und der immer wieder als wertvoller Ideengenerator fungierte.

Obwohl es mir nicht möglich war, mit meinem Zweitbegutchter in einen intensiven Dialog zu treten, möchte ich mich bei Herrn Prof. Hammer für die Übernahme meiner Zweitbegutachtung recht herzlich bedanken.

Bedanken möchte ich mich auch bei meinem Kollegen Dietmar, dessen praktisches Wissen sich im Hinblick auf Strategien und Aktivitäten von Sportorganisationen als ein wichtiger Beitrag für die Entwicklung des in dieser Arbeit dargestellten theoretischen Ansatzes erwies.

Erwähnen möchte ich an diesem Punkt auch meinen Aufenthalt in Montaione in der Toskana, wo ich im Umfeld des "Chianti Classico" meine Arbeit zu Ende schrieb. Die Freundlichkeit der Familie Barberi und die Diskussionen über Ethik und Marketing werden mir stets in Erinnerung bleiben.

Nicht zuletzt richte ich ein herzliches Dankeschön an den Tiroler, ans Muaterle und an meine Brüder Lothar und Markus.

Christoph Lucerna

Inhaltsverzeichnis

Geleitwort   V

Vorwort   VII

Inhaltsverzeichnis   IX

Abbildungsverzeichnis   VIII

1. Einleitung: Das Zuschauerproblem im Rahmen von Sportereignissen   1
2. Forschungsfrage   5
3. Forschungsziele   15
4. Vorgehensweise   15

Teil I

**Darstellung und Bewertung bestehender Ansätze zur Erklärung
des aktiven Zusehens**   17

1.1. Definition der Rahmenbedingungen zur Darstellung und Bewertung
potentieller Ansätze des aktiven gelegentlichen oder regelmäßigen Konsums
von Mannschaftsportereignissen   18

   1.1.1. Auswahl der zur Diskussion stehenden theoretischen Ansätze   18
   1.1.2. Bewertung der Ansätze   19

      1.1.2.1. Bestimmung der Bewertungskriterien   20
      1.1.2.2. Bewertungsvorgang   20

1.2. Darstellung und Bewertung von Zuschaueransätzen zur Erklärung
von Zuschauerverhalten   21

   1.2.1. Sportsoziologische Zuschaueransätze   22

1.2.1.1. Erklärung der Faszination von Fußballereignissen   23

1.2.1.2. Untersuchungen zu fanatischen Fußballanhängern   25

1.2.1.3. Untersuchungen zu demographischen Merkmalen   27

1.2.2. Sportpsychologische Ansätze   28

1.2.2.1. Theorieentwicklung   28

1.2.2.2. Motivforschung   34

1.2.2.2.1. Allgemeine Motivforschung   34

1.2.2.2.2. Identifikationsforschung   36

1.2.2.2.3. Tiefenpsychologische Forschung   39

1.2.3. Volkswirtschaftliche Modelle   39

1.2.4. Betriebswirtschaftliche Untersuchungen   43

1.2.5. Die Bewertung der Zuschaueransätze im Überblick   45

1.3. Darstellung und Bewertung von theoretischen Erklärungsansätzen im Marketing   47

1.3.1. Dienstleistungsmarketing   47

1.3.1.1. Bestimmende Faktoren der wiederholten Inanspruchnahme einer Dienstleistung   47

1.3.1.2. Entstehungsbedingungen von Kundenzufriedenheit   49

1.3.1.3. Bewertung des Ansatzes des Dienstleistungsmarketing   55

1.3.2. Ansätze zur Markentreue   62

1.3.2.1. Überblick auf die Erklärungsansätze   62

1.3.2.2. Ansätze zur Erklärung von regelmäßigem Zusehen   64

1.3.2.3. Ansätze zur Erklärung von gelegentlichem Zusehen   69

1.3.2.4. Bewertung der Ansätze zur Markentreue   71

1.3.3. Zusammenfassung der Bewertung der Ansätze aus dem Marketing   76

1.4. Resümee   77

Teil II

Regelmäßiges oder gelegentliches Zusehen bestimmende Faktoren   **81**

2.1. Überblick auf die in der Literatur diskutierten Faktoren   83
2.2. Regelmäßiges Zusehen bestimmende Faktoren   84

    2.2.1. Aggression   84
    2.2.2. Identität und Identifikation als gleichbedeutende Phänomene
    im Rahmen des regelmäßigen aktiven Zusehens   86
    2.2.3. Identifikation   89

        2.2.3.1. Identifikationskonzepte   89
        2.2.3.2. Identifikationsansätze für die vorliegende Arbeit   91
        2.2.3.3. Gruppenidentifikation als Identifikationskonzept der Arbeit   94
        2.2.3.4. Konzepte der Gruppenidentifikation   97
        2.2.3.5. Das ausgewählte Identifikationskonzept der Arbeit:
        Der Ansatz der Gruppenidentifikation nach Tajfel   98
        2.2.3.6. Regelmäßiges aktives Zusehen als Konsequenz der
        Gruppenidentifikation   105

2.3. Gelegentliches Zusehen bestimmende Faktoren   112

    2.3.1. Attribute von Sportereignissen   113

        2.3.1.1. Leistung der Heimmannschaft   116
        2.3.1.2. Wettbewerbsintensität   119

2.3.2. Motive zur Erklärung des gelegentlichen Konsums von Sportereignissen 122

2.3.2.1. Unterhaltung 123
2.3.2.2. Selbstwertgefühl 124

2.3.2.2.1. Gelegentlicher Besuch von Sportereignissen als
Management des individuellen Selbstwertgefühls 124
2.3.2.2.2. Ergebnisse der Attributionsforschung 128

2.4. Resümee 132

Teil III

**Gruppenidentifikation als zentrales Konstrukt der Theorie der Sozialen
Identität und seine für Sportereignisse relevanten Antezedenzbedingungen 136**

3.1. Grundlagen zum Konstrukt 137

3.1.1. Gruppenidentifikation als zentrales Konstrukt der Theorie der
Sozialen Identität 137
3.1.2. Die Charakteristiken des Konstruktes der Gruppenidentifikation 142

3.1.2.1. Das Konstrukt der Gruppenidentifikation als Bestandteil
des Selbstkonzeptes eines Individuums 142
3.1.2.2. Situative Aktivierung des Konstrukts der Gruppenidentifikation 144
3.1.2.3. Gruppenidentifikation als kognitives Konstrukt 146
3.1.2.4. Der motivationale Hintergrund des Konstrukts 147

3.1.3. Der Entstehungsprozeß der Gruppenidentifikation:
die Selbstkategorisierung 149

3.1.3.1. Gruppenidentifikation auf unterschiedlichen Abstraktionsniveaus
(Hypothese 1)   150

3.1.3.2. Sozialer Vergleich als grundlegender psychischer Prozeß der
Selbstkategorisierung (Hypothese 2)   151

3.1.3.3. Das Prinzip der relativen Ähnlichkeit (Hypothese 3)   151

3.1.4. Konsequenzen von Gruppenidentifikation   153

3.1.4.1. Der Vorgang der Depersonalisation   153

3.1.4.2. Ingroup/Outgroup-Denken   154

3.2. Antezedenzbedingungen des Konstruktes der Gruppenidentifikation
in ihrer Bedeutung für das Sportsetting   155

3.2.1. Vorabzuklärende Fragen   156

3.2.1.1 Die Frage nach der Betrachtungsebene   156

3.2.1.2 Die Frage nach der Gruppe   157

3.2.2. Status   165

3.2.2.1. Der Einfluß des Gruppenstatus auf die Gruppenidentifikation
im Rahmen von Sportereignissen   166

3.2.2.2. Erklärungsansatz für gelegentliches Zusehen bei negativem
sozialen Status   168

3.2.2.3. Erklärungsansatz für regelmäßiges Zusehen bei negativem
sozialen Status   170

3.2.2.3.1. Alternative Status-Management-Strategien unter
Negativbedingungen   171

3.2.2.3.2. Bedingungen zur Aktivierung alternativer Status-
Management-Strategien   179

3.2.2.3.2.1. Soziostrukturelle Bedingungen 179

3.2.2.3.2.2. Subjektive Faktoren als Voraussetzung der Aktivierung
von Ausweichstrategien 189

3.2.2.3.3. Theoretischer Rahmen für die Gruppenidentifikation unter
Negativbedingungen 197

3.2.2.3.4. Subjektive Faktoren als Erklärungsansatz "mysteriöser"
Zuschauerphänomene 199

3.2.3. Wettbewerbsintensität 208

3.2.3.1. Regelmäßige Zuseher 209

3.2.3.2. Gelegentliche Zuseher 209

3.2.4. Gruppenstrukturelle Bedingungen 212

3.2.4.1. Abstraktionsebene 212

3.2.4.2. Zugänglichkeit und Fit der Stimuli 213

3.2.4.3. Gruppendichte 214

3.3. Zusammenfassung 215

Teil IV

Praktische Implikationen und Grenzen der Arbeit **217**

4.1. Implikationen 218

4.1.1. Bestimmung grundsätzlich attraktiver Segmente 218

4.1.2. Erhöhung der Gruppenidentifikation 221

4.1.2.1. Entwicklung eines normativen Modells zur Beeinflussung des
Gruppenstatus 222

4.1.2.1.1. "Rolle" als Nutzenerwartung und Instrumente zu ihrer
Beeinflussung   224

4.1.2.1.2. "Ähnlichkeiten" als Nutzenerwartung und Instrumente zu
ihrer Beeinflussung   226

4.1.2.1.2.1. Spieler und Trainer der Mannschaft als Prototypen
der Gruppe   228

4.1.2.1.2.2. Rituale und Symbole als zentrale Elemente der
Selbstähnlichkeit   230

4.1.2.1.3. Kommunikation als unterstützendes Instrument einer hohen
Gruppenidentifikation unter Negativbedingungen   233

4.1.2.1.3.1. Die Medien in der Sportpraxis   233

4.1.2.1.3.2. Inhalte der Sportberichterstattungen   235

4.1.3.1.3.3. Bezeichnung der Sportmannschaft   237

4.1.2.1.4. Implementierungsanforderung   238

4.1.2.1.5. Das normative Modell im Überblick   239

4.1.2.2. Wettbewerbsintensität   241

4.2. Ethische Anmerkungen zum Ansatz und seiner Implikationen   242

4.3. Grenzen und Ausblick   245

Literaturverzeichnis   253

Abbildungsverzeichnis

Abb. 1:   Die prozentuelle Verteilung der Einnahmequellen von professionellen
           Sportunternehmen   2

Abb. 2:   Klassifikation der Sportarten nach Individual- und Mannschafts-
           sportarten nach Benner (1992)   9

Abb. 3:   Kategorisierungsschema von Sportereignissen   12

Abb. 4:   SMB`s   14

Abb. 5:   Bewertung der Zuschauertheorien nach Sloan (1979)   30

Abb. 6:   Qualitätsindikatoren nach Gärtner/Pommerehne (1978)   40/41

Abb. 7:   Attribute des Sportereignisses und sonstige Bedingungen
           nach Hansen/Gauthier (1989)   43/44

Abb. 8:   Bewertung der Zuschaueransätze   46

Abb. 9:   Entstehungsbedingungen der Kundenzufriedenheit   49

Abb. 10:   Komponenten der Erwartungsbildung bei Dienstleistungen
           nach Haller (1995)   51

Abb. 11:   Dienstleistungsqualitätsmodell nach Grönroos (1982, abgeändert)   52

Abb. 12:   Dienstleistungsqualitätsfaktoren nach Grönroos (1982)   53

Abb. 13:   Bildung des Qualitätsurteils bei Dienstleistungen nach Haller (1995)   54

Abb. 14:   Qualitätsbeurteilung bei Sportereignissen   57

Abb. 15:   Die Loyalitätspyramide nach Aaker (1991)   65

Abb. 16:   Vorbedingungen von Marken-Commitment
            nach Geyer/Dotson/King (1991)   68

Abb. 17:   Bewertung der Ansätze aus dem Marketing   76

Abb. 18:   Faktorengruppen zur Erklärung des aktiven Zusehens   83

Abb. 19:   Das Grundmuster der Identität und der Identifikation   88

Abb. 20:   Klassifizierungsschema der Identifikationskonzepte in der Literatur   92

Abb. 21:   Ansätze zur Entstehung von Wir-Gefühl nach Hogg/Abrams (1988)   99

Abb. 22:   Ausmaß der Identifikation mit dem Team und psychische
            Distanzen nach Siegen (BIRG) und nach Niederlagen (CORF)
            (Wann/Branscombe, 1990)   109

Abb. 23:   Wichtigkeit der Attribute für den Besuch von Sportereignissen
            nach Hansen/Gauthier (1989)   114

Abb. 24:   Das Attribut "Leistung der Heimmannschaft"   119

Abb. 25:   Das Attribut "Wettbewerbsintensität"   122

Abb. 26:   Gruppenidentifikation als intervenierende Variable im Rahmen
            gelegentlichen Zusehens bei Sportereignissen   134

Abb. 27:   "Das Individuum in der Gruppe" im Unterschied zu
            "Die Gruppe im Individuum"   141

Abb. 28:   Die Struktur des Selbst nach Hogg/Abrams (1988)   143

Abb. 29:   Die Funktionsweise der Subsysteme der Identität   145

Abb. 30:   Abstraktionsebenen der Selbstkategorisierung   150

Abb. 31:   Situationscharakteristiken im Stadion   159

Abb. 32:   Zusammenhang zwischen Gruppenstatus und Gruppenidentifikation   166

Abb. 33:   Strategien von gelegentlichen Zusehern unter Negativbedingungen   170

Abb. 34:   Keine Identitätsalternativen für Personen mit niedrigen individuellen
           Fähigkeiten   191

Abb. 35:   Theoretischer Rahmen für die Erklärung der Gruppenidentifikation
           unter Negativbedingungen bei Sportereignissen   198

Abb. 36:   Zusammenhang zwischen demographischen Variablen und
           subjektiven, eine grundsätzlich hohe Identifikation mit der
           Gruppe bewirkende Faktoren   207

Abb. 37:   Normatives Modell zur Erreichung einer hohen Gruppenidentifika-
           tion unter Negativbedingungen im Rahmen von Sportereignissen   240

Abb. 38:   Meßskala der Gruppenidentifikation nach Crocker/Luhtanen (1992)   249

1. Einleitung: Das Zuschauerproblem im Rahmen von Sportereignissen

Der Sport im allgemeinen und der Leistungssport im besonderen erfuhr in den beiden letzten Jahrzehnten eine enorme gesellschaftliche und wirtschaftliche Entwicklung (Weiß, 1990; Bässler, 1992; Cook, 1994). Zum einen etablierte sich der Sport als einer der wesentlichen Anbieter in der Freizeitbranche (Cook, 1994), zum anderen wurde er zusehends interessanter als Werbeträger für die Wirtschaft (Hackforth, 1988). Der gesellschaftliche und wirtschaftliche Aufschwung wurde von in der Sportbranche tätigen Unternehmen als Chance erkannt und genutzt. Dies äußert sich beispielsweise darin, daß sich immer wieder neue Märkte bilden und immer wieder neue Kundengruppen definiert und angesprochen werden.

Während aber vor Jahren das Geschäft noch äußerst profitträchtig war, finden sich heute Sportunternehmen in einem intensiven Wettbewerb um den Kampf von Ressourcen wider, der die Profitabilität der Branche wesentlich beeinträchtigt. Dies führt so weit, daß heutzutage ohne weiteres von einer Krise der Branche gesprochen werden kann, in der Insolvenzerscheinungen und Konkursanmeldungen keine Seltenheit mehr sind. Als einige von vielen aktuellen Beispielen lassen sich in diesem Zusammenhang die Krise der österreichischen Skiindustrie und die darauf folgende Schließung mehrerer Skifirmen oder die Krise des Eishockey in Mitteleuropa und die darauf aufbauende Einführung der Alpenliga bei gleichzeitiger Konkursanmeldung einiger Vereine nennen.

Aus diesem Grund sind im Bereich des Sports mehr denn je zuvor Ansätze und Methoden gefragt, die es dem Unternehmen erleichtern, Märkte effizient und effektiv zu bearbeiten. Die vorliegende Arbeit versucht einen diesbezüglichen Beitrag zu leisten.

Die Fragen von in der Sportbranche tätigen Unternehmen sind äußerst vielfältig. Sie reichen von Sponsoringentscheidungen bis hin zur Gestaltung neuer Produkte. Ein Bereich, dem man sich in den letzten Jahren besonders zuwandte, sind Sportereignisse. Aufgrund immer zahlreicher werdender Sportarten stieg auch die Anzahl der Sportereignisse enorm an. Der intensive Wettbewerb verlangt heutzutage von den Veranstaltern[1] von Sportereignissen für eine erfolgreiche Abwicklung eine gezielte, auf einem Konzept beruhende Vorgehensweise.

---

[1] Veranstalter von Sportereignissen setzen sich aus dem Management und den Aktivsportlern zusammen.

Während sich die Aquisition von Sponsoren oder die Gewinnung von Zuschauern vor Jahren noch reibungsloser vollzog, sind Veranstalter heute gefordert, gezielte Programme für die potentiellen Kundengruppen von Sportereignissen zu entwickeln.

Zentrale Kundengruppen, auf die im Rahmen der Veranstaltung von Sportereignissen Bedacht genommen werden muß, sind Medien, Zuseher und Sponsoren, wobei nach Auffassung von Theorie und Praxis den Zuschauern besondere Bedeutung beigemessen werden muß.

Der Grund dafür liegt zum einen in der Relevanz von Zusehereinnahmen im Vergleich zu Einnahmen anderer Kundengruppen von Sportereignissen, da sie tendenziell die wichtigste Einnahmequelle darstellen. Dies soll in einer Graphik verdeutlicht werden. Abbildung 1 stellt die Einnahmequellen eines Sportunternehmens in ihrer prozentuellen Bedeutung den Gesamteinnahmen am Beispiel des österreichischen Fußballunternehmens SK Rapid gegenüber.

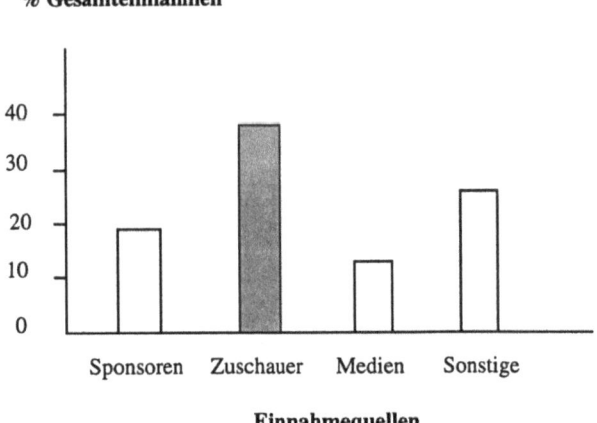

Abb. 1: Die prozentuelle Verteilung der Einnahmequellen von professionellen Sportunternehmen (Eschenbach/Horak/Plasonik, 1990, S.51)

Nach Eschenbach/Horak/Plasonik (1990) ist die prozentelle Einnahmenverteilung dieser Einnahmen repräsentativ für Sportereignisse. So meint auch Becker (1987): "Der professionelle Sport lebt ..... von der Anwesenheit einer gewissen, meist beträchtlichen Anzahl von Zuschauern" (S. 152). Daraus kann geschlossen werden, daß im Falle niedriger Zuschauerzahlen Liquiditätsengpässe die Folge sein können. Zudem kann angenommen werden, daß niedrige Zuschauerzahlen auch negative Einflüsse auf die beiden anderen wichtigen Einnahmequellen von Sportereignissen, nämlich Medien und Sponsoren, haben (Trosien, 1991; Weber et al., 1995).

Als weiterer Grund für die hohe Bedeutung der Zuseher ist ein äußerst interessantes Phänomen zu nennen, das einiges Kopfzerbrechen in der Praxis auslöst und die Zusehereinnahmen sehr wesentlich beeinflußt. Es handelt sich dabei um Nachfrageschwankungen bei unterschiedlichen Sportereignissen. Betrachtet man beispielsweise unterschiedliche von einer Sportmannschaft angebotene Sportereignisse, können mehr oder weniger hohe Schwankungen der Anzahl der Zuschauer festgestellt werden. Beim FC Tirol Innsbruck, einem Fußballverein in der ersten österreichischen Bundesliga variierten die Zuschauerzahlen in der Saison 1994/95 z.B. zwischen 2000 und 13.000 pro Spiel.

Hohe Nachfrageschwankungen ziehen nun erhebliche wirtschaftliche Konsequenzen auf Kosten - und Erlösseite nach sich, da zum einen bestehende Kapazitäten nicht genutzt werden und somit hohe Leerkosten entstehen und zum anderen die gesamten Zuschauereinnahmen als wesentliche Einnahmequelle schrumpfen.

Man ist sich in der Sportpraxis der Relevanz des eben geschilderten Zuschauerproblems durchaus bewußt, zumal genau dieses Problem sehr oft der Grund für finanzielle Defizite bei der Vermarktung von Sportereignissen ist. Deshalb wird versucht, dem Zuschauerproblem durch ganz unterschiedliche Maßnahmen entgegenzuwirken. Diese beruhen meist auf verschiedenen, ziemlich festgefahrenen Grundannahmen.

Vorstände und Manager von Sportmannschaften äußern beispielsweise die Überzeugung, das Zuschauerproblem reduziere sich dann, wenn die sportlichen Leistungen positiv sind oder wenn attraktive Gegner zu Gast sind. Da der Gegner meist nicht selbst bestimmt werden kann, ist man der Meinung, der Ansatzpunkt zur Bekämpfung des Zuschauerproblems liege einzig in der sportlichen Leistung der Mannschaft. Diese Überzeugung mag auch die wesentliche Ursache dafür sein, daß sich das Management von Sportmannschaften sehr stark auf den Einkauf von Aktivsportlern und Trainern konzentriert und dafür hohe Investitionen tätigt. Als aktuelles Beispiel sei der dieses Jahr ausgehandelte Vertrag des Baskettballers Shaquille O`Neill zu nennen, der für sieben Jahre 125 Mio $ erhalten wird. Unabhängig von der Güte dieser Grundannahme sind derartige Maßnahmen immer sehr unsicher, da die sportlichen Leistungen einer Mannschaft nur teilweise kontrollierbar bzw. planbar sind (vgl. z.B. Benner, 1992) und somit dieser Ansatz höchstens partiell zur Lösung des Zuschauerproblems beiträgt, dieses aber niemals gänzlich löst.

Zudem herrscht in Europa die Vorstellung, durch die Übertragung erfolgreicher amerikanischer Ideen könne man das Zuschauerproblem in den Griff bekommen. In der österreichischen Fußballbundesliga wird beispielsweise über die Einführung einer nach amerikanischem Muster organisierten Zehnerliga nachgedacht. Dabei muß betont werden, daß eine Vielzahl von Beispielen zu erwähnen wären, die eine Adaptierung amerikanischer Ideen auf europäische Verhältnisse nicht erfolgreich erscheinen ließen.

Letztlich übt sich die Praxis in der Verführungskunst, Zuseher zum Stadionbesuch zu bewegen. Unterschiedliche Aktionen wie etwa "der Tag der Familie" u.v.a. werden durchgeführt, ein Sportereignis für die Zuseher attraktiv zu gestalten. Anders ausgedrückt haben also Verkaufsförderung und Preispolitik Einlaß in die Vermarktung von Sportereignissen gefunden, Marketinginstrumente die nach Auffasung verschiedener Marketingwissenschafter (vgl. z.B. Domizlaff, 1992) dem Aufbau einer starken Position im Markt bzw. bei den Zusehern nicht unbedingt förderlich sein müssen.

Es muß an dieser Stelle aber betont werden, daß es all die auf unterschiedlichen Grundannahmen basierenden Maßnahmen nicht bzw. nur bis einem bestimmten Punkt geschafft haben, dem Zuschauerproblem effektiv entgegenzuwirken.

Eine mögliche Ursache für den mäßigen Erfolg bisheriger Maßnahmen ist wohl darin zu sehen, daß die Sportpraxis bei der Generierung von Ideen die Entstehung der Nachfrageschwankungen weitestgehend unberücksicht läßt, auf die Frage also, warum Konsumenten zusehen und warum sie das nicht tun, keine Antwort parat hat. Es ist die Intention der vorliegenden Arbeit, diese Frage näher zu analysieren.

4

2. Forschungsfrage

Im Mittelpunkt der vorliegenden Arbeit steht - obigen Ausführungen folgend - die Erklärung eines spezifischen Konsumverhaltens, nämlich aktiven Zusehens von Sportereignissen. Die Betonung wird auf *"aktives* Zuschauen" gelegt, da Zuseher nach Benner (1992) in aktive Zuseher und passive Zuseher bzw. Beobachter unterteilt werden können. Aktive (im Englischen wird der Begriff "attendance" verwendet) unterscheiden sich von passiven Zuschauern bzw. Beobachtern als bei einer Sportveranstaltung direkt dem Ereignis beiwohnende Zuseher. Passive Zuseher sind infolgedessen Fernsehzuschauer oder Medienkonsumenten.

Die Frage, die sich in diesem Zusammenhang geradezu aufdrängt ist natürlich, warum denn bestehende Theorien oder Ansätze beispielsweise aus dem Marketing nicht in der Lage sein sollten, aktives Zusehen zu erklären.

Eine etwas nähere Analyse des Phänomens möge den Sinn einer eigenständigen Betrachtung erkennen lassen, zumal aktives Zusehen tendenziell einige im folgenden zu erörternde Aspekte beinhaltet, die bestehende mögliche Erklärungsansätze wenn nicht als irrelevant, so doch zumindest als hinterfragenswert erscheinen lassen. Es handelt sich dabei grundsätzlich um zwei Besonderheiten, die in ihrer Verbindung zueinander in der bestehenden Literatur noch nicht analysiert wurden und die somit eine wissenschaftliche Auseinandersetzung mit dem Phänomen als zweckmäßig erachten lassen:

1. Zuseher konsumieren das Sportereignis nach einem bestimmten Verhaltensmuster;

2. Aktives Zusehen zeichnet sich durch besondere Konsumbedingungen aus.

zu 1.

Schurr et al. (1985, 1987) stellten fest, daß grundsätzlich immer dieselben Konsumenten Zuseher von Sportereignissen sind. Sie sprechen dabei von "Anhängern" oder "Fans". Sportkonsumenten unterscheiden sich nach Schurr et al. lediglich in der Frequenz, mit der sie Sportereignisse besuchen. Sie können danach in zwei Segmente eingeteilt werden:

"occasionals" und "persistents" (S. 4), also in Zuschauer, die gelegentlich ein Sportereignis besuchen und in Zuschauer, die regelmäßig das Ereignis konsumieren.

Nachfrageschwankungen können nach Schurr et al. (1985, 1987) also dadurch erklärt werden, daß das Segment der regelmäßigen Konsumenten entweder klein oder groß ist. Anders ausgedrückt, ist das Segment der regelmäßigen Zuseher groß, sind die Nachfrageunterschiede bei unterschiedlichen Sportereignissen gering, ist das Segment der regelmäßigen Fans klein, sind die Nachfrageschwankungen hoch.

Die Ausführungen von Schurr et al. (1985, 1987) zum Zuschauerverhalten sind jedoch insofern unbefriedigend, als sie lediglich dieses Phänomen beschreiben, in der Erklärung des Phänomens aber Annahmen ohne jeglichen theoretischen Hintergrund treffen. Ihre Ausführungen haben also vorwiegend beschreibenden Wert. Sie geben keine wissenschaftlich begründete Erklärung, warum manche Individuen gelegentliche und warum andere regelmäßige Konsumenten von Sportereignissen sind. Es bleibt unklar, warum Individuen Sportereignisse in unterschiedlicher Regelmäßigkeit konsumieren.

zu 2.

Es gilt im Bereich des Marketing als belegt, daß bestimmte Konsumbedingungen einen nicht unwesentlichen Einfluß auf die Entscheidung von Konsumenten haben, ein Produkt oder eine Dienstleistung in Anspruch zu nehmen (vgl. z.B. Kroeber-Riel, 1992). Ein Sportereignis kann als Dienstleistung konzipiert werden, da es die konstitutiven Merkmale der Immaterialität und der Notwendigkeit der Integration des externen Faktors (Meyer, 1991) durchaus erfüllt.

Aus der Literatur zum Vereinswesen (vgl. z.B. Korinek, 1988) sowie allgemeinen Abhandlungen zu Sportmarketing (vgl. z.B. Freyer, 1990) und Sportmanagement (vgl. z.B. Eschenbach/Horak/Plasonig, 1990) konnten drei zentrale Konsumbedingungen von Sportereignissen entnommen werden, die sich von "traditionellen" Dienstleistungen (vgl. z.B. Grönross, 1989) wesentlich unterscheiden und die im Bereich der Dienstleistungsliteratur noch nicht diskutiert wurden. Diese sind:

6

◆ Die Dienstleistung Sportereignis bezieht eine größere Zahl von Personen in den Erstellungsprozeß mit ein als dies bei traditionellen Dienstleistungen der Fall ist. Somit ist es dem Dienstleistungserbringer entweder nur sehr schwer oder gar nicht möglich, auf spezifische Kundenwünsche einzugehen. Benner spricht in diesem Zusammenhang von einer "kollektiven Dienstleistung" (Benner, 1992, S.46). Dieses Kollektiv unterscheidet sich dabei vom Kollektiv, von dem beispielsweise Corsten (1987) oder Haller (1995) sprechen, dadurch, daß die Kunden nicht eine größere Anzahl von Personen, sondern Massen sind. In Massen herrschen Bedingungen vor, die sich von den Bedingungen in Gruppen deutlich unterscheiden (vgl. z.B. Penrose, 1952).

◆ Die Dienstleistungserbringer haben in der Wahrnehmung der Konsumenten vielfach den Status eines Idoles oder eines Helden (Deimel, 1992) und sind somit Identifikationsmodell für die Konsumenten. In Service-Encounter-Modellen (vgl. z.B. Mairamhof, 1995) wurde diesem Aspekt bisher noch nicht Rechnung getragen, sodaß die Auswirkungen eines hohen Status eines Dienstleistungserbringers auf die Inanspruchnahme einer Dienstleistung gänzlich unbekannt sind.

◆ Die Dienstleistung "Sportereignis" wird von den Konsumenten vielfach nicht als isoliertes Produkt wahrgenommen, sondern als ein Produkt, das zeitablaufbezogene Bedeutung hat (Becker/Suls, 1983). Es unterscheidet sich von anderen zeitablaufbezogenen Dienstleistungen, wie etwa Beratung (vgl. z.B. Schade, 1995), dadurch, daß es eine Dienstleistung mit Konsumcharakter ist, die einem genau definierten Regelwerk unterworfen ist.

Diese Konsumbedingungen bei Sportereignissen sind aus theoretischer Perspektive interessant, da angenommen werden kann, daß die Erklärung des Konsums von Sportereignissen sich von anderen, "traditionellen" Dienstleistungen unterscheidet.

Ein regelmäßiger oder gelegentlicher Konsum eines Produktes bzw. einer Dienstleistung unter diesen Konsumbedingungen wurde in der bestehenden Literatur bisher noch nicht diskutiert. Eine differenzierte Betrachtung des aktiven Zusehens könnte also durchaus eine Bereicherung besonders des Dienstleistungsmarketing sein.

Während somit gezeigt werden konnte, daß eine wissenschaftliche Auseinandersetzung mit dem Phänomen durchaus zweckmäßig erscheint, muß letztlich noch untersucht werden, ob alle in der Realität anzutreffenden Sportereignisse Gegenstand dieser Arbeit sein sollen. Es ist nämlich anzunehmen, daß die Entwicklung eines eigenständigen Erklärungsansatzes für aktives Zusehen nur im Hinblick auf bestimmte Sportereignisse Geltung bzw. Berechtigung hat, und zwar auf jene, in denen die oben erwähnten zwei spezifischen Aspekte des aktiven Zusehens (besonders) zutreffen. Grund zu dieser Annahme gibt die ausgeprägte Heterogenität von Sportereignissen, die eine sehr unterschiedliche Auswirkung auf das Verhalten vermuten läßt. In der Folge wird deshalb ein Versuch gemacht, Sportereignisse zu kategorisieren und die unterschiedlichen Kategorien auf die Erfüllung der besonderen Aspekte des aktiven Zusehens zu untersuchen, wodurch letztlich eine Antwort gegeben werden kann, welche Sportereignisse Gegenstand dieser Arbeit sind.

Nach Bruhn (1991) lassen sich Sportereignisse zum einen einer Sportart und zum anderen einem Leistungsniveau zuordnen. Damit Sportarten wie etwa Fußball, Tennis, Paragleiten, Schwimmen usw. als solche bezeichnet werden können, müssen sie die nach Vollkamer (1984) konstitutiven Merkmale des Sports, nämlich die Kombination von Bewegung, Leistung und Regeln, erfüllen. Nun kategorisiert Benner (1992) Sportarten nach der Anzahl der die Sportart ausübenden Aktivsportler in Individual- und Mannschaftssportarten, die in Abbildung 2 dargestellt werden.

| Grundsätzliche Individualsportarten | Staffeln, Paare, Teams | Reine Mannschafts- sportarten |

* Rückschlagspiele (z.B. Tennis, Badminton)		* Ballsportarten i.w.S.
*Wassersport (z.B. Schwimmen, Surfen)		- Fußball - Handball
* Motorsport (z.B. Automobilsport)		- Volleyball - Basketball - American
* Leichtathletik		Football - Rugby
* Wintersport (z.B. Skifahren, Eiskunstlauf)		- (Eis)-Hockey ....

* Reitsport

* Radsport

* Kampfsport
(z:B. Judo, Fechten)

* Schwerathletik
(z.B. Body Building)

* Tanzsport

* Andere: Denksport
(Schach);
Flugsport; Golf; ....

Abb. 2: Klassifikation der Sportarten nach Individual- und Mannschaftssportarten[2] nach

Benner (1992, abgeändert)

---

[2] Reine Mannschaftssportarten sind meistens Ballsportarten. Benner verwendet das Merkmal "im weiteren Sinne" deshalb, da er zu den Ballsportarten auch Sportarten zählt, die mit ähnlichen Objekten ausgeführt werden, wie etwa Eishockey.

Abhängig von der Sportart, konsumiert der Zuseher einerseits sportliche Darstellungen eines oder mehrerer Teams und andererseits die eines einzelnen Individuums. Es kann angenommen werden, daß dieser Aspekt Auswirkung auf die Erklärung des Untersuchungsgegenstandes hat.

Was das Leistungsniveau betrifft, unterscheidet Bruhn (1991) den Freizeit-, Breiten- und Spitzensport. Welchem Niveau ein Sportereignis zugeordnet werden kann, wird nach Benner (1992) vor allem durch das Kriterium "Einkommen der Sportaktiven" bestimmt. Sportereignisse, in denen die Sportaktiven hauptberuflich tätig sind, werden dem Spitzensport zugeordnet. Man spricht in diesem Zusammenhang auch von Profisport.

Nach Weber (1972) sind Leistungen einer Person dann als Beruf anzusehen, wenn sie die Grundlage einer kontinuierlichen Erfolgs-, hauptsächlich aber Erwerbschance bilden. Der Professionalisierungsgrad eines Sportereignisses wird manchmal auch aufgrund der Zugehörigkeit zu einer hohen nationalen oder internationalen Liga in einer bestimmten Sportart bestimmt. Nach Kern/Salcher (1990) hängt der Professionalisierungsgrad eines Sportereignisses aber vom Stellenwert ab, der sich im öffentlichen Interesse an ihr und ihrem Image messen läßt. Dieser ist länderspezifisch sehr unterschiedlich. Deshalb kann dieselbe Sportart in einem Land professionell und gleichzeitig in einem anderen auf unprofessionellem Niveau betrieben werden (vgl. z.B. Baseball in den U.S.A. und in Österreich). Aus diesem Grunde erfolgt die Abgrenzung von Spitzen-, Breiten- und Freizeitsport durch das Kriterium Einkommen und nicht durch die Sportart.

Am Rande sei erwähnt, daß in der Sportliteratur allgemeine Merkmale von Sportarten diskutiert werden, nach denen die Möglichkeit seiner Professionalisierung bestimmt werden kann. Diese sind die folgenden:

◆ Eignung zur Übermittlung werblicher Botschaften aufgrund ihres Charakters (Kern/Salcher 1990);
◆ Anpassungsmöglichkeit zu medialer Berichterstattung (Ortner, 1987);
◆ Wiederholungshäufigkeit der Sportart (Ortner, 1987);
◆ Art des Leistungsvergleichs: absolut oder relativ.

Da sich die Konsumbedingungen von Sportereignissen unterschiedlicher Leistungsniveaus wesentlich voneinander unterscheiden (Bruhn, 1991), kann eine Auswirkung dieser Unterschiede auf aktives Zusehen vermutet werden.

Ein letztes, sehr wesentliches Einteilungskriterium bezieht sich auf die Beziehungsabhängigkeit von einem Sportereignis zu anderen (Becker/Suls, 1983). Es gibt Sportereignisse, die einmalig stattfinden und solche, die in Beziehung zu anderen stehen. Einmalig stattfindende Sportereignisse sind beispielsweise Olympische Spiele, Fußballweltmeisterschaften oder Freundschaftsspiele zweier Sportmannschaften; Sportereignisse die in Beziehung zu anderen stehen sind hauptsächlich eine Reihenfolge von verschiedenen Wett- und/oder Titelkämpfen, die im Rahmen einer bestimmten, genau definierten Zeitperiode stattfinden. Als Beispiele können Sportereignisse der deutschen Fußballbundesliga oder der österreichischen Handballiga genannt werden.

Der Wettbewerb wird vor dem Hintergrund eines genau festgelegten Regelwerkes ausgetragen, wobei die zentralen - für diese Arbeit relevanten Regeln - die folgenden sind:

◆ Der Titel wird nach einem bestimmten Punktemechanismus oder nach einem K.o.-System ermittelt, der zwischen Sportarten und Nationen sehr unterschiedlich ist. Die Punktevergabe ist auf den Ergebnissen der offenen Wettbewerbe zwischen den Sportaktiven aufgebaut. Je nach Sieg, Niederlage oder ausgeglichenem Ergebnis erhalten die Mannschaften oder Einzelsportler unterschiedlich viele Punkte. Das Team, das die meisten Punkte erreicht, erhält den Titel.

◆ Nicht alle möglichen Wettbewerber sind für den Kampf um den Titel zugelassen. So gibt es beispielsweise unterschiedliche Ligen bzw. Klassen. Spielt z.B. ein Team in einer unteren deutschen Fußballklasse, kann es nicht am Wettbewerb um die deutsche Fußballmeisterschaft teilnehmen. Jede Mannschaft muß sich für die Teilnahme an einem Wettbewerb qualifizieren. Das wesentliche Kriterium für die Qualifikation ist die Summe der gesammelten Punkte und/oder Siege in einem nach K.o.-System ausgetragenen Qualifikationsturnier.

◆ Es tritt in den einzelnen Sportereignissen entweder jede Mannschaft gegen jede an oder es werden die Paare, die an den Sportereignissen antreten, nach einem Auslosungsmechanismus ermittelt. Dabei hat jeweils eines der beiden Teams Heimrecht.

◆ Die Wettbewerbe haben eine bestimmte zeitliche Dauer, meist von einem Jahr. Man spricht dabei von Saisonen. Diese sind in Subsaisonen aufgeteilt; im europäischen Fußball spricht man z.B. von Vor- und Rückrunde (vgl. Borkenstein, 1988), im amerikanischen Baseball von "first to fourth quarter of season" (vgl. Hansen/Gauthier, 1989);

Hansen/Gauthier (1989) stellten in sieben unterschiedlichen amerikanischen Ligen, der CFL, NFL, NHL, NBA, MISL, American Baseball und dem National Baseball fest, daß der Besuch eines Sportereignisses abhängig ist von den Besuchen anderer Sportereignisse der gleichen Mannschaft. Daraus kann gefolgert werden, daß die Beziehungsabhängigkeit von Sportereignissen Einfluß auf aktives Zusehen hat.

Die erörterte Darstellung einer möglichen Einteilung von in der Realität anzutreffenden Sportereignissen lassen sich in dem in Abbildung 3 dargestellten Kategorisierungsansatz zusammenfassen.

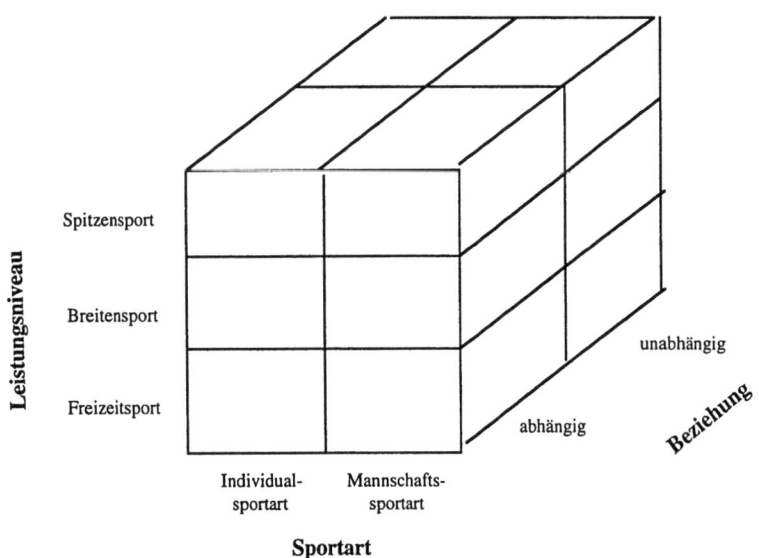

Abb. 3: Kategorisierungsschema von Sportereignissen

Wie bereits angedeutet, muß in einem letzten Schritt untersucht werden, welche Kategorien von Sportereignissen Gegenstand dieser Arbeit sein sollen. Zu diesem Zweck werden die drei diskutierten Einteilungskriterien von Sportereignissen, die Sportart, das Leistungsniveau und die Beziehungsabhängigkeit einzelner Sportereignisse auf die (besondere) Erfüllung einer oder mehrerer der besonderen Aspekte des aktiven Zusehens, nämlich auf das spezielle Verhaltensmuster und auf die Konsumbedingungen, geprüft.

1. Sportart

Es läßt sich beobachten, daß Massenerscheinungen mit wenigen Ausnahmen (z.B. Leichtathletik) in Sportarten auftreten, die von Sportmannschaften ausgeübt werden. Reine Mannschaftssportarten unterscheiden sich von den übrigen Sportarten dadurch, daß sie nicht individuell oder kombiniert (Staffeln, Paare usw.) ausgeführt werden können. Deshalb sind vorrangig die den reinen Mannschaftsportarten zuordenbaren Sportarten Gegenstand dieser Arbeit.

2. Leistungsniveau

Elemente des Spitzensports sind Sportler, die sich meist durch besondere Fähigkeiten sporttechnischer Art hervortun (Schurr et al., 1987). Deimel (1992) stellte fest, daß hauptsächlich Sportler mit solchen Eigenschaften die Voraussetzungen erfüllen, als Identifikationsmodell für Sportkonsumenten zu gelten. Gegenstand dieser Arbeit sind also Sportereignisse, die dem Bereich des Profi- bzw. Spitzensports zuordenbar sind.

3. Beziehungsabhängigkeit

In einmaligen Sportereignissen wird ex definitione das spezielle Verhaltensmuster (gelegentliches oder regelmäßiges Zusehen) des aktiven Zusehens nicht erfüllt. Deshalb sind Sportereignisse, die in Beziehung zu anderen stehen, alleiniger Gegenstand dieser Arbeit.

Zusammenfassend ist also - nach dem in Abbildung 3 dargestellten Kategorisierungsschema - die in Abbildung 4 dargestellte Kategorie von Sportereignissen für diese Arbeit relevant:

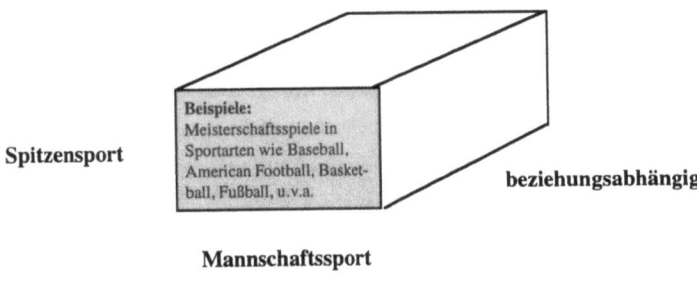

Spitzensport

Beispiele:
Meisterschaftsspiele in
Sportarten wie Baseball,
American Football, Basket-
ball, Fußball, u.v.a.

beziehungsabhängig

Mannschaftssport

Abb. 4: SMB`s

In beziehungsabhängigen Sportereignissen, die man dem Spitzensport von Mannschaftssportarten zuordnen kann, sind die besonderen Aspekte des aktiven Zusehens vorderrangig anzutreffen. Somit ist diese Kategorie von Sportereignissen Gegenstand dieser Arbeit. Sie werden im folgenden auch mit SMB (S = Spitzensport, M = Mannschaftssport, B = Beziehungsabhängigkeit) abgekürzt. Beispiele dafür sind ein Sportereignis der deutschen Fußballbundesliga, ein amerikanisches Baseballmatch oder ein finnisches Eishockeyspiel.

Nicht Gegenstand der Arbeit sind deshalb z.b. Sportereignisse in den unteren Ligen europäischer Fußballklassen, aber auch etwa Sportereignisse von Sportarten in den höchsten nationalen Ligen, die eine geringe Bedeutung haben, wie etwa Baseball oder Rugby in Österreich oder sogenannte Freundschaftsspiele zwischen Sportmannschaften, da diese beispielsweise nicht das Kriterium der Beziehungsabhängigkeit erfüllen.

Vor dem Hintergrund der besonderen Aspekte von aktivem Zusehen und der Abgrenzung von Sportereignissen wird die Forschungsfrage für die vorliegende Arbeit wie folgt definiert:

Wie kann regelmäßiger oder gelegentlicher Konsum von SMB`s erklärt werden?

Würde die dieser Arbeit zugrundeliegende Forschungsfrage beantwortet werden, könnten aus der Erklärung von gelegentlichem oder regelmäßigem Konsum von SMB`s Implikationen abgeleitet werden, die zum Ziel haben, das Segment regelmäßiger Konsumenten zu vergrößern. Derartige Maßnahmen von seiten eines Sportunternehmens würden seine finanzielle Situation erheblich verbessern.

3. Forschungsziele

Es werden im Rahmen der Arbeit die folgenden Ziele verfolgt:

1. Bestehende Ansätze zur Erklärung aktiven gelegentlichen oder regelmäßigen Konsums von SMB`s sollen dargestellt und auf ihren Erklärungsbeitrag kritisch untersucht werden.

2. Auf dieser Basis ist ein theoretischer Bezugsrahmen zu erarbeiten, der es erlaubt, eine Theorie auszuwählen, die geeignet erscheint, gelegentlichen oder regelmäßigen aktiven Konsum von SMB`s zu erklären.

3. Auf Basis der ausgewählten Theorie werden diejenigen Grundlagen herausgearbeitet, die für den gelegentlichen oder regelmäßigen Konsum von SMB`s relevant erscheinen. Das Ergebnis ist ein Ansatz, der regelmäßiges oder gelegentliches Zusehen aus dieser Perspektive betrachtet und erklärt. Der Ansatz bildet den Rahmen für die Entwicklung eines normativen Ansatzes für Manager von SMB`s.

4. Vorgehensweise

Die Arbeit wird in vier Teile gegliedert:

Teil I dient der Darstellung und Bewertung in der Literatur vorfindbarer theoretischer Ansätze, die potentiell in der Lage wären, unterschiedliche Ausprägungen des aktiven Konsums von SMB`s zu erklären.

Dabei werden in einem ersten Schritt Ansätze dargestellt, bei denen die Erklärung aktiven Zusehens explizit als Forschungsgegenstand definiert ist. Diese Ansätze werden anschließend anhand von aus der Zielsetzung der Arbeit ableitbaren Bewertungskriterien untersucht und kritisch gewürdigt.

In einem nächsten Schritt werden allgemeine Ansätze aus dem Marketing diskutiert, die zwar nicht explizit zum Ziel haben, aktives Zusehen zu erklären, die aber ähnliche Phänomene zum Gegenstand haben. Auch diese Ansätze werden nach denselben Kriterien bewertet. Die Ergebnisse verdeutlichen, daß bestehende Erklärungsansätze aufgrund mangelhafter Erfüllung der an sie gestellten Anforderungen nicht geeignet erscheinen, der Zielsetzung der Arbeit zu entsprechen.

Deshalb wird in Teil II der Arbeit versucht, einzelne in der Literatur diskutierte Einflußfaktoren auf den aktiven Konsum von SMB`s herauszuarbeiten. Eine zusammenschauende Betrachtung der sich als für den aktiven Konsum von SMB`s als wichtig herausstellenden Faktoren läßt das Konstrukt der Gruppenidentifikation im Rahmen der Theorie der Sozialen Identität (vgl. z.B. Tajfel, 1978) als geeignete theoretische Grundlage zur Beantwortung der Forschungsfrage erscheinen.

In Teil III erfolgt vor dem Hintergrund der Theorie der Sozialen Identität die Entwicklung eines Erklärungsansatzes für den aktiven regelmäßigen oder gelegentlichen Konsum von SMB`s. Zu diesem Zweck werden die Grundlagen des Konstruktes der Gruppenidentifikation erörtert und auf dieser Basis die für den Konsum von SMB`s relevanten Antezedenzbedingungen einer detaillierten Analyse unterzogen.

Im Teil IV der Arbeit werden aus dem Erklärungsansatz praktische Implikationen für Veranstalter von SMB`s abgeleitet. Zudem sieht sich der Verfasser genötigt, eine ethische Stellungnahme zu dem in Teil III entwickelten Ansatz zu geben. Letztlich werden die Grenzen der Arbeit aufgezeigt und ein Ausblick auf Möglichkeiten für zukünftige Forschungsaktivitäten gegeben. Dabei wird besonders auf die Notwendigkeit einer empirischen Überprüfung des Ansatzes hingewiesen.

Teil I

Darstellung und Bewertung bestehender Ansätze zur Erklärung des aktiven Zusehens

In Teil I der Arbeit werden in der Literatur vorfindbare theoretische Ansätze, die potentiell in der Lage wären, unterschiedliche Ausprägungen des aktiven Konsums von SMB`s zu erklären, dargestellt und bewertet.

Zu diesem Zweck werden in einem ersten Schritt die Rahmenbedingungen für die Darstellung und Bewertung der Ansätze festgelegt (Kapitel 1.1.). Dabei werden die zur Diskussion anstehenden Ansätze bestimmt und Bewertungskriterien und Bewertungsvorgang zur kritischen Würdigung der Ansätze dargestellt. Vor dem Hintergrund dieser Rahmenbedingungen werden in der Folge zuerst unterschiedliche Zuschaueransätze (Kapitel 1.2.) kritisch betrachtet. Daran anschließend werden zwei Ansätze aus dem Marketing (Kapitel 1.3.), nämlich der Ansatz des Dienstleistungsmarketing und der Ansatz der Markentreue diskutiert. Teil I wird mit einem Resümee über den derzeitigen Stand der Literatur und der auf diesen Stand aufbauenden weiteren Vorgehensweise in der vorliegenden Arbeit abgeschlossen (Kapitel 1.4.).

1.1. Definition der Rahmenbedingungen zur Darstellung und Bewertung potentieller Ansätze des aktiven gelegentlichen oder regelmäßigen Konsums von Sportereignissen

Will man Ansätze zur Erklärung des aktiven gelegentlichen oder regelmäßigen Konsums von Sportereignissen darstellen und bewerten, stellen sich unmittelbar dazu zwei Fragen:

1. Welche theoretischen Ansätze könnten das zu untersuchende Phänomen erklären?
2. Wie soll die Bewertung der Ansätze erfolgen?

Die Beantwortung dieser beiden Fragen muß deshalb der Darstellung und der Bewertung der zu diskutierenden Ansätze vorangestellt werden.

1.1.1. Auswahl der zur Diskussion stehenden theoretischen Ansätze

Prinzipiell besteht die Möglichkeit, Ansätze heranzuziehen, die entweder explizit oder implizit die Fragestellung zu beantworten versuchen. Explizite Erklärungsansätze versuchen, das spezielle zu untersuchende Phänomen zu erklären, während solche Ansätze als implizite bezeichnet werden können, die den regelmäßigen oder gelegentlichen Konsum von Sportereignissen verwandte bzw. ähnliche Phänomene zu erklären in der Lage sind.

Zur Bestimmung expliziter Erklärungsansätze wurde eine Literaturanalyse nach den Stichwörtern "aktives Zusehen", "Zuschauer", "Zuschaueranzahl", "Zuschauernachfrage", "Zuschauersport", "Fan" und "attendance[3]" durchgeführt[4]. Dabei konnte eine Fülle von Überlegungen und empirischen Untersuchungen ausfindig gemacht werden, die in ganz unterschiedlichen Wissenschaftsgebieten den gleichen Untersuchungsgegenstand haben.

Um implizite Ansätze zur Erklärung des aktiven gelegentlichen oder regelmäßigen Konsums von Sportereignissen bestimmen zu können, lassen sich Kriterien heranziehen, die als konstitutive Elemente des Phänomens bezeichnet werden können.

---

[3] Der englische Begriff "attendance" entspricht dem deutschen Begriff "Zuschaueranzahl".
[4] Unter all diesen Begriffen lassen sich Beiträge zum Untersuchungsgegenstand antreffen.

Zum einen handelt es sich bei dem zu untersuchenden Phänomen um Konsumverhalten, das vor allem im Bereich des Marketing diskutiert wird. Implizite Ansätze zur Erklärung des zu erforschenden Phänomens sind also hauptsächlich im Marketing vorzufinden.

Das Konsumverhalten selbst erfolgt zudem nach einem bestimmten Verhaltensmuster in bezug auf ein wiederkehrendes Leistungsangebot. Dieses Phänomen wird im Bereich des Marketing hauptsächlich in zwei Forschungsrichtungen untersucht:

1. Der Zufriedenheitsforschung:

Das Leistungsangebot bzw. das Sportereignis erfüllt - wie im Rahmen der Einleitung gezeigt - die konstitutiven Merkmale, die herangezogen werden, um eine Dienstleistung zu charakterisieren. Im Bereich des Dienstleistungsmarketing setzen sich eine Reihe von Autoren mit der Frage auseinander, welche Faktoren die wiederholte Inanspruchnahme von ein- und derselben Dienstleistung bestimmen und welche die Vorbedingungen dieser Faktoren sind (vgl. z.B. Parasuraman/Berry/Zeithaml, 1990).

2. Der Markentreue-Forschung:

In den Forschungsansätzen zur *Markentreue* (vgl. z.B. Jacoby/Chestnut, 1978) befaßt man sich konkret mit der Frage, warum sich Konsumenten einer Marke gegenüber loyal oder nicht loyal verhalten. Das Phänomen "aktives Zuschauerverhalten" kann konzipiert werden als "unterschiedlich ausgeprägte Treue zu einer Marke".

Da in der Zufriedenheitsforschung und der Markentreue-Forschung dem regelmäßigen oder gelegentlichen Konsum von Sportereignissen ähnliche Phänome zu erklären versucht werden, ist es für die vorliegende Arbeit zielführend, diese in die Diskussion miteinzubeziehen.

1.1.2. Bewertung der Ansätze

Zur Bewertung der Ansätze müssen zum einen Bewertungskriterien definiert und zum anderen die notwendigen Ausprägungen dieser Kriterien festgelegt werden, die über die Brauchbarkeit der diskutierten Ansätze für eine befriedigende Beschreibung und Erklärung des Untersuchungsgegenstandes entscheiden.

1.1.2.1. Bestimmung der Bewertungskriterien

Aus der Zielsetzung der Arbeit ergeben sich zwei Anforderungen, die ein Erklärungsansatz erfüllen muß. Die beiden Anforderungen werden als Kriterien definiert, die zur Bewertung in der Literatur aufgefundener theoretischer Ansätze herangezogen werden.

1. Der Ansatz muß differenzierte Aussagen über gelegentliches oder regelmäßiges Zusehen bei SMB`s machen. Kriterium 1 wird mit "Fähigkeit zu differenzierter Erklärung" bezeichnet.

2. Der Ansatz muß Antezedenzbedingungen zur Erklärung des regelmäßigen oder gelegentlichen Konsums von Sportereignissen enthalten oder ableiten lassen. Als Antezedenzbedingungen werden im Rahmen dieser Arbeit alle Ausprägungen und Ausprägungskonstellationen von Variablen definiert, die im Rahmen der einzelnen Ansätze herangezogen werden, um die beiden Verhaltensmuster zu erklären. Die in einem theoretischen Ansatz genannten Antezedenzbedingungen zur Erklärung des Phänomens müssen zudem dem wissenschaftlichen Kriterium der "Präzision der Erklärungsfaktoren" inklusive der empirischen Überprüfbarkeit genügen (vgl. Schanz, 1988). Wurden Ansätze empirisch überprüft, werden weiters methodische Kriterien näher betrachtet. Kriterium 2 wird mit "Antezedenzbedingungen" bezeichnet.

1.1.2.2. Bewertungsvorgang

Im Rahmen des Bewertungsvorganges wird folgendermaßen vorgegangen:

Die beiden Kriterien werden im Rahmen der Bewertung gleich gewichtet. Dabei wird mit drei möglichen Bewertungsausprägungen gearbeitet, nämlich der Ansatz erfüllt das Kriterium vollständig, er erfüllt es teilweise oder er erfüllt es nicht.

Ein Ansatz muß nach beiden Kriterien mit "erfüllt" bewertet werden, damit er als Erklärungsansatz für den aktiven gelegentlichen oder regelmäßigen Konsum von SMB`s herangezogen werden kann.

1.2. Darstellung und Bewertung von Zuschaueransätzen zur Erklärung von Zuschauerverhalten

Das Ergebnis der Literaturanalyse zu den Versuchen, das zu untersuchende Phänomen explizit zu erklären, war eine große Menge an Beiträgen in Form theoretischer Überlegungen und empirischer Untersuchungen, die sich aus ganz unterschiedlichen Perspektiven an das Phänomen herantasten. Es fehlen allerdings Publikationen, die einen Überblick über die bestehende Literatur geben. Um die in der Literatur identifizierbaren Erklärungsversuche leichter zugänglich zu machen, wurde deshalb versucht, die Literatur strukturiert darzustellen. Zu diesem Zweck wurden Beiträge, die aus der gleichen Perspektive ähnliche Fragestellungen behandeln, zusammengefaßt. Die Zusammenfassung erfolgte dabei unter Bedachtnahme darauf, daß die Beiträge untereinander sehr homogen und im Vergleich zu Beiträgen, die einer anderen Kategorie zugeordnet wurden, so heterogen als möglich sind.

In einem ersten Schritt erfolgt eine Zusammenstellung der Beiträge auf Basis ihrer Zuordenbarkeit zu Wissenschaftsgebieten, wobei sich herausstellte, daß die Soziologie, die Psychologie, die Betriebswirtschaft und die Volkswirtschaft eine Auseinandersetzung mit dem Untersuchungsgegenstand führen. Innerhalb der Wissenschaftsgebiete wurden zwei weitere Strukturierungskriterien eingeführt:

1. Zum einen konnte festgestellt werden, daß innerhalb der Wissenschaftsgebiete teilweise klar voneinander trennbare Forschungsschwerpunkte gesetzt wurden. Die einzelnen Beiträge wurden deshalb bestimmten Forschungsschwerpunkten zugeordnet.

2. Zum anderen existieren innerhalb der Wissenschaftsgebiete unterschiedliche Perspektiven. Beispielsweise wird ein Sozialpsychologe in der Erklärung eines Phänomens von grundsätzlich unterschiedlichen Annahmen und Perspektiven ausgehen als ein Tiefenpsychologe. Da festgestellt wurde, daß auch innerhalb der das Phänomen des aktiven Zusehens erklärenden Beiträge solche unterschiedliche Betrachtungsweisen vorliegen, wurden diese als weiteres Strukturierungskriterium herangezogen.

Deshalb werden, sofern es sich als sinnvoll erwies, innerhalb der Wissenschaftsgebiete weitere Unterteilungen gemacht, die sich entweder durch unterschiedliche Forschungsschwerpunkte oder durch eine unterschiedliche Betrachtungsweise unterscheiden.

Die nun folgende Darstellung theoretischer Ansätze kann als erster Versuch angesehen werden, die in der Literatur vorhandenen Beiträge zur Erklärung des aktiven Zusehens strukturiert darzustellen. Dabei muß aber betont werden, daß es theoretische Überlegungen und Untersuchungen gibt, die sich nicht eindeutig einem der Gebiete zuordnen lassen, zumal sich die Diskussionen innerhalb der einzelnen Gebiete teilweise überschneiden.

Da dieses Kapitel aber den Zweck verfolgt, einen klar strukturierten Überblick auf die bestehenden Ansätze zur Erklärung des Phänomenbereichs zu geben, damit sie schließlich einer Bewertung zugeführt werden können, wird über geringfügige Uneindeutigkeiten der Zuordnung hinweggesehen.

Es werden im folgenden die unterschiedlichen Ansätze von ihren Grundzügen her diskutiert. Dabei wird hauptsächlich zum einen auf die Schwerpunkte bzw. auf die Fragen eingegangen, die sich die Ansätze stellen und zudem auf die zentralen Ergebnisse der Forschungsanstrengungen, da diese beiden Elemente zur Bewertung der Ansätze benötigt werden.

1.2.1. Sportsoziologische Zuschaueransätze

Vor allem in Europa hat man sich im Bereich der Soziologie mit dem Phänomen des aktiven Zusehens auseinandergesetzt. Dabei können im wesentlichen zwei Forschungsrichtungen identifiziert werden, die ihren Ursprung in Deutschland und in England haben. Während in Deutschland vermehrt Diskussionen über die Anziehungskraft und die Faszination von Sportereignissen anzutreffen sind, beschäftigt man sich in England hauptsächlich mit der Untersuchung fanatischer Fußballanhänger. Zudem exisitieren - besonders im Rahmen der amerikanischen Zuschauerforschung - Ansätze, die ihren Schwerpunkt auf demographische Variablen von Zusehern bzw. auf demographische Variablen von Zusehern in ihrer Verknüpfung mit Persönlichkeitsvariablen legen. Während in Europa hauptsächlich Fußballereignisse untersucht wurden, konzentrierten sich amerikanische Forscher verstärkt auf Basketball- und American-Football-Ereignisse.

1.2.1.1. Erklärung der Faszination von Fußballereignissen

Im deutschsprachigem Raum untersuchte eine Reihe von Autoren (vgl. z.B. Lenk, 1972; Hortleder, 1986) Ursachen über die Faszination von Fußballereignissen. Die Begründung für die Fokussierung auf die Sportart Fußball wird wohl vor allem in der Tatsache liegen, daß der Fußball in Deutschland die im Vergleich zu anderen Sportarten und Sozialereignissen weitaus größte Zuschaueranzahl anzieht und deshalb das Phänomen allein für diese Sportart zu erklären versucht wurde.

Zur Beantwortung der Frage, warum es der Fußball schafft, Zusehermassen solchen Ausmaßes anzuziehen, wie es in Deutschland der Fall ist, wurden unterschiedliche Erklärungsansätze erarbeitet. Der Schwerpunkt liegt in der Darstellung von besonderen Merkmalen von Fußballereignissen. Es wird die Überzeugung einer Einzigartigkeit von Fußballereignissen im Vergleich zu anderen Sozialereignissen geäußert, über deren Inhalt und Form Überlegungen angestellt wurden (vgl. z.B. Lenk, 1972).

Einige Autoren (Lenk, 1972; Hortleder, 1974; Grieswelle, 1978; Bernard, 1986; Hortleder, 1986; Runkel, 1986) lenkten die Diskussion auf besondere Aspekte von Fußballereignissen, die sich von anderen Sozialereignissen wie z.B. Theater unterscheiden. So wurden besonders die Aspekte Ritual, Identifikation, Fest, Drama und Show in sportlicher Verkleidung betont, die in ihrer Summe die Einzigartigkeit von Fußballspielen ausmachen (siehe z.B. Grieswele, 1986).

Andere, so vor allem v. Krockov (1972) betonten in verstärktem Ausmaß die Wertprinzipien, die durch den Fußballsport vermittelt werden. Dabei handle es sich vor allem um die Prinzipien Leistung, Gleichheit und Wettbewerb. Diese Prinzipien sind die zentralen Werte der modernen Industriegesellschaft, die durch den Leistungssport besser zum Ausdruck gebracht werden als durch die Industriegesellschaft selbst.

Betont wurde auch die Einfachheit der Struktur und des Ablaufs des Fußballspiels selbst (Dombrowski, 1975; Morris, 1981). Da diese Diskussionen aber dazu dienen, das Fußballspiel von anderen SMB's abzugrenzen, haben sie im Rahmen der vorliegenden Arbeit nur zweitrangige Bedeutung.

Kriterium 1:

Im Rahmen dieser Ansätze geht es um die Frage der Anziehungskraft von Fußballereignissen auf Massen. Masse wird dabei als Konglomerat von Personen definiert. Die Ansätze behandeln deshalb die Zuschauer undifferenziert nach ihrem gelegentlichen oder regelmäßigen Konsum von Sportereignissen. Der Ansatz erfüllt das Kriterium "Differenzierte Erklärungsfähigkeit" also nicht.

Kriterium 2:

Antezedenzbedingungen werden im Rahmen der Ansätze über die Faszination von Fußballereignissen nicht explizit diskutiert. Würde man jedoch besondere Merkmale eines Produktes bzw. einer Dienstleistung als Antezedenzbedingungen zu deren Konsum bezeichnen, würde der Ansatz das Kriterium erfüllen. Was die besonderen Merkmale selbst betrifft, sind jedoch auch einige Ungereimtheiten festzustellen.

Als Grundproblem kann dabei das Fehlen von wichtigen Definitionen für Phänomene bzw. Charakteristiken wie Ritual oder Identifikation genannt werden. Die Autoren gehen scheinbar von einem allgemeingültigen Verständnis dieser Charakteristiken aus, das aber (bei weitem) nicht gegeben ist (vgl. z.B. Grieswele, 1986). Allein der Begriff bzw. das Phänomen "Ritual" wird sehr unterschiedlich definiert. Damit einhergehend sind unterschiedliche Sichtweisen von zentralen Begriffen und Phänomenen, die Anwendung sehr weicher Begriffe, das Fehlen der Diskussion grundlegender Annahmen, ein ideologisch gefärbter Schreibstil der Autoren und geringer Informationsgehalt, da aufgrund eben erwähnter Mängel keine präzisen Aussagen über die Besonderheit von Fußballereignissen gemacht werden. Obwohl es diese Forschungsrichtung schafft, einen tieferen Einblick in die Einzigartigkeit von Sportereignissen im Vergleich zu anderen Sozialereignissen zu vermitteln, ist man sich zudem nicht einig, was nun die Besonderheit von Sportereignissen ausmacht, die Zusehermassen anziehen. Einigkeit besteht lediglich darüber, daß das Sportereignis vielschichtig, komplex und letztendlich unergründbar ist. So spricht Marcel v. Krockov (1972) von fundamentalen Gefühlen, die durch die Auseinandersetzung mit dem Sport angesprochen werden. Lenk (1972) stellt fest:

"Dies spricht eindeutig für eine pluralistische, multifaktorielle und multifunktionale Interpretation des Fußballsports - auch aus der Sicht des Zuschauers. Der Leistungssport läßt sich nicht auf einen einzigen Charakterzug zusammenstreichen, sondern nur in einer Vielfalt integrierter Aspekte bezeichnen (S. 156)."

Obwohl implizit also im vorliegenden Ansatz Antezedenzbedingungen diskutiert werden, muß das Kriterium aufgrund genannter Mängel mit "nicht erfüllt" bewertet werden.

1.2.1.2. Untersuchungen zu fanatischen Fußballanhängern

Im englischen Sprachraum entstand zu Beginn der Siebzigerjahre eine Forschungsrichtung, die ihren Schwerpunkt auf die Untersuchung von englischen Fußballfans - also von regelmäßigen aktiven Zusehern - legte (Taylor, 1971a, b; Clarke, 1978; Critcher, 1979; Dunning, 1981; Taylor, 1983; Moorehouse, 1984).

Nach Marsh/Harrè (1978) geht der Begriff Fan auf "fanum" zurück, was wörtlich übersetzt so viel wie Tempel bedeutet. Er impliziert damit, daß der Fan eine "irdische Größe" sozusagen zum "Heiligtum" erklärt und mit heiligem Eifer verfolgt. Für Herrmann (1977) läßt sich Fanverhalten im Fußballsport dadurch abgrenzen, daß der Fan an einem Sportobjekt, an einem Verein, einer Mannschaft oder an einem Spieler überdurchschnittlich stark interessiert ist und sich aus diesem Grunde zusammen mit Gleichgesinnten in übersteigerter Form mit diesem Bezugsobjekt beschäftigt.

Der Untersuchungsschwerpunkt der Ansätze in der englischsprachigen Literatur entstand vor dem Hintergrund des damals zunehmenden "Hooliganismus[5]" in England. Ein Fan wurde demgemäß mit einem Rowdy gleichgesetzt; das ist ein Fußballanhänger, dessen markantestes Merkmal seine Zugehörigkeit zu einer niedrigen sozialen Klasse, sprich der Arbeiterklasse ist. Die Autoren versuchen, Erklärungen für Ausschreitungen zu finden.

---

[5] Als "Hooligans" werden Fans bezeichnet, die in Ausschreitungen vor, während und/oder nach einem Sportereignis partizipieren bzw. verwickelt sind.

Es wird die Überzeugung geäußert, der lokale Verein wäre für die Fans wenn nicht der wichtigste, so doch einer der zentralen Bestandteile ihrer Identität (vgl. z.B. Moorehouse, 1984). Ein Sportereignis bietet eine Plattform, auf der Fans einen Beitrag zu ihrer Identität erfahren. Fans bezeichnen sich als erweiterte Mitglieder der Mannschaft und glauben, einen wichtigen Beitrag für die sportlichen Erfolge der Mannschaft zu leisten. Der Grund für die zunehmenden Ausschreitungen wäre nicht zuletzt in der Zunahme des kommerziellen Unterhaltungswerts des Fußballs zu sehen. Dies äußere sich dadurch, daß zusehends auch Aristokraten die Stadien besuchen und die Fans sich im Laufe der Zeit zurückgedrängt bzw. sich vom Verein nicht mehr beachtet fühlten (vgl. z.B. Taylor, 1983).

Kriterium 1:

Als durchaus positiver Beitrag dieser Forschungsrichtung ist die Einsicht in regelmäßiges Zuseherverhalten zu bewerten. Man vermutet einen engen Zusammenhang zwischen regelmäßigem Zusehen und individuellen Identitätsfragen. Diesem Zusammenhang muß aber entgegengehalten werden, daß regelmäßiger Sportkonsum mit Rowdytum gleichgesetzt wird, was eine nicht gerechtfertigte Reduktion der Realität darstellt. Zahlreiche empirische Untersuchungen konnten nämlich zeigen, daß Ausschreitungen bei Sportereignissen lediglich kleinen Fangruppierungen zugeschrieben werden können (vgl. z.B. Herrmann, 1977). Daher können keine Aussagen über die Relevanz des Phänomens der Identität beim gesamten Segment der regelmäßigen aktiven Zuseher getroffen werden.

Die Behauptung, Aristokraten besuchen Sportereignisse aufgrund des steigenden Unterhaltungswertes könnte folgendermaßen interpretiert werden: das Sportereignis wird als Unterhaltungsangebot neben anderen gesehen, das gelegentlich konsumiert wird; somit wäre die zentrale Ursache des gelegentlichen Konsums von Sportereignissen das Unterhaltungsmotiv.

Obwohl der Ansatz also nicht explizit gelegentliches oder regelmäßiges Zusehen untersucht, lassen sich - zumindest auf sehr oberflächlicher Ebene - Aussagen über beide Phänomene machen. Er erfüllt das Kriterium "Fähigkeit zur differenzierten Erklärung" also teilweise.

Krierium 2:

Obwohl Antezedenzbedingungen implizit diskutiert werden (vor allem der Zusammenhang der sozialen Klasse mit Identitätsfragen), halten sie - was ihre Güte betrifft - einer etwas detaillierteren Kritik nicht stand.

Die Ausführungen beruhen auf spärlicher Integration soziologischer oder auch sozialpsychologischer Theorien. Sie werden zum Großteil von Beobachtungen gesellschaftlicher Strukturen und von Verhaltensweisen der Individuen in diesen Strukturen, historischen Entwicklungen spezifischer Vereine und Interviews mit Fans ohne klar definierten Forschungsrahmen (vgl. z.B. Moorehouse, 1984) hergeleitet. Somit muß den Autoren vorgehalten werden, daß sie es verabsäumen, Beobachtungen in ein Theoriegebäude einzuführen, das ihren Ausführungen mehr Gehalt geben würde. Die Beobachtungen selbst werden ohne theoretischen Bezugsrahmen durchgeführt. Somit sind die Aussagen dieser Forschungsrichtung als vage Spekulationen zu erachten. Das Kriterium wird also nicht erfüllt.

1.2.1.3. Untersuchungen zu demographischen Merkmalen

Ein weiterer Schwerpunkt im Rahmen der Sportsoziologie ist die Erforschung demographischer Merkmale aktiver Zuseher (Edwards, 1973; Hortleder, 1974; Herrmann, 1977; Schurr et al., 1987; Schollaert/Smith, 1987). Im Vordergrund standen dabei Untersuchungen zu den demographischen Merkmalen "Soziale Klasse" (vgl. z.B. Hortleder, 1974), "Geschlecht" (vgl. z.B. Herrmann, 1977), "Alter" (vgl. z.B. Herrmann, 1977) und Rasse (vgl. z.B. Schollaert/Smith, 1987).

Was die beiden Merkmale "Geschlecht" und "Alter" betrifft, fand man, daß hauptsächlich junge Männer aktiv zusehen (vgl. z.B. Mc Pherson, 1975). Dabei wurden häufig Erklärungen mit Persönlichkeitsvariablen wie Aktionsorientierung (Schurr et al., 1987) oder nicht zuletzt auch "Männlichkeitsdarstellung" (Edwards, 1973) gesucht.

Im Rahmen der Untersuchungen über die Bedeutung der sozialen Klasse für aktives Zusehen kam es zu sehr widersprüchlichen Ergebnissen. Während eine Reihe von Autoren (Edwards, 1973; McPherson, 1975; Herrmann, 1977) der Meinung sind, hauptsächlich mittel- bis höherklassige Geschäftsleute wären die Gruppe, die das Stadion regelmäßig besuchen, sind beispielsweise Hortleder (1974) und Dunning (1981) genau gegenteiliger Meinung: Angehörige niedriger sozialer Klassen besuchen vorwiegend die Stadien. Es bestehen darüber hinaus Anstrengungen, Erklärungsansätze für die Bedeutung der sozialen Klasse für aktives Zusehen zu geben. Edwards (1973) konzentriert sich dabei beispielsweise auf die Ähnlichkeit des Sports mit dem Wirtschaftsleben, Hortleder (1974) oder Dunning (1981) auf Motive der Zusammengehörigkeit oder auf das Aggressionsmotiv.

Kriterium 1:

Ähnlich wie die Ansätze zur Erklärung der Faszination von Fußballereignissen behandeln auch demographische Ansätze aktive Zuseher als Konglomerat. Deshalb läßt der Ansatz keine differenzierten Aussagen über gelegentliche oder regelmäßige aktive Zuseher zu.

Krierium 2:

Im wesentlichen treffen bei demographischen Ansätzen dieselben Kritikpunkte zu, wie bei den Untersuchungen zu fanatischen Fußballanhängern. Im Vergleich zu beiden sportsoziologischen Ansätzen kann diesem Ansatz aber zugute gehalten werden, daß er mit präziseren Konzepten arbeitet. Was den Informationsgehalt betrifft, muß dem Ansatz angelastet werden, daß er sich eher auf rein beschreibender Ebene bewegt, somit beispielsweise keine theoretisch fundierten Aussagen über Zusammenhänge von demographischen Faktoren und Persönlichkeitsmerkmalen oder Motiven zuläßt.

Aufgrund präziserer Konzepte im Vergleich zu den beiden anderen soziologischen Ansätzen wird Kriterium 2 mit "teilweise erfüllt" bewertet.

1.2.2. Sportpsychologische Ansätze

Im Rahmen der Sportpsychologie konnten grundsätzlich zwei Forschungsrichtungen ausfindig gemacht werden, die explizit den aktiven Konsum von Sportereignissen näher betrachten. Es handelt sich dabei einerseits um Versuche, ganzheitliche Theorien zu entwickeln und andererseits um die Erforschung von für den Sportkonsum relevanten Motiven.

1.2.2.1. Theorieentwicklung

Sloan (1979) und Zillmann/Bryant/Sapolsky (1979) erheben in ihren Forschungsaktivitäten den Anspruch, umfassende Theorien für aktives Zusehen entwickelt zu haben[6].

Sloan untersuchte die Funktion von Sport und den Einfluß von Sport auf Sportkonsumenten ganz allgemein. Dabei beziehen sich seine Ausführungen auf Sportereignisse aller Art[7]. Da

---

[6] Aufgrund der Häufigkeit der Zitate, die bei der Durchsicht der gesamten Zuschauerliteratur festgestellt wurden und aufgrund der umfassenden Literaturanalyse können die Überlegungen von Sloan (1979) als Basisliteratur der Zuschaueransätze bezeichnet werden.

[7] So untersuchte Sloan z.B. auch Fans von Tennisereignissen.

aktive Zuseher von SMB`s aber auch Gegenstand seiner Untersuchungen waren, sind die Überlegungen für die vorliegende Arbeit relevant.

Im Rahmen der Theorieentwicklung geht Sloan wie folgt vor:

Er stellt zunächst eine zentrale Grundannahme an den Beginn seiner Überlegungen: Nicht nur im Sportereignis, m.a.W. im Sportspektakel an sich sind die Gründe für den aktiven Konsum von Sportereignissen zu suchen, sondern zusätzlich und vor allem in einer weiteren Dimension. "..... it is not merely the occurrence of the event but its consequence that should determine the responses of the spectators" (S.226). Mit Konsequenz meint Sloan die sportlichen Erfolge oder Mißerfolge von Mannschaften.

Im Sinne des Dienstleistungsmodells von Donabedian (1980) können diese Dimensionen mit Prozeß- und Ergebnisdimension bezeichnet werden. Die Prozeßdimension bezieht sich dabei auf das Sportereignis selbst, die Ergebnisdimension auf den sportlichen Erfolg ("Winning") oder Mißerfolg ("Loosing"). Die zentrale Behauptung von Sloan ist nun, daß eine Erklärung der Nachfrage nach Sportereignissen über die Ergebnisdimension zielführender wäre als über die Prozeßdimension. Anders ausgedrückt: Sloan glaubt, daß - gleich wie im Rahmen des Aktivsports die Gründe, Sport zu betreiben, in den Ergebnissen der Sportaktivitäten zu suchen wären und weniger im Prozeß der Sportaktivität[8] - für aktive Zuseher weniger das Sportereignis an sich, sondern vielmehr der Ausgang des Ereignisses im Vordergrund steht. Die Ergebnisdimension erscheint ihm im Vergleich zur Prozeßdimension geeigneter, die Gründe für den Konsum zu suchen bzw. eine Theorie für aktives Zusehen zu entwickeln. Eine gute Theorie für die Erklärung des aktiven Zusehens müßte deshalb in ihren Inhalten stärker auf die Ergebnisdimension als auf die Prozeßdimension abzielen.

In einem weiteren Schritt nimmt Sloan eine umfassende Literaturanalyse über psychologische Erklärungsansätze

a. zur aktiven Sportausübung und

b. zu aktivem Zusehen

vor und bündelt die existierenden Ansätze in fünf Theorien, die aktives Zusehen erklären (siehe Abb. 5). Im Rahmen der Herleitung der Theorien geht Sloan prinzipiell folgendermaßen vor: Er leitet die von ihm postulierten Zuschauertheorien primär von allgemeinen Theorien zur

---

[8] Ein Beispiel möge die Aussage von Sloan verdeutlichen: Sloan glaubt, daß beispielsweise Personen Aerobic betreiben, um ihren Körper (Ergebnis) zu formen und weniger, weil sie Spaß an Dehnungs- und Stretchübungen (Prozeß) haben.

Erklärung aktiver Sportausübung ab. Die zentralen Motive für Aktivsport entnimmt er den Ansätzen von Zillmann/Bryant/Sapolsky (1979):

"In summary, then, participation in sports has been said to: (1) promote physical fitness and health; (2) produce mental benefits of fitness; (3) help to control aggressive behavior; (4) have recreational value (in that it relaxes tensions, relieves from boredom, and in contrast to labor provides free personal development); (5) teach a sense of fairness; and (6) serve the control of disapproved impulsive emotional behaviors" (S. 301). Zusätzlich erwähnt Sloan (1979), indem er sich auf Maslow (1970) stützt, die zentrale Bedeutung der Möglichkeit zur Steigerung des Selbstwertgefühls durch die Ausübung bestimmter Sportdisziplinen.

Auf Basis dieser Motive ordnet Sloan den vorhandenen Ansätzen fünf Nachfragetheorien für aktives Zusehen zu und stellt sich dann die Frage, wie gut die von ihm unterschiedenen Ansätze die Bedeutung von sportlichen Erfolgen für Zuseher erklären können. Das Ergebnis empirischer Überprüfungen seiner entwickelten Theorien kann der Abbildung 5 entnommen werden:

Theorien	Erklärungsbeitrag für die Bedeutung sportlicher Erfolge
Salubrios Effects Theories	-
Stress and Stimulation seeking Theories	- -
Aggression Theories	+ / -
Entertainment Theories	-
Achievement Theories	+

Legende:

- -   Kein Erklärungsbeitrag
-    Geringer Erklärungsbeitrag
+/- Befriedigender Erklärungsbeitrag
+   Guter Erklärungsbeitrag

Abb. 5: Bewertung der Zuschauertheorien nach Sloan (1979)

Aus Abbildung 5 wird ersichtlich, daß lediglich "Achievement Theories" das Kriterium[9] erfüllen. "Achievement Theories" zufolge liegt das zentrale Motiv aktiver Sportler, Sport zu betreiben, in der Erreichung eines hohen Selbstwertgefühls, Status und Prestige (vgl. dazu auch z.B. Morris, 1967; Ellis, 1972). Sloan stellt fest, daß dieses Motiv auch von grundlegender Bedeutung für aktive Zuseher ist. Durch die Unterstützung der Mannschaft entwickelt sich nach Sloan ein Zugehörigkeitsgefühl zur Mannschaft, das es dem einzelnen Zuschauer erlaubt, selbst einen hohen Status wahrnehmen zu können. "Fans were observed to emphasize their association with victorious teams to enhance their own esteem and prestige. More than that, they felt they actually belonged to a group with the team ...." (S. 257).

Einen ähnlichen Ansatz wie Sloan verfolgen Zillmann/Bryant/Sapolsky (1979). Sie versuchen anhand von vier Theorien den Spaß der aktiven Zuseher bei Sportereignissen zu erklären. Gleich wie Sloan (1979) entwickeln sie ihre Theorien aufgrund der Annahme, die Motive, Sportereignissen aktiv beizuwohnen, seien ähnlich den Motiven, Sport aktiv zu betreiben. Dabei knüpfen implizit zwei Theorien an die von Sloan entwickelte "Achievement Theory" an. Als Fortschritt zu betrachten ist die Tatsache, daß sie stärker als Sloan die unterschiedlichen Bedingungen von Zusehern im Unterschied zu den aktiven Sportlern berücksichtigen.

Dies kommt besonders in der von ihnen entwickelten "Social Facilitation Theory" zum Ausdruck. Die Theorie betont die hohe Bedeutung sozialer Faktoren im Rahmen des aktiven Zusehens. "It is generally taken for granted that watching a sport contest alone is less enjoyable than watching it in the company of friends, or in the midst of a cheerful crowd" (S. 325). In einer weiteren Theorie, der "Uncommon, Risky, and Effective Play - Theory" stellen sie die Besonderheit von Sportereignissen generell in den Vordergrund, die als Erklärung für die hohe Attraktivität herangezogen werden könnte. "Uncommon, unexpected, and uncertain events are said to hold greater promise for being appreciated than common, expected and certain events" (S. 327).

Die Überlegungen von Sloan und Zillmann/Bryant/Sapolsky gehören sicherlich zu denen, die im Rahmen aller Ausführungen über die Nachfrage nach Sportereignissen am ehesten wissenschaftlichen Kriterien genügen. Trotzdem können ihre Untersuchungen einer Bewertung anhand der in dieser Arbeit geforderten Kriterien nicht standhalten.

---

[9] Auf die anderen Theorien wird an diesem Punkt deshalb nicht eingegangen, da sie im Teil II der Arbeit des öfteren angesprochen werden.

Obwohl die Ausführungen einen idealen Startpunkt zur Theorieentwicklung darstellen, mußte festgestellt werden, daß die Gedanken von Sloan in der Literatur nur partiell aufgenommen wurden (vgl. z.B. Murrell/Dietz, 1992), somit keine konsequente Weiterentwicklung erfolgte. Dies vielleicht aus Gründen der in Folge genannten Kritikpunkte.

Kriterium 1:

Sloan, aber auch Zillmann/Bryant/Sapolski unterscheiden in ihren Erwägungen nicht zwischen gelegentlichem oder regelmäßigem Konsum von Sportereignissen. Daß die von ihnen entwickelten Theorien tendenziell für gelegentliche Zuseher Geltung haben, kann implizit höchstens aus folgendem Zitat von Zillmann/Bryant/Sapolski (1979), mit dem sie die bestehende Zuschauerliteratur kritisch würdigen, entnommen werden: "The phenomenon yet to be adequately explained is that of the loyal local fan. Why do people tend to cheer for their home team, regardless of athletic excellence? Is it the need to feel a sense of solidarity with a local community? ......" (S. 319). Diese Fragestellungen verweisen auf die Annahme, die entwickelten Theorien wären nicht in der Lage, regelmäßiges Zusehen zu erklären, anders ausgedrückt, sie treffen lediglich auf gelegentliches Zusehen zu.

Zudem kann die von Sloan gewählte deduktive Vorgehensweise zur Herleitung seiner Theorien nicht unkritisiert bleiben. Die Vorwürfe betreffen speziell zwei Apekte:

1. Sloan erwähnt keine Begründung dafür, warum die Ergebnisdimension zur Erklärung der Sportnachfrage wichtiger wäre als die Prozeßdimension. Da die höhere Relevanz einer der beiden Dimensionen von Sloan als Kriterium herangezogen wird, Zuschauertheorien zu bewerten, wäre es unbedingt notwendig, systematisch abzuleiten, aus welchen Gründen die Ergebnisdimension relevanter ist als die Prozeßdimension.

2. Sloan geht bei der Herleitung der Nachfragetheorien von der Annahme aus, die Funktionen des Sports seien für Zuschauer ähnlich wie für aktive Sportler. ".... we should be concerned with the degree to which these hypothesized mechanisms would have impact on spectator/fans as well as on formal sports participants" (S.223). Er stützt sich dabei zwar auf Behauptungen von Ellis (1972), Harris (1973) und Weiß (1969), aber auch den Aussagen dieser Autoren kann der Mangel einer empirischen Bewährung angelastet werden. Zudem steht fest, daß der Sportfan im Vergleich zu aktiven Sportlern das Sportereignis unter anderen Bedingungen konsumiert (vgl. z.B. Hortleder, 1974;

Zillmann/Bryant/Sapolsky, 1979). Diese Tatsache läßt es als sehr wahrscheinlich erscheinen, daß die Beweggründe, Sport zu betreiben, andere sind, als Sport passiv zu konsumieren. Deshalb scheint es nicht gerechtfertigt, Motive des aktiven Sportlers ohne weiteres auf Zuschauer zu übertragen.

Da der Aufbau, die Zielsetzung und die Vorgehensweise der Überlegungen von Zillmann/Bryant/Sapolski (1979) mit der Arbeit von Sloan zu vergleichen sind, können für sie dieselben Kritikpunkte angeführt werden. Zu erwähnen ist höchstens die etwas differenziertere Behandlung möglicher Motive von Zusehern aufgrund der Mitberücksichtigung einiger spezifischer Bedingungen, unter denen Zuseher im Unterschied zu Sportaktiven das Sportprodukt konsumieren. Aber auch Zillmann/Bryant/Sapolski (1979) behandeln die Zuseher undifferenziert. Deshalb schaffen es beide Ansätze der Theorieentwicklung nicht, eine differenzierte Erklärung für die zu untersuchenden Phänomene zu geben.

Kriterium 2:

Sloan und Zillmann/Bryant/Sapolski bieten sehr allgemeine, tendenziell undifferenzierte Erklärungsansätze des aktiven Zusehens an. Beispielsweise schließen sie situative Variablen, die ihrer Meinung nach hohe Auswirkungen auf die Erklärung von aktivem Zusehen haben könnten, in ihren Überlegungen kaum ein. Sie können deshalb - und das gesteht Sloan selbst ein - bestenfalls als Ausgangspunkt einer differenzierteren Betrachtungsweise des Phänomens sein. "The theories ..... may vary in impact or applicability from situation to situation or from sport to sport as the situations and sports themselves differ on yet unidentified dimensions of relevance" (S. 256). Antezedenzbedingungen - beispielswesie in Form einer Differenzierung nach situativen Variablen im Rahmen einzelner Theorien - werden also in diesen Ansätzen nicht diskutiert.

Zudem erscheint der Begriff "Theorie" für die unterschiedlichen Ansätze von Sloan nicht gerechtfertigt. Der Autor diskutiert im Grunde nichts anderes als einzelne Faktoren - in seinem Falle einzelne Motive - in ihrer Auswirkung auf aktives Zusehen. Die Überlegungen von Sloan sind deshalb kaum von den in der Sportpsychologie behandelten allgemeinen Untersuchungen über Motive für den Besuch von SMB`s zu unterscheiden.

1.2.2.2. Motivforschung

In einer Reihe von psychologischen Untersuchungen wurden Gründe näher analysiert, die Individuen zum Besuch von Sportereignissen animieren. Die Ansätze werden vor dem Hintergrund der in Kapitel 1.2. definierten Strukturierungskriterien eingeteilt in allgemeine Motivforschung, Identifikationsforschung und in tiefenpsychologische Forschung.

1.2.2.2.1. Allgemeine Motivforschung

Im Bereich der allgemeinen Motivforschung sind vor allem Strauß (Strauß, 1993a; Strauß, 1993b; Strauß, 1994) und Heitmeyer/Peter (1988) einzuordnen. Da sich die Untersuchungen von Heitmeyer/Peter von denen von Strauß in ihrem Ansatz und ihren Ergebnissen kaum unterscheiden, wird nur auf die neueren Untersuchungen von Strauß näher eingegangen.

Strauß versucht, Ursachen für die Attraktivität von Sportereignissen zu bestimmen, die Menschen zum Besuch von Sportereignissen bewegen. Dabei arbeitet er mit folgender Itembatterie, wobei er mit einem probabilistischen Skalierungsverfahren basierend auf der "Item Response Theory" die Daten erhebt und auswertet:

Ich besuche diese Veranstaltung, weil

- ich Freunde und Bekannte treffen möchte

- ich hier meinen Gefühlen freien Lauf lassen kann

- ich mich entspannen möchte

- ich etwas Spannendes erleben möchte

- ich schöne Spielkombinationen[10] sehen möchte

- ich zum Erfolg der Mannschaft beitragen möchte

- ich spezielle Spielerpersönlichkeiten sehen möchte

- die Zuschauer Stimmung machen

---

[10] Strauß verwendet nicht den Begriff "Spielkombinationen", sondern unterschiedliche sportartspezifische Begriffe, welche den Begriff "Spielkombinationen" in der jeweiligen Sportart operationalisieren. So arbeitet er z.B. in einer Basketballstudie (Strauß, 1993a) mit dem Begriff "schöne Körbe/Kombinationen". Der Begriff "Spielkombinationen" wird vom Verfasser gewählt, um zu erklären, welches Phänomen Strauß generell messen will.

Obwohl Strauß (1994) feststellen konnte, daß die zwei wichtigsten Gründe Item 1 ("Ich besuche diese Veranstaltung, weil ich Freunde und Bekannte treffen möchte") und Item 6 ("Ich besuche diese Veranstaltung, weil ich zum Erfolg der Mannschaft beitragen möchte") sind, glaubt er aufgrund der Auswertungen seiner Untersuchungen, daß aus der Perspektive des einzelnen Sportkonsumenten nicht so sehr die Wichtigkeit bestimmter Gründe (er spricht dabei von "Qualitätsaspekt") die Attraktivität von Sportereignissen erklärt, sondern die Häufigkeit der Gründe (er spricht dabei von "Quantitätsaspekt"), die ein Konsument angibt.

Kriterium 1:

Auch Strauß differenziert ähnlich wie Sloan (1979) nicht zwischen gelegentlichen oder regelmäßigen Zusehern. Es kann somit aus seinen Untersuchungen nicht entnommen werden, ob gelegentliche und regelmäßige Zuseher unterschiedliche Motive haben, SMB's zu besuchen.

Kriterium 2:

Konzipiert man die von Strauß verwendeten möglichen Motive als Antezedenzbedingungen aktiven Zusehens, könnte das Kriterium als "erfüllt" bewertet werden. Kritisiert werden muß jedoch die Herleitung der Motive.

Aus den Untersuchungen von Strauß ist nicht klar ersichtlich, welche Zielsetzung seinen Arbeiten zugrundeliegt. Es ist unklar, ob Strauß entweder einen inhaltlichen oder einen methodischen Schwerpunkt setzt bzw. ob Strauß entweder mehr über die Entstehung von Sportnachfrage wissen will oder das Skalierungsverfahren nach den Kriterien der Validität und der Reliabilität überprüfen und weiterentwickeln möchte. Vielleicht ist auch in der Unklarheit über die Zielsetzung seiner Forschungsbemühungen die Ursache zu suchen, warum in keiner seiner Publikationen ein (theoretischer) Hintergrund über die Herleitung der von ihm angewandten Items diskutiert wird. Aufgrund dieser Schwäche müssen die Arbeiten von Strauß nicht als theorielos, trotzdem aber als theorieschwach bezeichnet werden.

Zudem ist die Aussage von Strauß, die Anzahl der von einem Befragten angegebenen Gründe sei ein Indikator für die Bewertung der Attraktivität eines Sportereignisses, aus der Sicht der Marketingforschung in Frage zu stellen. Es besteht nämlich eine dezidierte Meinung darüber, daß Konsumenten ein Leistungsangebot nicht nach der Quantität vorgefundener Merkmale, sondern nach der Qualität einiger weniger zentraler Attribute bewerten (vgl. z.B. Kroeber-Riel, 1992).

1.2.2.2.2. Identifikationsforschung

Eine Fülle von Autoren (Beisser, 1967; Schafer, 1969; Cialdini et al., 1976; Zillmann/Bryan/Sapolski, 1979; Sloan, 1979; Mann, 1979; Smith, 1983; Schurr/ Ruble/Ellen, 1985; Guttmann, 1986; Schurr et al., 1987; Wann/Branscombe, 1990; Murrell/Dietz, 1992; Wann/Branscombe, 1993) hat sich im Rahmen der Sportpsychologie mit dem Phänomen der Identifikation beschäftigt, dem besondere Relevanz für die Erklärung aktiven Zusehens (vgl. z.b. Wann/Branscombe, 1990; Murrell/Dietz, 1992) bei Sportereignissen zugeschrieben wird.

Das Phänomen Identifikation besitzt eine Verhaltensdimension und eine psychische Dimension. Im Bereich des Sports im allgemeinen und des Zuschauersports im besonderen wird es grundsätzlich als eine Einstellung diskutiert, die ein Subjekt in bezug auf ein Objekt hat (vgl. z.B. Deimel, 1992). Es wird aber mit durchwegs unterschiedlichen Bedeutungsinhalten des Einstellungskonstrukts gearbeitet.

Wann/Branscombe (1990, 1993) verwenden das Konstrukt in der Bedeutung der emotionalen Hingabe eines Subjektes an ein Objekt. Den Untersuchungen von Schurr et al. (1985, 1987) scheint ein Freudsches Identifikationsverständnis zugrunde zu liegen. Unter Identifikation versteht Freud (1921) einen psychischen Vorgang, durch den ein Subjekt einen Aspekt, eine Eigenschaft oder ein Attribut des anderen assimiliert und sich vollständig oder teilweise nach dem Vorbild des anderen umwandelt. Murrell/Dietz (1992) verwenden ein Konzept in Anlehnung an Tajfel (1978), wobei das Objekt der Identifikation nicht Individuen, sondern Gruppen sind. Deshalb sprechen sie von Gruppenidentität bzw. Gruppenidentifikation, wobei die Identifikation mit Gruppen als "Das Wissen eines Individuums über eine Zugehörigkeit zu einer oder mehreren Gruppen zusammen mit dem Wert und der emotionalen Bedeutung, die das Individuum dieser Mitgliedschaft beimißt" (S. 255) definiert wird.

Die unterschiedlichen Definitionen von Identifikation weisen bereits auf die Tatsache hin, daß das Konstrukt im Hinblick auf mehrere Objekte diskutiert wird. Als Objekte werden dabei einzelne Spieler (vgl. z.B. Schurr et al., 1987), die Mannschaft (vgl. z.B. Wann/Branscombe, 1990), eine Gruppe wie etwa die Fans (vgl. z.B. Strauß, 1994), eine Institution wie etwa ein College (vgl. z.B. Cialdini, 1976; Murrell/Dietz, 1992) oder eine gesamte regionale Einheit (vgl. z.B. Sloan, 1979) konzipiert.

Im Vordergrund der Untersuchungen stehen die Entwicklung neuer (vgl. z.B. Wann/Branscombe, 1993) oder die Anwendung bereits bestehender Meßskalen (vgl. z.B. Murrell/Dietz, 1992). Zudem werden Konsequenzen der Identifikation, wie etwa die Auswirkung der Identifikation auf das Selbstkonzept eines Individuums (vgl. z.B. Wann/Branscombe, 1991), oder negative Gefühle (Frustration oder Ärger) aufgrund einer Enttäuschung durch das Identifikationsobjekt (vgl. z.B. Sloan, 1979) diskutiert.

Für eine Reihe von Autoren (Cialdini, 1976; Mann, 1979; Schurr et al., 1987; Melnick, 1989; Murrell/Dietz, 1992) ist das Konstrukt der Identifikation der für die Erklärung des aktiven regelmäßigen Zusehens aussagekräftigste Faktor. Dabei wird angenommen, die Ausprägung von Identifikation wäre bestimmend für den Loyalitätsgrad von Zusehern. Wann/Branscombe (1990) ermittelten, daß Fans, die sich stark mit einem Team identifizieren, alle Heimspiele des Teams besuchen. Murrell/Dietz (1992) untersuchten Collegemannschaften, die über den Zeitablauf hinweg eine hohe Anzahl an aktiven Zusehern haben und fanden, daß der wesentliche Faktor zur Erklärung dieses Phänomens die Identifikation mit dem College selbst sei. "Thus, to the extent that students consider being part of the university community ..... they will show greater behavioral (attendance) and attitudinal (evaluations) support of their teams" (S. 35).

Kriterium 1:

Durch empirische Untersuchungen von z.B. Sloan (1979), Wann/Branscombe (1990) oder Murrell/Dietz (1992) konnte gezeigt werden, daß das Konstrukt der Identifikation eine zentrale Rolle für die Erklärung von regelmäßigem Zusehen spielt. "The results of the current investigation suggest that these persistent individuals are highly identified with the team" (Wann/Branscombe, 1990, S. 111). Da das Konstrukt unterschiedliche Ausprägungen haben kann, besteht zudem die Auffassung, gelegentliche Zuseher würden sich von regelmäßigen lediglich durch eine niedrigere Ausprägung des Konstrukts unterscheiden. Wann/Branscombe (1990) meinen beispielsweise, hohe Nachfrageschwankungen seien die Konsequenz eines hohen Anteiles an Zusehern, die sich nur sehr schwach mit dem Team identifizieren. Ob das Konstrukt auch gelegentliches Zusehen zu erklären in der Lage ist, wurde bisher noch nicht untersucht. Diesbezüglich bestehen also - im Gegensatz zum regelmäßigem Zusehen - bloße Annahmen.

Nicht so sehr die mangelhafte Prüfung der behaupteten Bedeutung des Konstruktes für gelegentliches Zusehen, sondern die Konzipierung des Konstruktes selbst ist das zentrale Problem der Identifikationsforschung.

Einige Autoren (z.B. Wann/Branscombe, 1990; Wann/Branscombe, 1993) erachten es nicht als notwendig, Identifikation zu definieren[11] bzw. es von anderen, ähnlichen Konstrukten wie "attachment, commitment, loyalty" (z.B. zum Team oder zu einzelnen Spielern) abzugrenzen.

Zudem erfolgt keine präzise Abgrenzung der beiden Konstrukte der Identifikation und der Gruppenidentifikation. Das Problem ist, daß die Autoren für dieselben Objekte unterschiedliche Identifikationskonzepte verwenden. So sprechen Wann/Branscombe (1990) in bezug auf das Objekt Mannschaft von "Identifikation mit dem Team", während dieselben Autoren in einer anderen Studie (Wann/Branscombe, 1995) in bezug auf dasselbe Objekt von "Gruppenidentität" sprechen, wobei es scheint, daß sie die beiden Konzepte als gleichbedeutend verwenden. Genau dies muß aber in Frage gestellt werden. Es gibt zumindest keine theoretischen Abhandlungen, in denen die beiden Konstrukte gegenübergestellt werden. Für Murrell/Dietz (1992) scheint sich Gruppenidentifikation lediglich auf das Objekt Institution zu beziehen. Sie untersuchen nämlich die Identifikation mit einem College und ihre Auswirkungen auf aktives Zusehen.

Es werden in der Literatur also zwei Konzepte der Gruppenidentifikation angewandt, die in unterschiedlicher Form für unterschiedliche Objekte verwendet werden.

Abgesehen von den Schwächen des Ansatzes in der Konzipierung des Konstruktes wäre der Ansatz der Identifikation grundsätzlich in der Lage, das Phänomen des gelegentlichen oder regelmäßigen Zuseherverhaltens zu erklären. Kriterium 1 wird somit mit "teilweise erfüllt" bewertet.

Kriterium 2:

Als Schwachstelle für die vorliegende Arbeit zu werten ist die Tatsache, daß im Rahmen der Identifikationsforschung lediglich Meßskalen für das Konstrukt und Konsequenzen des Konstruktes diskutiert werden.

Überlegungen zu Vorbedingungen werden in unbefriedigender, eher spekulativer Form diskutiert. "Obviously multiple factors are likely to influence the development of team identification" (Branscombe/Wann, 1991, S. 123). Man begnügt sich mit der Feststellung, daß

---

[11] Nach Meinung des Verfassers liegt den Autoren ein Freudsches Identifikationsverständnis zugrunde.

offensichtlich eine Reihe von Faktoren als Antezedenzbedingungen für das Konstrukt fungiert. Kriterium 2 wird somit nicht erfüllt.

1.2.2.2.3. Tiefenpsychologische Forschung

Einige Autoren (Stokes, 1956; Dundes, 1976; Veccia, 1976; Dundes, 1978; Suarez-Orozco, 1982) diskutierten aus tiefenpsychologischer Sichtweise Motive, die dem Besuch von Sportereignissen zugrundeliegen. Dabei versuchten sie die Symbolik von Ballspielen[12] zu deuten und leiteten daraus unterbewußte sexuelle Bedürfnisse, Konflikte und Ängste ab, die im Stadion in angenehmer Form entweder befriedigt oder kompensiert werden können.

Aktives Zusehen wird dabei weder differenziert behandelt, noch werden Überlegungen zu Vorbedingungen zu den Bedürfnissen gemacht, die als Erklärungsfaktoren für aktives Zusehen herangezogen werden.

Das Problem tiefenpsychologischer Untersuchungen liegt in der zugrundeliegenden Theorie selbst, vor deren Hintergrund die Untersuchungen durchgeführt werden. Die Tiefenpsychologie legt nach wie vor keinen Wert darauf, ihre Konstrukte zu operationalisieren und sie einer Messung zuzuführen, um dadurch präzise und differenzierte Aussagen treffen zu können.

1.2.3. Volkswirtschaftliche Modelle

In der Zuschauerliteratur konnten einige auf volkswirtschaftlichen Annahmen beruhende Modelle zur Erklärung der Nachfrage nach Sportereignissen angetroffen werden (vgl. z.B. Kaempfer/Pacey, 1986). Da sich die theoretischen Ansätze in ihren Grundzügen nicht unterscheiden, soll zum Zweck der Darstellung lediglich das Modell von Gärtner/Pommerehne (1978) vorgestellt werden. Die Entscheidung zur Darstellung dieses Modells wird dadurch begründet, daß es als erstes versuchte, die Zuschauernachfrage ganzheitlich darzustellen. Alle folgenden Modelle bauten auf den Grundannahmen von Gärtner/Pommerehne auf.

Auf Basis einer Kritik mangelnder Anwendung betriebswirtschaftlicher Kriterien bei der Führung der deutschen Fußballunternehmungen, versuchten die genannten Autoren die

---

[12] Wobei sie sich auf das Fußballspiel und den American Football konzentrieren.

individuelle Nachfrage von Fußballkonsumenten wahrscheinlichkeitstheoretisch zu erklären. Der Aufbau des Modells ist aus folgendem Zitat zu entnehmen:

"Der herkömmlichen Konsumtheorie zufolge hängt die Wahrscheinlichkeit, daß der potentielle Nachfrager i am Spieltag j das angebotene Spiel besucht (W_{ij}) von der Höhe seines Einkommens (Y_{ij}), dem Preis des Gutes Fußball (P^F_j) und dem Preisvektor für die restlichen in seinen Begehrkreis fallenden Güter (P^{RG}_j) ab. Die hierbei gemeinhin implizierte ceteris-paribus-Annahme über die Qualität der berücksichtigten Güter ist allerdings gerade für das Gut Spielunterhaltung kaum haltbar, da von Spieltag zu Spieltag erhebliche Schwankungen in der Qualität der dargebotenen Spiele auftreten. Es ist deshalb sinnvoll, die Spielqualität (Q^F_j) explizit als Erklärungsvariable zu berücksichtigen. Eine weitere Besonderheit des Gutes Sportereignis liegt darin, daß dem potentiellen Zuschauer keine bestimmte, a priori bekannte Spielqualität zugesichert werden kann. An die Stelle der tatsächlichen Qualität hat deshalb die individuell erwartete Qualität ($E_i(Q^F_j)$) zu treten" (S.91).

Die individuelle Nachfragebeziehung hat somit folgende Form:

$$W_{ij} = (Y_{ij}, P^F_j, P^{RG}_j, E_i(Q^F_j))$$

Die zu erwartende Gesamtnachfrage ergibt sich aus der Summe der individuellen Nachfragewahrscheinlichkeiten. Die erwartete Qualität wird dabei durch 17 Qualitätsindikatoren operationalisiert, die sich vor allem auf sportliche Erfolge in der laufenden Meisterschaft beziehen (S. 99):

DQ1 - HSV (GAST)	Tabellenposition des Hamburger SV (der Gastmannschaft) vor dem i-ten Spiel;
DQ2 - HSV (GAST)	Ruf des Hamburger SV (der Gastmannschaft): gewichteter Durchschnitt aus den Positionen in den Abschlußtabellen der drei letzten Spieljahre, mit linear abnehmender Gewichtung (3,2,1);
DQ3 - HSV (GAST)	Dummyvariable für Erfolge des Hamburger SV (der Gastmannschaft) im DFB-Pokalwettbewerb;
DQ4 - HSV (GAST)	Dummyvariable für Erfolge des Hamburger SV (der Gastmannschaft) im UEFA-Cup, Europacup oder Europapokal;
DQ5 - HSV (GAST)	Anzahl der von dem Hamburger SV (der Gastmannschaft) vor dem i-ten Spiel in Reihe gewonnenen Spiele;

DQ6 - HSV (GAST)	Anzahl der von dem Hamburger SV (der Gastmannschaft) durchschnittlich erzielten Tore pro Spiel (in der laufenden Saison);
DQ7	Punktdifferenz (absolut) zwischen Hamburger SV und Gastmannschaft vor dem i-ten Spiel;
DQ8 - HSV	Dummyvariable: 1 = Uwe Seeler im Mannschaftskader; sonst 0;
IQ1	Dummyvariable für Niederschlag;
IQ2	Temperatur am Spieltag;
SF1	Anzahl der Tage seit dem letzten Heimspiel des Hamburger SV;
SF2	Laufende Nummer des Spieltages;
SF3	Dummyvariable für den Wochentag;
SF4	Dummyvariable für Lokalderby;
SF5 - HSV	Dummyvariable für Abstiegsgefahr des Hamburger SV (der Gastmannschaft);
SF6 - HSV	Dummyvariable für Meisterschaftschancen des Hamburger SV (der Gastmannschaft).

Abb. 6: Qualitätsindikatoren von Sportereignissen nach Gärtner/Pommerehne (1978)

Kriterium 1:

Durch die Formalisierung der individuellen Nachfrageschwankungen wäre das Modell von Gärtner/Pommerehne grundsätzlich in der Lage, durch unterschiedlich hohe individuelle Wahrscheinlichkeitswerte das Phänomen differenziert zu erklären. Die dem Modell zugrundeliegenden Annahmen, die im Modell enthaltenen Variablen sowie die Operationalisierung der Variablen können jedoch einer kritischen Betrachtung nicht standhalten.

1. Dem Modell liegen die Annahmen gleicher individueller Qualitätserwartungsbildung und unveränderter Einkommensverteilung zugrunde. Es scheint zwar notwendig zu sein, in derartigen (mathematischen) Modellen solche vereinfachende Annahmen zu treffen, diese verzerren aber die Aussagekraft der Ergebnisse derart, daß das Modell beträchtlich an Aussagekraft verliert. Was z.B. die Annahme gleicher individueller Qualitätserwartungsbildungen betrifft, konnte Sloan (1979) zeigen, daß unterschiedliche Aspekte von Sportereignissen unterschiedlich wichtig sind. "The results reviewed here may represent the relative importance of these for the average person but the weight of the phenomena may vary widely across spectators" (S. 256).

2. Die Mehrzahl der das Modell von Gärtner/Pommerehne bestimmenden Variablen ist für die Erklärung des Konsums von Sportereignissen nicht bedeutend. Es konnte in zahlreichen Untersuchungen nachgewiesen werden, daß weder der Preis (vgl. z.b. Bird, 1982), noch das Einkommen (vgl. z.b. Moorehouse, 1984) noch alternative Angebote (Hanse/Gauthier, 1989) eine entscheidende Rolle in der Erklärung der Nachfrage nach Sportereignissen spielen. Einzig die Qualitätsindikatoren scheinen nach Ansicht anderer Autoren (vgl. z.b. Siegfrid/Eisenberg, 1980) für die Erklärung des Sportkonsumverhaltens von Bedeutung zu sein.

3. Die siebzehn Variablen, mit denen Gärtner/Pommerehne die erwartete Qualität (siehe Abb. 6) operationalisieren, beziehen sich lediglich auf Ergebnisse von Dienstleistungen bzw. Sportereignisse der Vergangenheit.

Die Bildung von Erwartungen an eine Dienstleistung hängt aber neben Erfahrungen mit der Dienstleistung noch von anderen Faktoren, wie etwa formaler oder informeller Kommunikation des Dienstleistungserbringers, ab (vgl. Haller, 1995). Zudem setzt sich die Erfahrung selbst nicht nur aus den Erfahrungen mit vergangenen Ergebnissen einer Dienstleistung, sondern auch aus den Erfahrungen mit zwei weiteren Dimensionen, nämlich der Potentialdimension und der Prozeßdimension (Donabedian, 1980) zusammen. Diese beiden letzteren Dimensionen bleiben im Modell von Gärtner/Pommerehne bei der Operationalisierung der erwarteten Qualität unberücksichtigt.

Obwohl das Modell von Gärtner/Pommerehne durch seine Struktur grundsätzlich in der Lage wäre, gelegentliches oder regelmäßiges Zusehen differenziert zu erklären, wird Kriterium 1 aufgrund der genannten Mängel als mit "teilweise erfüllt" bewertet.

Kriterium 2:

Das Modell ist ein mathematisch orientiertes Modell. Allein schon der Begriff "Antezedenzbedingungen" ist für solche Modelle nicht sehr geeignet.

1.2.4. Betriebswirtschaftliche Untersuchungen

Eine große Zahl von Autoren im Bereich des Management und Marketing beschäftigt sich mit der Erklärung des aktiven Zusehens (Noll, 1974; Scully, 1974; Medoff, 1976; Sloan, 1979; Siegfrid/Eisenberg, 1980; Greenstein/Marcum, 1981; Zech, 1981; Hill et al., 1982; Porter/Scully, 1982; Becker/Suls, 1983; Jones, 1984; Hay/Thueson, 1986; Hansen/ Gauthier, 1989).

Der Schwerpunkt der Diskussion liegt auf der Frage, welche Attribute eines Sportereignisses und welche sonstigen Bedingungen Einfluß auf die Sportnachfrage haben. Dabei bilden die in Diskussion gestellten Faktoren, von denen eine hohe Relevanz auf aktives Zusehen angenommen wird, die Grundlage für empirische Untersuchungen. Sie werden meist in Längsschnittstudien[13] auf ihre Bedeutung für die Zuschauernachfrage geprüft. Die umfassendste Untersuchung führten dabei Hansen/Gauthier (1989) durch, welche die gesamte Literatur bis zu diesem Zeitpunkt aufarbeiteten, Faktoren bestimmten, die Einfluß auf die Zuschauernachfrage haben und die Relevanz der Faktoren für die Anzahl der Zuschauer untersuchten. Die in Abbildung 7 dargestellten, in vier Gruppen zusammengefaßten Faktoren konnten von Hansen/Gauthier in der bestehenden Literatur festgehalten werden.

Factors Derived from the Literature

Economic Factors
Television coverage of the home game in local area
Price of season ticket for home games
Television coverage of another major sport event at time of your home game
Price of ticket for home game
Price of other forms of entertainment available during your games
Existance of other sport teams in your area

Demographic Factors
Population size of your area
Ethnic mix of population
Existance of minor league sports for children and youth

---

[13] Längsschnittanalysen sind Untersuchungen, in denen derselbe Gegenstand über den Zeitablauf hin untersucht wird (vgl. z.B. Früh, 1991). Im Rahmen der Untersuchungen von Sportereignissen wird dabei die Anzahl der Zuseher eines Vereins bei unterschiedlichen Sportereignissen (meist über die Zeitperiode einer Saison, vgl. Becker/Suls, 1983) analysiert.

Attractiveness Factors
Record (won-loss) of home team
Number of star athletes on visitor`s roster
Offensive output of your team (goals, points, T.D.s, home runs, stolen bases, number yds. total, yards. passing, etc.)
Number of star athlets on your roster (home team)
Closeness of competition (between teams during season)
Record (won-loss) of visiting team
Your team`s involvement in race for 1st place
Rivalry between your team and opponent (visiting team)
Defensive output of your team (goals against, defensive line, secondary, pts. against average, number of sacks, number of steals, E.R.A., etc.)
Record breaking performance of athlets on visiting team
Record breakingperformances of athlets on home team
Special event occasions (bat day, special groups day, etc.)
Your team`s place in the league standings
Your team`s place in the division standings
Your team`s involvement in race for a playoff spot

Residual Preferences Factors
Afternoon game
First quarter of season
Cleanliness of the facility
Behavior of fans during games
Easy and/or multiple access to your facility (via subway, highways, transit)
Evening games
Second quarter of the season
Availability of parking at or near facility
Unobstructured view of game for 80% or more fans
Size of the facility (seating capacity)
Weekend games (Friday night, Saturday and/or Sunday)
Number of years your franchise has been in the area
Third quarter of the season
Fourth quarter of the season

Abb. 7: Attribute des Sportereignisses und sonstige Bedingungen nach Hansen/Gauthier
(1989)

Sie fanden, daß "Attractiveness Factors", die sich auf die Mannschaften - wie etwa Starathleten oder die Teilnahme an Play off´s[14] - beziehen, den größten Einfluß auf die Anzahl aktiver Zuseher hatten. Unter diesen Faktoren hatten solche wie "Team`s involvement in playoff race", "Team`s involvement in 1st place race" u.a., also Faktoren, die sich auf sportliche Erfolge der Mannschaften beziehen, den stärksten Einfluß auf die Anzahl aktiver Zuseher.

---

[14] Anmerkung des Verfassers: Play off´s sind Endrunden meist nationaler Meisterschaften zur Ermittlung des Meisters, für die sich lediglich die stärksten Teams qualifizieren.

Kriterium 1:

Ähnlich wie bei volkswirtschaftlichen Modellen und anderen in Teil I der Arbeit diskutierten Ansätzen wird im Rahmen der betriebswirtschaftlichen Untersuchungen (vgl. z.B. Noll, 1974) unterstellt, alle Zuseher hätten dieselben Bedürfnisstrukturen. Daß diese Annahme nicht gerechtfertigt erscheint, wurde bereits in den Ausführungen zu den Kritikpunkten der volkswirtschaftlichen Modelle gezeigt. Auch in diesen Untersuchungen werden Zuseher als Konglomerat betrachtet. Es erfolgt also keine differenzierte Betrachtung von regelmäßigem oder gelegentlichem Zusehen.

Kriterium 2:

Als wesentliches Problem all dieser Untersuchungen ist der lediglich beschreibende Ansatz zu sehen. Obwohl aus diesem Forschungsgebiet wertvolle Hinweise für die Erklärung der Sportnachfrage gewonnen werden können, wird im Rahmen betriebswirtschaftlicher Studien nicht näher darauf eingegangen, aus welchen Gründen bestimmte Faktoren wichtiger sind als andere oder in welchen möglichen Zusammenhängen die Faktoren stehen. Das Kriterium 2 wird also nicht erfüllt.

1.2.5. Die Bewertung der Zuschaueransätze im Überblick

Die Bewertung der bisher dargestellten Ansätze wird in Abbildung 8 nochmals zusammenfassend dargestellt.

Aus der Abbildung wird ersichtlich, daß kein Ansatz die an sie gestellten Anforderungen erfüllt. Deshalb wird in einem nächsten Schritt geprüft, ob Theorieansätze des Marketings in der Lage sind, die Kriterien zu erfüllen.

Kriterien / Ansätze	Kriterium 1: Differenzierte Erklärungsfähigkeit	Kriterium 2: Antezedenzbedingungen
Sportsoziologische Ansätze		
1. Deutschsprachiger Ansatz	-	-
2. Englischsprachiger Ansatz	+/-	-
3. Demographischer Ansatz	-	+/-
Sportpsychologische Ansätze		
1. Theorieentwicklung	+/-	-
2. *Motivforschung*		
2.1. Allgemeine Motivforschung	+/-	-
2.2. Identifikationsforschung	-	-
2.3. Tiefenpsychologischer Ansatz	-	-
Volkswirtschaftlicher Ansatz	+/-	-
Betriebswirtschaftlicher Ansatz	-	-

Legende:

- Ansatz erfüllt Anforderung nicht

+/- Ansatz erfüllt Anforderung teilweise

+ Ansatz erfüllt Anforderung

Abb. 8: Bewertung der Zuschaueransätze

1.3. Darstellung und Bewertung von theoretischen Erklärungsansätzen im Marketing

1.3.1. Dienstleistungsmarketing

Die Literatur im Rahmen des Dienstleistungmarketing (vgl. z.b. Bruhn/Stauss, 1995) wurde danach analysiert, welche Faktoren die wiederholte Inanspruchnahme von Dienstleistungen bestimmen und welches die Entstehungsbedingungen der Faktoren sind.

1.3.1.1. Bestimmende Faktoren der wiederholten Inanspruchnahme einer Dienstleistung

Als Ergebnis einer Analyse der bestehenden Literatur konnten zwei Faktoren identifiziert werden, die einen hohen Einfluß auf die wiederholte Inanspruchnahme einer Dienstleistung haben: Dienstleistungsqualität (vgl. z.b. Hentschel, 1992) und Kundenzufriedenheit (vgl. z.b. Stauss/Neuhaus, 1995). Nehmen Kunden hohe Qualität einer Dienstleistung wahr bzw. sind sie mit der Leistung zufrieden, besteht eine hohe Wahrscheinlichkeit, daß dies zum Wiederkauf der Dienstleistung führt. Stauss/Neuhaus (1995) sind sich durchaus bewußt, daß Kundenzufriedenheit nicht der einzige Faktor ist, der Kaufverhalten von Dienstleistungen erklärt. Einige Autoren (vgl. z.B. Gierl, 1992) konnten zeigen, daß Kunden trotz hoher Zufriedenheit mit einem Unternehmen die Geschäftsbeziehung abgebrochen haben. Gründe dafür können sein:

1. daß das Konstrukt der Zufriedenheit nicht adäquat operationalisiert und gemessen wird (Stauss/Neuhaus, 1995), und somit der Abbruch der Geschäftsbeziehung gar nicht unter Bedingungen einer Unzufriedenheit des Kunden beruht;
2. daß neben der Zufriedenheit noch andere Bedürfnisse der Konsumenten relevant sind (vgl. z.B. Diller, 1992);
3. daß plötzlich Konkurrenten in den Wettbewerb eintreten, die attraktive Leistungen bieten können (Gierl, 1992) oder
4. daß situative Faktoren, wie etwa mangelnde Verfügbarkeit der Dienstleistung zu einem Abweichen vom bisherigen Kauf- und Nutzungsverhalten führen können.

Trotzdem besteht in der einschlägigen Literatur weiterhin die Auffassung, die Konzepte der Dienstleistungsqualität und der Kundenzufriedenheit seien die zentralen Faktoren für die Erklärung wiederholter Inanspruchnahme von Dienstleistungen. Dies wird allein schon durch die intensive Auseinandersetzung mit diesen Konzepten deutlich. Zudem lassen sich keine ernsthaften Versuche erkennen, andere, neue Ansätze zur Erklärung der Inanspruchnahme von Dienstleistungen in das bestehende Theoriegebäude zu integrieren.

Es existieren viele Ansätze, Dienstleistungsqualität zu definieren (vgl. z.B. Haller, 1995). Im Marketing bevorzugt man eine kundenorientierte Perspektive. Das Phänomen wird häufig als Differenz zwischen der wahrgenommenen Leistung eines Kunden und den Erwartungen des Kunden an diese Leistung definiert (vgl. z.B. Zeithaml/Parasuraman/Berry, 1992).

Auch über das Konstrukt der Kundenzufriedenheit ist man sich in der Dienstleistungs-literatur nicht einig (vgl. z.B. Stauss/Neuhaus, 1995). Als kleinster gemeinsamer Nenner wird aber ein bestimmter Gefühlszustand gesehen. Dabei wird Kundenzufriedenheit als positives und Unzufriedenheit als negatives Gefühl angesehen (Riemer, 1986). Nach Riemer (1986) kann Kundenzufriedenheit definiert werden als ein positives Gefühl, welches ein Konsument im Zusammenhang mit der Nutzung einer Unternehmensleistung empfindet.

Zusätzlich zu Uneinigkeiten über die Definitionen der Konstrukte, läßt sich in der Literatur eine intensive Diskussion darüber feststellen,

◆ ob erstens ein Unterschied zwischen den beiden Konstrukten besteht (vgl. z.B. Haller, 1995) und, zweitens,

◆ falls ein Unterschied besteht, in welchem kausalen Zusammenhang die beiden Konstrukte zueinander stehen (vgl. z.B. Mairamhof, 1995). Es werden alle drei möglichen Zusammenhänge - die Konstrukte treten parallel auf, Qualität führt zu Zufriedenheit und Zufriedenheit führt zu Qualität - als grundsätzlich denkbar erachtet.

Da man in der einschlägigen Literatur eher vom Wirkungszusammenhang, Dienstleistungsqualität führe zu Kundenzufriedenheit, überzeugt ist (vgl. z.B. Mairamhof, 1995), wird auch in der vorliegenden Arbeit von diesem Zusammenhang ausgegangen. Es wird also in der zugrundeliegenden Arbeit die Annahme getroffen, ein einziger Faktor, nämlich Kundenzufriedenheit, würde - aus der Perspektive des Dienstleistungsmarketing - aktives Zusehen erklären. Da ein gemeinsames Merkmal aller Definitionen von Kundenzufriedenheit ein "positives Gefühl" ist, wird der Arbeit die bereits oben erwähnte Definition von Riemer (1986) zugrundegelegt, der Kundenzufriedenheit als positives Gefühl definiert, welches ein Konsument im Zusammenhang mit der Nutzung einer Unternehmensleistung empfindet.

1.3.1.2. Entstehungsbedingungen von Kundenzufriedenheit

Im Rahmen der Literatur über Kundenzufriedenheit mit Dienstleistungen befaßte sich eine Reihe von Autoren mit Entstehungsbedingungen von Kundenzufriedenheit (vgl. z.B. Grönross, 1984). Einigkeit scheint dabei über folgende Behauptung zu bestehen:

Die wahrgenommene Zufriedenheit mit einer Dienstleistung ist die Folge eines Urteils über die Qualität der in Anspruch genommenen Dienstleistung. Das Urteil wiederum ist die Konsequenz von unterschiedlichen Qualitätsdimensionen, die in der Entstehung des Urteils eine Rolle spielen. Dieser Zusammenhang kann folgendermaßen abgebildet werden (vgl. z.B. Haller, 1995).

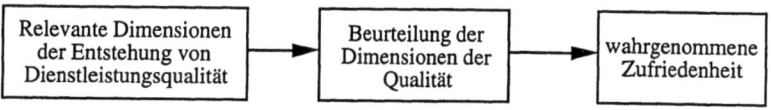

Abb. 9: Entstehungsbedingungen der Kundenzufriedenheit

Entstehungsbedingungen von Kundenzufriedenheit sind also die relevanten Dimensionen der Dienstleistungsqualität und die Beurteilung dieser.

Ausgehend von Abbildung 9 wird in der Folge auf die der Beurteilung der Qualität zugrundliegenden Dimensionen, die Einfluß auf das Qualitätsurteil haben, eingegangen, während im Anschluß daran die Entstehung des Qualitätsurteils dargestellt wird.

zu 1. Relevante Dimensionen der Entstehung von Dienstleistungsqualität

Es lassen sich in der Literatur eine Reihe von Ansätzen antreffen, die sich mit der Erklärung der relevanten Dimensionen der Entstehung von wahrgenommener Dienstleistungsqualität auseinandersetzen (vgl. überblicksmäßig z.b. Haller, 1995).

Die Modelle lassen sich grob in potentialorientierte und phasenunabhängige Modelle einteilen. Aufgrund der spezifischen Besonderheiten von Dienstleistungen im Unterschied zu Sachleistungen (wie etwa Immaterialität) wird davon ausgegangen, daß die Qualitätsbeurteilung von Dienstleistungen vor dem Kauf problematischer und wichtiger sei als bei Sachleistungen. Potentialorientierte Modelle legen ihren Schwerpunkt auf die Entstehung des Qualitätsurteils vor dem Kauf. Der Begriff des Potentials bezieht sich dabei im besonderen auf die personen- und sachbezogenen Merkmale des Anbieters, die der Konsument schon vor der Inanspruchnahme der Dienstleistung zur Beurteilung der Qualität heranzieht (vgl. Corsten, 1986, S. 27).

Da die potentialorientierten Modelle einerseits in der Literatur bisher relativ geringe Aufmerksamkeit fanden und andererseits in den phasenunabhängigen Modellen integriert sind, wird im folgenden auf diese näher eingegangen. Dabei werden die Modelle unter dem Aspekt betrachtet, welche Dimensionen einer Dienstleistung grundsätzlich Einfluß auf ihre wahrgenommene Qualität haben.

Grundsätzlich gibt es drei Dimensionen, welche die Beurteilung der Qualität beeinflussen. Diese sind

a. die Ebenen einer Dienstleistung,

b. Soll-Ist-Vergleiche der Leistung aus der Sicht des Konsumenten und

c. spezifische Faktoren.

Die Ebenen einer Dienstleistung beziehen sich auf unterschiedliche Phasen von Dienstleistungen. Sie setzen sich nach Donabedian (1980, S. 86) aus der Struktur, dem Prozeß und dem Ergebnis einer Dienstleistung zusammen. Unter Struktur versteht Donabedian die Qualifikationen bzw. Fähigkeiten des Dienstleisters und seiner Mitarbeiter, die technische Ausrüstung sowie die physischen und organisatorischen Arbeitsbedingungen. Der Begriff Prozeß bezeichnet die Gesamtheit aller Aktivitäten, die während der Dienstleistungserstellung stattfinden. Das Ergebnis ist die Veränderung des Ausgangszustandes nach der Erbringung der

Dienstleistung. Die zentrale Aussage Donabedians - die im Bereich des Dienstleistungs-marketing allgemein akzeptiert wird - bezieht sich auf seine Feststellung, alle drei Dimensionen würden die wahrgenommene Qualität beeinflussen.

Soll-Ist-Vergleiche beziehen sich auf die Wahrnehmungsstruktur der Konsumenten, die Dienstleistungen in Anspruch nehmen. Es wird die Überzeugung geäußert, daß der Konsument aufgrund eines Vergleiches zwischen der Erwartung, die er an eine Dienstleistung stellt (Soll) und der tatsächlichen Erfahrung, die er mit der Inanspruchnahme der Dienstleistung macht (Ist), die Qualität einer Dienstleistung bewertet. Erwartungen sind Ansichten und Meinungen über einen Service vor dem Zeitpunkt, zu dem die Leistung in Anspruch genommen wird (Boulding/Kirmani, 1993). Sie bilden sich nach Haller (1995, S. 33) aufgrund von fünf Komponenten:

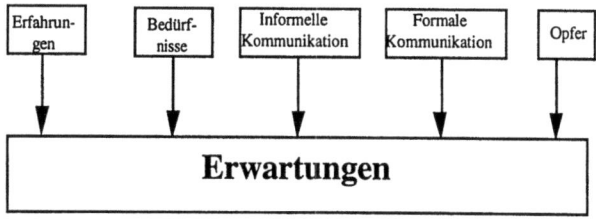

Abb. 10: Komponenten der Erwartungsbildung bei Dienstleistungen nach Haller (1995)

Erfahrungen beziehen sich auf eigene Erlebnisse derselben oder einer ähnlichen Dienstleistung. Ein Individuum wird nur dann eine Leistung in Anspruch nehmen, wenn es dadurch erwarten kann, ein spezifisches, mehr oder weniger dringliches Bedürfnis zu erfüllen. Dabei beziehen sich die Erwartungen auf die Eignung der Dienstleistung, das Bedürfnis zu befriedigen. Mit informeller Kommunikation ist die Mund zu Ohr Kommunikation gemeint, unter formale Kommunikation fallen traditionelle unternehmerische Kommunikations-aktivitäten. Die letzte Komponente, das Opfer, bezieht sich hauptsächlich auf den Preis einer Dienstleistung.

Anhand dieser Determinaten bildet der Konsument eine Vorstellung darüber, welche Aspekte eine Dienstleistung beinhalten muß, damit er sie als qualitätsmäßig hochwertig erachtet. Diese Vorstellungen vergleicht er mit der erhaltenen Dienstleistung. Durch das Qualitätsmodell von Grönroos wird dieser Zusammenhang graphisch abgebildet.

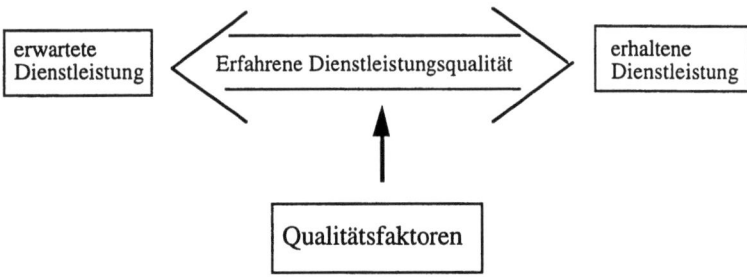

Abb. 11: Dienstleistungsqualitätsmodell nach Grönroos (1982, abgeändert)

Obiges Modell möge zugleich als Ausgangspunkt für die Diskussion der dritten Ebene dienen, die Einfluß auf die Dienstleistungsqualität nimmt, nämlich der spezifischen Faktoren. Es werden in den Modellen nach unterschiedlichen Gesichtspunkten spezifische Faktoren angeführt, die konkret Einfluß auf die wahrgenommene Dienstleistungsqualität ausüben. Art und Inhalt der Faktoren orientieren sich dabei besonders auf die bereits erwähnten Besonderheiten von Dienstleistungen im Unterschied zu traditionellen Produkten (vgl. z.B. Zeithaml/Parasuraman/Berry, 1990). Grönroos glaubt beispielsweise, die in Abbildung 12 dargestellten Faktoren würden hauptsächlich die wahrgenommene Dienstleistungsqualität beeinflussen:

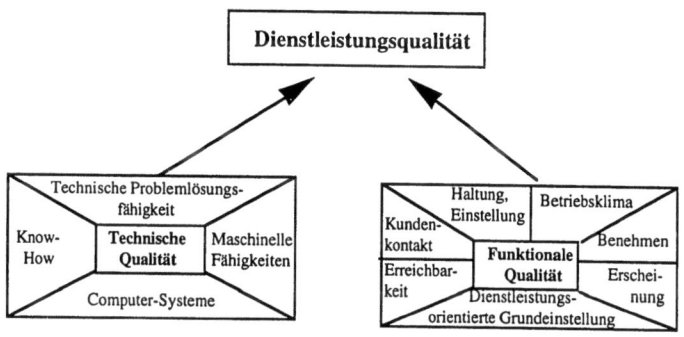

Abb. 12: Dienstleistungsqualitätsfaktoren nach Grönroos (1982)

Die drei diskutierten Dimensionen bilden den Rahmen für die Beurteilung der Qualität, die in der Folge näher betrachtet wird.

zu 2. Qualitätsurteile

Qualitätsurteile sind den Einstellungen, allgemein definiert als ".... gefühlsmäßige Wertung oder Einschätzung eines Objektes" (Freter, 1979, S. 163), zuzuordnen, da allgemein angenommen wird, die Qualitätswahrnehmung besitze - wie Einstellungen - einen überdauernden Charakter und ein hohes Abstraktionsniveau, da sie eine Reihe von Einzeleindrücken zusammenfaßt (Steenkamp, 1990). Einzeleindrücke wiederum können unterschieden werden in bestimmte Attribute von Dienstleistungen oder in bestimmte Erlebnisse eines Konsumenten mit Dienstleistungen.

Dieser Arbeit soll ein theoretisches Bewertungsmodell der Dienstleistungsqualität von Haller (1995) zugrunde gelegt werden, da es das zur Zeit aktuellste im Bereich der Bewertung von Dienstleistungsqualität ist. Es ist ein attributorientiertes Erklärungsmodell, das in Abbildung 13 dargestellt wird.

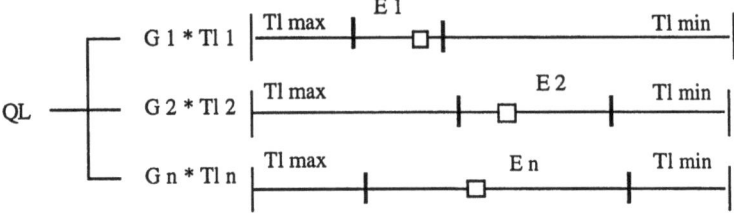

Legende:

QL = Gesamtqualität

Tl ma = Höchstmögliche Ausprägung der Teilleistung

Tl min = Geringstmögliche Ausprägung der Teilleistung

G 1, ..., G n = Gewichtung der Teilleistung

Tl 1, ..., Tl n = Teilleistung

E 1, ..., E n = Erwartungsintervall der Teilleistung

r = Qualitätswahrnehmung der Teilleistung

Abb. 13: Bildung des Qualitätsurteils bei Dienstleistungen nach Haller (1995)

Haller geht davon aus, daß die Bewertung der Gesamtqualität von 1 bis n Teilleistungen der Gesamtleistung abhängig ist. Die Teilleistungen entsprechen den oben erwähnten Qualitätsfaktoren. Sie sind für unterschiedliche Konsumenten unterschiedlich wichtig. Für jede relevante Teilleistung wird ein Erwartungsintervall festgelegt. Das bedeutet, der Konsument hat eine Vorstellung darüber, welche Ausprägungen ein Attribut annehmen kann. Das Erwartungsintervall liegt auf einem sogenannten Leistungsstrahl, auf dem alle möglichen Intensitäten der Leistungserbringung von der geringstmöglichen bis hin zur höchstmöglichen Leistungsausprägung abgebildet werden. Die Intervalle können in Umfang und Lage auf dem Strahl interpersonell variieren. Nach der Inanspruchnahme der Dienstleistung legt der Konsument einen Punkt auf dem Leistungsstrahl fest, der seiner Meinung nach die Qualität der jeweiligen Teileigenschaft bewertet. Dabei erscheint die Annahme sinnvoll, daß sich eine durchschnittliche Leistung in der Mitte des Erwartungsintervalls befinden wird, eine überdurchschnittliche in der oberen Hälfte und eine unterdurchschnittliche in der unteren Hälfte.

1.3.1.3. Bewertung des Ansatzes des Dienstleistungsmarketing

Kriterium 1: Fähigkeit zur differenzierten Erklärung

Der Ansatz des Dienstleistungsmarketing scheint - zumindest auf den ersten Blick - fähig zu sein, aktives regelmäßiges oder gelegentliches Zusehen zu erklären. Da das Konstrukt der Zufriedenheit eine zentrale Bedeutung für die Erklärung der Inanspruchnahme einer Dienstleistung einnimmt, kann regelmäßiger oder gelegentlicher aktiver Konsum von Sportereignissen durch eine unterschiedliche Ausprägung des Konstruktes bei regelmäßigen und gelegentlichen Zusehern erklärt werden. Zuseher konsumieren demnach Sportereignisse regelmäßig, wenn sie mit der Dienstleistung im Zeitablauf permanent zufrieden sind. Zuseher, die mit der Inanspruchnahme der Dienstleistung unzufrieden, nur teilweise zufrieden bzw. manchmal zufrieden und manchmal unzufrieden sind, konsumieren das Sportereignis nur gelegentlich.

Überträgt man das Modell von Haller (1995) auf den Konsum von SMB`s, wird in der Folge - unter Heranziehung empirischer Untersuchungen von Zusehern - überprüft, inwieweit das Modell regelmäßiges oder gelegentliches Zusehen auf Basis unterschiedlicher Ausprägungen von Kundenzufriedenheit zu erklären imstande ist. Dabei zeigt sich, wie festgestellt wird, ein anderes Bild.

Aus theoretischen Ansätzen und empirischen Untersuchungen, die sich mit der Bewertung von Attributen eines Leistungsangebots auseinandersetzen, ist bekannt, daß

◆ lediglich eine geringe Anzahl von Attributen die wahrgenommene Gesamtqualität der Leistung bestimmt. Kroeber-Riel (1992) nimmt an, daß maximal drei bis fünf Attribute mehr als 80% der Urteilsvarianz erklären.

◆ Zudem hat sich die Behauptung von Bleicker (1983) empirisch bewährt, daß eine Eigenschaftsausprägung auf andere abfärbt, und zwar vor allem dann, wenn die Eigenschaftsausprägung als sehr wichtig bewertet wird.

Überträgt man diese Erkenntnisse auf das Modell von Haller, dann scheint im Rahmen von SMB`s die Bedeutung weniger Attribute äußerst relevant zu sein. So wurde in empirischen Untersuchungen wiederholt festgestellt, daß ein einziges Attribut die Beurteilung der wahrgenommenen Zufriedenheit mit der Dienstleistung Sportereignis wesentlich beeinflußt.

Murrell/Dietz (1992) schließen ihre Analyse der bestehenden Literatur mit folgendem Ergebnis ab:

"Most research that examines fan support of sport teams looks at factors that influence fan attendance and usually concludes that winning is a predominant predictor of fans` desire for sports" (S. 28).

Am deutlichsten bringen Becker/Suls (1983) die Relevanz eines einzigen Attributs zum Ausdruck, indem sie behaupten, "..... a variety of factors other than team quality have been found to exert at least a marginally significant impact on game by game ticket sales" (S. 306). Mit "team quality" meinen Becker/Suls die Leistung der Mannschaft im Sinne ihrer sportlichen Erfolge. Wenn Becker/Suls meinen, *auch andere* Faktoren hätten Einfluß auf den Kauf von Tickets, bedeutet dies, daß der Faktor "Sportliche Erfolge" ihrer Meinung nach die zentrale Rolle spielt.

Diese Aussagen lassen den Schluß zu, daß Attribute, die sich auf die sportlichen Erfolge von Mannschaften wie beispielsweise "winning" beziehen, im Rahmen von SMB`s von zentraler Relevanz sind.

Auf das Modell von Haller übertragen könnte eine graphische Darstellung der Qualitätsbeurteilung von Sportereignissen folgendermaßen aussehen:

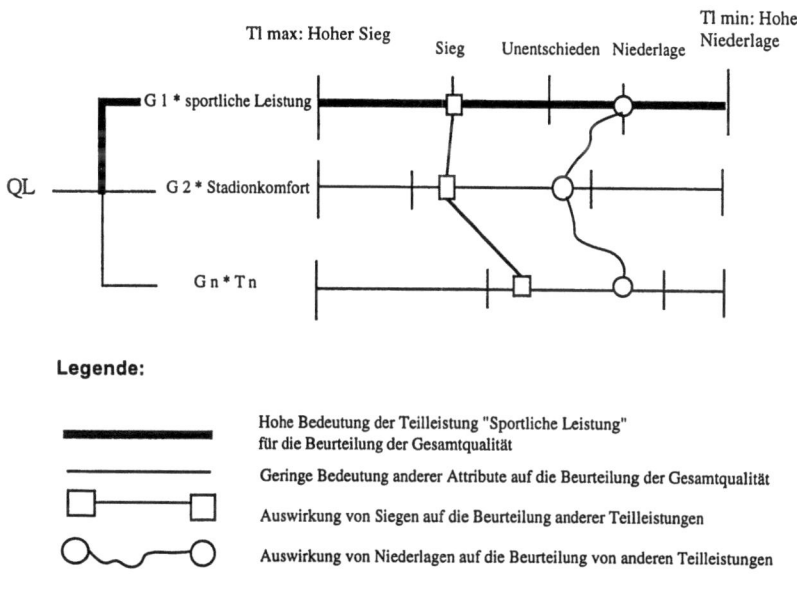

Abb. 14: Qualitätsbeurteilung bei Sportereignissen

Die fettgedruckte Linie bringt die hohe Bedeutung des Attributs "Sportliche Erfolge der Heimmannschaft" für die Beurteilung der Gesamtqualität der Dienstleistung zum Ausdruck.

Die mögliche Ausprägung des Attributs (das Erwartungsintervall) liegt in der Bandbreite zwischen sportlichen Erfolgen und sportlichen Mißerfolgen. Sportliche Erfolge drücken sich in Kennzahlen von Siegen aus, sportliche Mißerfolge in Kennzahlen von Niederlagen (vgl. Hansen/Gauthier, 1989). Obige Darstellung des Modells bezieht sich auf die Inanspruchnahme einer bestimmten Dienstleistung, also auf einen bestimmten Spieltag. Die Qualitätsbeurteilung von Sportereignissen könnte folgendermaßen verlaufen:

Gewinnt das Heimteam, wird die Geamtqualität als hoch beurteilt, da das Attribut an sich wichtig für die Qualitätswahrnehmung ist und zudem stark auf die anderen Attribute des Sportereignisses abfärbt. Bei Niederlagen ist der Effekt genau umgekehrt. Die wahrgenommene Qualität der Dienstleistung Sportereignis wird negativ bewertet.

57

Die Behauptung eines derartig ablaufenden Qualitätsbeurteilungsprozesses im Rahmen des Sportsettings[15] kann durch Untersuchungsergebnisse von Sportkonsumenten, die sich auf ihre Zufriedenheit bzw. Unzufriedenheit nach sportlichen Erfolgen bzw. Mißerfolgen beziehen, untermauert werden.

Cialdini et al. (1976) untersuchten Zuschauer von Basketballspielen und stellten fest, daß die Zuschauer nach Siegen ihre psychischen Distanzen zur Mannschaft verringerten und nach Niederlagen erhöhten. Zillmann/Bryant/Sapolsky (1979) untersuchten, von welchen Bedingungen der Unterhaltungswer[16] von Sportereignissen abhängt und fanden, daß er unter Bedingungen des sportlichen Mißerfolgs am niedrigsten ist. Wann/Branscombe (1991) analysierten Fans und fanden, daß Frustration und Depression nach Niederlagen signifikant anstiegen. Sloan (1979) untersuchte die Wirkungen von Siegen und Niederlagen auf die Stimmung, die Laune und auf sonstige Gefühle von Fans und stellte fest: "Anger (discouragement, etc.) increased after a loss and was seemingly nonexistant after a victory, while happiness (satisfaction, etc.) decreased in a loss and rose following a tough victory" (S. 250).

Eine negative Ausprägung des Dienstleistungsattributs "Sportliche Erfolge" führt also zu einer negativen Qualitätsbeurteilung der Dienstleistung Sportereignis, die in weiterer Konsequenz Unzufriedenheit mit der Dienstleistung mit sich zieht. Anders ausgedrückt: die Zufriedenheit mit der Dienstleistung sinkt nach Niederlagen[17].

Die Unzufriedenheit äußert sich der Behauptung von Sloan folgend in negativen Emotionen. Diese reichen von Ärger (vgl. z.B. Sloan, 1979) bis zu Frustration und sogar Depression (Wann/Branscombe, 1991). Stark negative Gefühle dieser Art werden bewußt wahrgenommen (vgl. z.B. Freud, 1921).

---

[15] Sportsetting wird im Sinne von Sportereignis verwendet. Die beiden Begriffe haben im Rahmen der Arbeit die gleiche Bedeutung.

[16] Der Verfasser nimmt an, Unterhaltung stünde in engem Zusammenhang mit Zufriedenheit.

[17] Stauss/Neuhaus (1995) würden diesbezüglich argumentieren, daß es trotz dieser extrem negativen Gefühle nicht einmal so sicher ist, daß die Konsumenten unzufrieden sind, da aus ihrer Sicht eine Teildimension der Zufriedenheit neben der affektiven und kognitiven Komponente die Verhaltensintention ist. Heitmeyer/Peter (1988) stellten fest, daß Fans unter allen Bedingungen bereit sind, ihre Mannschaft zu unterstützen und so auch nach Niederlagen. Das würde bedeuten, daß die Verhaltensintention auch nach Niederlagen positiv wäre und man auf Basis einer derartigen Definition von Kundenzufriedenheit vielleicht gar nicht von Unzufriedenheit sprechen kann.
Trotzdem würde in einem solchen Falle lediglich eine von drei Dimensionen der Kundenzufriedenheit, nämlich die Verhaltensintention, positiv sein; die beiden anderen Dimensionen, die emotionale und die kognitive, blieben negativ. Das Argument von Stauss/Neuhaus wird im Rahmen der Arbeit also nicht zurückgewiesen, es wird aber entschärft.

Eine derartige Unzufriedenheit hohen Ausmaßes müßte den Behauptungen im Bereich des Dienstleistungsmarketing zufolge (zumindest) zu einer Konsumverweigerung führen. Da nun regelmäßig zusehen impliziert, daß die Dienstleistung auch unter Bedingungen sportlichen Mißerfolges konsumiert wird, muß der Schluß gezogen werden, daß der Ansatz des Dienstleistungsmarketing in bezug auf regelmäßiges oder gelegentliches Zusehen darin scheitert, das Phänomen des regelmäßigen Zusehens zu erklären.

Kundenzufriedenheit bzw. wahrgenommene Servicequalität ist im Rahmen von Sportdienstleistungen wahrscheinlich geeignet, gelegentliches Zusehen zu erklären, nicht aber regelmäßiges.

Es sollen in der Folge einige Vermutungen angestellt werden, aus welchen Gründen das Konstrukt der Kundenzufriedenheit nicht in der Lage ist, regelmäßiges Zusehen zu erklären.

Im Rahmen der Diskussion der Dienstleistungsqualität wird zwar zwischen individuellen und kollektiven Dienstleistungen unterschieden. So berücksichtigen Corsten (1986) und Meyer/Mattmüller (1987) in ihren Modellen zur Entstehung der Dienstleistungsqualität explizit, daß im Rahmen kollektiver Services die Interaktivität der Nachfrager untereinander eine hohe Bedeutung für die Qualitätsbeurteilung hat. Das Problem in der Übertragung auf Sportereignisse besteht darin, daß unter "Kollektiv" tendenziell kleinere bis größere Gruppen gemeint werden, da sich die Autoren verstärkt auf Dienstleistungen wie z.B. Weiterbildung (vgl. dazu auch Haller, 1995) oder Beratung (vgl. z.B. Schade, 1995) beziehen.

Gruppen unterscheiden sich aber von Massen (vgl. z.B. Turner et al., 1987). Die Interaktion der Nachfrager untereinander ist zwar auch in Massen ein wichtiges Element, zentral ist aber, daß in Massen Phänomene auftreten, die es in kleineren oder größeren Gruppen nicht gibt. Es herrschen Bedingungen wie etwa "anonymity, large group size, diffusion of responsibility, and the presence of co-acting others" (Zimbardo, 1970, S. 259) vor. Diese ziehen Konsequenzen in der Wahrnehmung und im Verhalten des Individuums mit sich. "These factors alter the individual's subjective world: self consciousness is reduced, resulting in a weakening of controls based on guilt, shame, fear and commitment" (Zimbardo, 1970, S. 259). Freud (1921), McDougall (1921) und andere sprechen dabei von Deindividualisierung, dem psychischen Zustand von Individuen in Massen, der es nicht erlaubt, Informationen rational aufzunehmen und zu verarbeiten.

Der Unterschied von Massen versus Gruppen liegt also aufgrund ihrer Struktur in unterschiedlichen Informationsaufnahme- und Informationsverarbeitungsprozessen, die zu unterschiedlichen Wahrnehmungsmustern führen. Während Gruppen tendenziell ein rationales kognitives Informationsverarbeitungsverhalten zugrundeliegt (vgl. z.B. Sievers, 1977), das in Folge die Wahrnehmung und Bewertung einzelner Attribute einer Dienstleistung ermöglicht, kann aufgrund der Überlegungen der Massentheoretiker geschlossen werden, daß in Massen Konstrukte aktiviert werden, welche die Ingangsetzung rationaler Informationsaufnahme und - verarbeitung wenn nicht grundsätzlich verhindern, so doch grundlegend erschweren.

Da die Grundannahmen der Dienstleistungsmodelle also nicht in das Sportsetting passen, ist es fraglich, ob Kundenzufriedenheit ein geeignetes Konstrukt ist, aktives Zusehen, vor allem eben aktives regelmäßiges Zusehen zu erklären.

Die Modelle der Entstehung der Dienstleistungsqualität und ihrer Bewertung beruhen auf einer rationalen Aufnahme und Verarbeitung von Informationen, wie eben bestimmten Eigenschaftsausprägungen, auf deren Basis sich ein Qualitätsurteil bildet. Ein derartiger Informationsaufnahme- und - verarbeitungsprozeß ist bei Sportdienstleistungen aber aufgrund von Massenbedingungen nicht gegeben.

Daraus kann geschlossen werden, daß Individuen im Rahmen von Sportereignissen in geringerem Ausmaß spezifische Attribute wahrnehmen und bewerten. Während dieser Vorgang in den Ansätzen der Zufriedenheitsforschung zur Wahrnehmung von Zufriedenheit oder Unzufriedenheit vorausgesetzt wird, ist er unter Massenbedingungen nicht besonders aussagekräftig.

Die spezielle Charakteristik im Rahmen von Sportereignissen, daß nämlich ein Dienstleistungserbringer als Identifikationsobjekt fungieren kann, bleibt in der gängigen Dienstleistungsliteratur gänzlich unberücksichtigt. Ganz generell stellt Deimel (1992) in seinen Abhandlungen über Wirkungen der Sportwerbung Lücken im Rahmen betriebswirtschaftlicher Auseinandersetzungen mit dem Phänomen der Identifikation fest.

Identifikation könnte beispielsweise definiert werden als eine Einstellung, die das Ergebnis eines psychischen Prozesses - der Identifizierung - ist. Darunter versteht Freud (1921) einen psychischen Vorgang, durch den ein Subjekt einen Aspekt, eine Eigenschaft oder ein Attribut des anderen assimiliert und sich vollständig oder teilweise nach dem Vorbild des anderen umwandelt.

Empirische Untersuchungen haben gezeigt, daß Identifikation im Rahmen von Sportdienstleistungen eine der ausschlaggebenden Ursachen für den wiederholten Konsum des Sportereignisses ist (vgl. z.B. Murrell/Dietz, 1992). Deshalb kann vermutet werden, daß Identifikation in der Erklärung des aktiven Konsums von Sportereignissen geeigneter ist als Zufriedenheit.

Abschließend wird auf die Forschungsschwerpunkte im Bereich der Zufriedenheitsforschung im Dienstleistungsmarketing verwiesen, die bestimmte Aspekte außer Acht lassen.

Im Bereich der Kundenzufriedenheit wird nämlich schwerpunktmäßig diskutiert, was denn dazu führen kann, daß trotz Zufriedenheit des Kunden eine andere Dienstleistung in Anspruch genommen wird. Für die vorliegende Arbeit ist dieser Untersuchungsschwerpunkt ein Nachteil, denn es würden vor dem Hintergrund obiger Ausführungen theoretische Überlegungen bzw. Untersuchungen interessant erscheinen, die ihren Fokus darauf legen, warum es auch Kunden gibt, die trotz ausgesprochener Unzufriedenheit einen Wiederkauf tätigen. Es ist die Intention der vorliegenden Arbeit, erste theoretische Erläuterungen zu geben, welche Konstrukte und psychischen Prozesse für einen Konsum einer Dienstleistung unter der Voraussetzung von Unzufriedenheit derselben verantwortlich sind.

Fazit:

Aus den erwähnten Gründen erfüllt der Ansatz des Dienstleistungsmarketing das Kriterium "Differenzierte Erklärungsfähigkeit" nur teilweise, da er zwar in der Lage zu sein scheint, gelegentliches Zusehen zu erklären, nicht aber regelmäßiges.

Kriterium 2: Antezedenzbedingungen

Antezedenzbedingugnen werden - vielleicht aufgrund der fortgeschrittenen Theorieentwicklung - im Vergleich zu den Sportnachfragetheorien in einem weitaus höherem Ausmaß erfüllt (vgl. beispielsweise zu einer kritischen Bewertung von SERVQUAL: Hentschel, 1990). Das Wissen über Entstehungsbedingungen der wahrgenommenen Qualität kann als hoch bewertet werden, die Konstrukte der Kundenzufriedenheit bzw. der wahrgenommenen Dienstleistungsqualität werden ständig weiterentwickelt (vgl. z.B. Stauss/Neuhaus, 1995) und empirisch überprüft.

1.3.2. Ansätze zur Markentreue

Während das Phänomen des regelmäßigen Zusehens dem Phänomen der Markentreue bzw. der Loyalität zu einer Marke gleichgesetzt werden könnte, kann der Markenwechsel als ein dem gelegentlichen Zusehen äquivalentes Konstrukt konzipiert werden. Erklärungsversuche zur Markentreue und zum Markenwechsel werden in der einschlägigen Literatur vielfach separat behandelt.

Basierend auf einer überblicksmäßigen Darstellung der Bandbreite der umfangreichen Literatur zu Markentreue und Markenwechsel, wird im folgenden in einem ersten Schritt eine Auswahl der näher zu diskutierenden Erklärungsversuche getroffen. Es werden solche Ansätze näher betrachtet, die Erklärungsbeiträge für regelmäßiges oder gelegentliches Konsumverhalten liefern.

1.3.2.1. Überblick auf die Erklärungsansätze

Die Theorie der Markentreue hat eine lange Tradition, da sie ihren Ursprung schon Ende der vierziger Jahre dieses Jahrhunderts hatte. Sie zählt somit sicherlich zu den frühesten Theorieentwicklungen im Bereich des Marketing. Eine Forschungstradition, die bereits seit über einem halben Jahrhundert existiert, mag auch der Grund dafür sein, daß eine Unmenge an Ansätzen vorzufinden ist, die vor dem Hintergrund unterschiedlicher Forschungsziele das Phänomen der Markentreue untersuchen.

Jacoby/Kyner (1973) glauben, aus der Literatur mindestens acht unterschiedliche Kategorien bestehender Ansätze bilden zu können. Jacoby/Chestnut (1978) versuchen, die Ansätze in ein übersichtlicheres Raster einzuteilen und bilden folgende Klassifikation, mit der in der Folge weitergearbeitet wird[18]:

   a. Verhaltensorientierte Ansätze

   b. Kognitive Ansätze

   c. Kognitiv-verhaltensorientierte Ansätze

---

[18] Diese Einteilung hat idealtypischen Charakter. Es muß an diesem Punkt erwähnt werden, daß sich wohl nur sehr wenige Ansätze exakt einer der drei Gruppen zuordnen lassen. Die Einteilung von Jacoby/Chestnut hat lediglich den Zweck, der Bandbreite der Literatur ein Minimum an Struktur anzudeuten.

a. Verhaltensorientierte Ansätze

Verhaltensorientierte Ansätze definieren Markentreue als "Repeated Purchase Behavior (RPB)". Es wird dann von Markentreue gesprochen, wenn Konsumenten nach einem bestimmten Verhaltensmuster dieselbe Marke kaufen. Die Verhaltensmuster reichen von einem Kontinuum des monoloyalen bis zu wechselhaften Verhalten. Monoloyales Verhalten bedeutet, daß der Konsument von einer Produktkategorie immer dieselbe Marke kauft; wechselhaftes Verhalten bedeutet, daß ein Konsument ständig die Marke wechselt und in diesem wechselhaftem Verhalten kein Muster erkennbar ist (Jacoby/Chestnut, 1978). Es existieren aber trotzdem unterschiedliche Auffassungen darüber, welche Verhaltensmuster als loyal und welche als wechselhaft definiert werden.

Man arbeitet im Rahmen dieser Ansätze mit stochastischen Modellen. Im Blickpunkt des Interesses stehen also Aussagen über die Wahrscheinlichkeit, mit der ein Konsument eine bestimmte Marke ein weiteres Mal kauft. Die Begründungen bzw. Konstrukte selbst, die zu bestimmten Verhaltensweisen führen, werden als "black box" behandelt.

b. Kognitive Ansätze

Im Mittelpunkt kognitiver Ansätze steht die Frage, welche Konstrukte und welche psychologischen Prozesse verantwortlich für die Erklärung von markentreuem Verhalten sind. Markentreue hat von Vertretern dieser Richtung (vgl. z.B. Kuehn, 1962) zufolge demnach nicht mit Verhalten, sondern mit den Konstrukten und Prozessen zu tun, die zu treuem Verhalten führen. Somit wird Markentreue auch nicht als Verhalten, sondern als Konstrukt definiert. Mehrere Konstrukte, die von Trägheit bis hin zur emotionalen Hingabe zur Marke reichten, standen dabei im Mittelpunkt des Interesses. Die zentrale Schwierigkeit liegt dabei in der kausalen Folgerung von Einstellung und Verhalten.

c. Kognitiv-verhaltensorientierte Ansätze

Kognitiv-verhaltensorientierte Ansätze konzipieren Markentreue als ein Phänomen mit einer kognitiven und einer verhaltensbezogenen Dimension. Sie versuchen die Erkenntnisse der beiden Ansätze zusammenzuführen. Beatty/Kahle/Homer (1988) definieren beispielsweise Markentreue folgendermaßen:

"Brand loyalty is the biased (i.e. nonrandom) behavioral response (i.e. purchase), expressed over time by some decision making unit with respect to one or more alternative brands out of a set of such brands and is a function of psychological (decision making) evaluative processes". Sie versuchen, der zentralen Schwäche der kognitiven Ansätze (nämlich keine eindeutigen Aussagen über den kausalen Zusammenhang von Konstrukt und Verhalten machen zu können) und dem zentralen Mangel der verhaltensorientierten Ansätze (nicht sagen zu können, warum es zu bestimmten Wahrscheinlichkeiten von Produktkäufen kommt) dadurch entgegenzutreten, daß sie bestimmte Konstrukte in Verbindung zu bestimmten Ausprägungen von Käufen setzen. So werden in der Bestimmung bzw. der Messung von Markentreue beide Dimensionen integriert. Day (1969) setzt z.B. das Verhältnis der Käufe eines Produktes P zu anderen Produkten derselben Produktkategorie in Beziehung zu der Einstellung zur Marke, der das Produkt zugeordnet werden kann.

Da in der vorliegenden Arbeit die Frage beantwortet werden soll, warum Individuen SMB`s besuchen, werden in den folgenden Ausführungen verhaltensorientierte Ansätze vernachlässigt, da diese nicht an Vorbedingungen von Verhaltensweisen, sondern an zukunftsgerichteten Verhaltensweisen interessiert sind, die wiederum im Rahmen dieser Arbeit nicht Untersuchungsgegenstand sind. Deshalb werden lediglich kognitive und kognitiv-verhaltensorientierte Ansätze einer näheren Betrachtung unterzogen. Da jedoch auch innerhalb der verbleibenden Ansätze noch eine Fülle von Erklärungsbeiträgen vorzufinden sind, wird eine weitere Vorauswahl getroffen: Ansätze, bei denen es klare Begründungen gibt, daß sie für die Erklärung des aktiven Konsums von Sportereignissen ungeeignet erscheinen, werden vorzeitig ausgeschieden. Als Kriterium für die Brauchbarkeit der Ansätze werden Ergebnisse empirischer Untersuchungen von Sportkonsumenten herangezogen. Es werden also nur diejenigen Ansätze, die einer vorläufigen Kritik standhalten können, im Rahmen der Bewertung der Ansätze näher diskutiert.

1.3.2.2. Ansätze zur Erklärung von regelmäßigem Zusehen

Aaker (1991) versucht, die wesentlichen in der Literatur befindlichen kognitiven und kognitv-verhaltensorientierten Ansätze zur Erklärung markentreuen Verhaltens zu integrieren. Deshalb erscheint es sinnvoll, den Ansatz von Aaker als Rahmen für die Erklärung des regelmäßigen aktiven Konsums von SMB`s zugrunde zu legen. Treues Kaufverhalten wird nach Aaker durch die Existenz unterschiedlicher Kauftypen erklärt, die er in die in Abbildung 15 dargestellte Loyalitätspyramide integriert.

Abb. 15: Die Loyalitätspyramide nach Aaker (1991)

Aaker unterscheidet fünf unterschiedliche Kauftypen, wobei die vier höherliegenden Ebenen zu markentreuem bzw. monoloyalem Verhalten führen (in der Pyramide wird dies dadurch erkennbar, daß er lediglich auf der untersten Ebene den Wechsel einer Marke erwähnt (= "Switchers/Price sensitive indifferent - no brand loyalty") und diesen, unabhängig von den Ausprägungen des Wechsels, als nicht-markentreu bezeichnet. Aaker definiert Markentreue als monoloyales Kaufverhalten, wobei die Ursachen bzw. die für monoloyales Verhalten verantwortlichen Konstrukte unterschiedliche sind. Diese Unterschiede manifestieren sich nach Aaker in verschiedenen Ausprägungen der emotionalen Hingabe eines Individuums zu einer Marke ("attachment to a brand", S.39). Die oberen vier Ebenen sprechen diese zu monoloyalem Verhalten führenden unterschiedlichen Ausprägungen der emotionalen Hingabe zu einer Marke an. Die stärkste Ausprägung der Hingabe befindet sich auf oberster Ebene, je tiefer die Ebene, desto geringer die Ausprägung der Hingabe zu einer Marke.

Es werden im folgenden die vier monoloyales Kaufverhalten erklärenden Ebenen unter dem Gesichtspunkt ihres Erklärungsbeitrages für aktives regelmäßiges Konsumverhalten bei Sportereignissen näher betrachtet.

In der vierten Ebene, die Aaker mit "Satisfied/Habitual Buyer - No Reason to Change" benennt, wird der Gewohnheitskäufer angesprochen. Jeuland (1979) weist darauf hin, daß Gewohnheit ihren Ursprung in der Trägheit hat.

Zieht man das Kriterium des Alltagsverständnisses zur Beurteilung einer wissenschaftlichen Behauptung heran (Hentschel, 1990), kann Trägheit als Erklärungsgrund für regelmäßiges Zusehen bei Sportereignissen vernachlässigt werden. Wann/Branscombe (1993) ermittelten, daß regelmäßige Zuseher unabhängig von bestimmten Bedingungen - beispielsweise negative situative Bedingungen wie etwa schlechtes Wetter - das Stadion besuchen. Es ist schwer vorstellbar, daß regelmäßige Konsumenten aufgrund von Trägheit ein derartiges Verhalten zeigen.

In der nächsthöheren Ebene ordnet Aaker den "Satisfied Buyer with Switching Costs" ein. Ist ein Konsument mit der Leistung einer Marke zufrieden, und nimmt er gleichzeitig hohe Kosten des Markenwechsels wahr, wird er der Marke treu bleiben. Diese Begründung muß für regelmäßiges aktives Zusehen aus zwei Gründen in Frage gestellt werden:

1. Heitmeyer/Peter (1988) stellten fest, daß Fans sehr oft mit der Leistung ihrer Mannschaft unzufrieden sind und dennoch alle Spiele der Mannschaft besuchen, somit trotz Unzufriedenheit treu sind.
2. Die zwei für die Wahrnehmung von Switching costs (Kosten des Markenwechsels) hauptsächlich verantwortlichen Faktoren sind laut Aaker (1991) die Investition und das wahrgenommene Änderungsrisiko. Die Investition bezieht sich dabei auf Zeit und Geld, das Änderungsrisiko auf eine mögliche Enttäuschung mit dem Kauf einer anderen Marke.

Bezieht man Änderungskosten im Falle des Konsums von Sportereignissen beispielsweise auf die Produktkategorie Unterhaltungsangebote, so dürfte objektiv betrachtet ein Kinobesuch billiger und mit weniger Zeitaufwand verbunden sein als der Besuch im Stadion. Wenn man zudem - was das wahrgenommene Risiko betrifft - bedenkt, daß grundsätzlich die Erwartung an den Ausgang eines Kinofilms mit weniger Risiko verbunden ist, als die Erwartung des Ausgangs eines Sportereignisses (vgl. z.B. Becker/Suls, 1983), ist auch das Änderungsrisiko des Markenwechsels bei Sportereignissen als gering einzustufen.

So gesehen kann angenommen werden, daß der Konsum von Sportereignissen verglichen mit Leistungsangeboten in ähnlichen Produktkategorien mit hohen Kosten verbunden wird, daß also Änderungskosten tendenziell gering sein dürften. Deshalb ist dieser Erklärungsansatz für den aktiven regelmäßigen Konsum von SMB`s nicht geeignet.

Auf der zweiten Ebene befindet sich der Konsument, der die Marke "mag" bzw. "ein Freund von ihr" ist. Dies ist nach Aaker dann der Fall, wenn ein Konsument unabhängig von bestimmten Attributen des Leistungssystems eines Unternehmens der Marke affektiv verbunden ist. Eine affektive Verbundenheit unabhängig von den Ausprägungen der Attribute ist ein Ansatz, der nach Murrell/Dietz (1992) zur Erklärung von regelmäßigem Sportkonsumverhalten grundsätzlich geeignet wäre. Da Aaker keine klare Abgrenzung von "liking" und "commitment", dem Konstrukt, das sich auf oberster Ebene der Pyramide befindet, gibt (bei beiden Konstrukten scheint es sich um eine affektive Verbundenheit zu handeln), wird im Rahmen dieser Arbeit zwischen "liking" und "commitment" nicht unterschieden.

Die stärkste Ausprägung von Markentreue (siehe Gipfel der Pyramide) wird mit "commitment" bezeichnet und wird definiert als starke emotionale Hingabe eines Konsumenten an eine Marke. Zieht man die Ergebnisse qualitativer Interviews mit Fans heran (vgl. z.B. Herrmann, 1977; Heitmeyer/Peter, 1988) und beobachtet man Verhaltensweisen von Fans im Stadion (vgl. z.B. Lever, 1976) bzw. vor und nach dem Sportereignis, können Indikatoren beobachtet werden, die auf eine starke emotionale Hingabe eines Konsumenten zur Mannschaft hinweisen. Das Phänomen des Commitments scheint also von den Erklärungsansätzen zu monoloyalem Verhalten am ehesten in der Lage zu sein, regelmäßiges aktives Zusehen erklären zu können. Deshalb wird es in der Folge näher betrachtet, wobei besondere Aufmerksamkeit auf die Entstehungsbedingungen des Konstruktes gelegt wird.

Grundsätzlich wird zwischen verhaltensmäßigem und psychologischen bzw. affektivem Commitment (vgl. z.B. Johnson, 1973) unterschieden, wobei in der Folge lediglich das psychologische Commitment interessiert.

Es besteht in der Literatur keine Einigkeit über eine konzeptive Definition von "brand committment". Am häufigsten wird das Konstrukt, ähnlich wie bei Aaker, mit "Hingabe (attachment) an eine Marke" (vgl. z.B. Geyer/Dotson/King (1991) definiert. Diese unscharfe Definition scheint auch der Grund dafür zu sein, daß die Abgrenzung zu anderen Konstrukten wie etwa Involvement (Beatty/Homer/Kahle, 1988) ziemlich unklar ist bzw. gar nicht gezogen wird. Man behilft sich dabei vielfach mit operationalen Definitionen, wie sie etwa Crosby/Taylor (1983) verwenden. Sie definieren Commitment beispielsweise mit "a tendency to resist change in preference in response to conflicting information or experience" (S. 414).

Es konnten in der Literatur äußerst wenige Studien angetroffen werden, die Vorbedingungen von Commitment zum Untersuchungsgegenstand haben.

Eine davon ist die Studie von Geyer/Dotson/King (1991). Sie definieren "brand commitment" mit "the psychological attachment to a brand" (S. 130). Dabei ziehen sie Rusbults (1980a) Investment Model heran. Dieser Ansatz versucht, das Commitment eines Individuums zu einem Objekt (z.B. ein Gegenstand oder eine Person) in ganz unterschiedlicher Art wie etwa in Beziehungen mit Arbeitskollegen oder Freunden zu messen. Die von Geyer/Dotson/King (1991) unterstellten Abhängigkeitsbeziehungen sind in Abbildung 16 dargestellt:

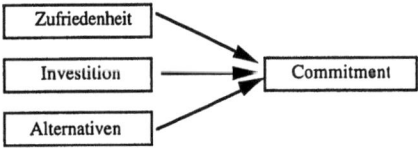

Abb. 16: Vorbedingungen von Marken-Commitment nach Geyer/Dotson/King (1991)

Drei Antezedenzbedingungen, nämlich die Zufriedenheit mit der Marke, die Investition und die vorhandenen Alternativen bestimmen das Commitment mit einer Marke. Geyer/Dotson/King (1991) ziehen aus ihrer Untersuchung folgenden Schluß: "Consumer commitment to purchase a brand ..... would be higher when satisfactions with, and investments in, one`s current brand are higher, and when perceived alternative brands are considered to be lower in quality" (S. 131).

Auch die Studie von Crosby/Taylor (1983) über das Commitment von Wählern zu politischen Parteien beschäftigt sich explizit mit Antezedenzbedingungen von Commitment. Sie definieren Commitment mit "a tendency to resist change in preference in response to conflicting information or experience" (S. 414). Für sie ist Commitment also eine individuelle, zeitablaufbezogene Stabilität von Präferenzen, die resistent bzw. stabil auf beeinflussende Kommunikation und Ereignisse reagiert. Obwohl die Autoren darauf verweisen, daß Commitment zu einer Marke eine Konsequenz von wichtigen Werten und Selbst-Images sein könnte, verweisen sie auf deutliche theoretische Unstimmigkeiten, welches denn die wesentlichen Vorbedingungen von commitment sind, indem sie als mögliche Antezedenzbedingungen zudem "cognitive knowledge, beliefs, related attitudes and membership of past behavior" (S. 414, 415) angeben.

Die Theorie der Markentreue macht aber nicht nur Aussagen über absolute bzw. mono-loyale Treue, wie sie beispielsweise aus dem Ansatz von Aaker entnommen werden können, sondern nimmt auch differenziert Stellung zu unterschiedlichem wechselhaften Verhalten. Diese werden im folgenden geschildert.

1.3.2.3. Ansätze zur Erklärung von gelegentlichem Zusehen

Hauptsächlich kognitiv-verhaltensorientierte Ansätze versuchen konkrete Aussagen darüber zu machen, welche Konstrukte zu welchen Kaufverhaltensweisen bzw. möglichen Ausprägungen von Markentreue führen. Gierl/Marcks (1993) unterscheiden beispielsweise vier Ausprägungen von Kaufverhalten:

1. Neigung zum regelmäßigem Kauf zweier oder einiger weniger Marken (Dual- oder Multi-Loyalität),
2. Neigung zur Abwechslungssuche (variety seeking),
3. Neigung zu hybridem Verhalten (Phasen der Mono-Loyalität wechseln mit Phasen der Neigung zur Abwechslungssuche) und
4. Neigung, unabhängig von der Kaufhistorie über die aktuell zu erwerbende Marke zu entscheiden (Zero-Order-Verhalten).

In der Folge werden in geraffter Form in der Literatur genannte zentrale Gründe, die zu unterschiedlichen Ausprägungen der Verhaltensdimension der Markentreue führen, geschildert. Es werden dabei die für die Erklärung aktiven Zusehens geeignet erscheinenden Ansätze herausgegriffen, wobei als Kriterium dafür Untersuchungsergebnisse im Sportsetting Hilfestellung leisten.

Das Auftreten von Dual- oder Multi-Loyalität wird wie folgt erklärt (vgl. McAlister/Pessemier, 1982, S. 313 ff. und Lattin/McAlister, 1985, S. 331):

◆ Befriedigung eines Bedürfnisses nur durch ein Produktportfolio;
◆ Substituierbarkeit mehrerer Produkte, da kaum Qualitätsunterschiede wahrgenommen werden;
◆ Berücksichtigung unterschiedlicher Präferenzen von Haushaltsmitgliedern.

Hauptsächlich Begründung zwei, das Nichtwahrnehmen von Qualitätsunterschieden der Marken, kann ein Grund für einen multiloyalen Markenwechsel bei Sportereignissen sein, denn Heitmeyer/Peter (1988) stellten auf die Frage, warum denn gelegentliche Sportkonsumenten in erster Linie Sportereignisse in Anspruch nehmen, fest, daß ein nicht unbeträchtlicher Teil der Befragten darauf hinwiesen, Sportereignisse wären zwar interessant, würden aber alternativen Freizeitangeboten nicht grundsätzlich bevorzugt.

Erklärungen für "variety seeking"-Verhalten können sein (ausführlich z.B. McAlister/Pessemier, 1982; Van Trijp, 1989):

◆ Wunsch nach sozialer Anerkennung oder Individualitätsstreben;
◆ sehr rasche Übersättigung mit bestimmten Produktattributen (vgl. Lattin, 1987);
◆ Nutzen nicht aufgrund der neuen Marke, sondern aufgrund des Wechsels selbst.

Besonders der Aspekt der sozialen Anerkennung scheint im Rahmen von Sportereignissen eine bedeutende Rolle zu spielen. Unter vielen anderen stellte beispielsweise Strauß (1994) fest, daß sich das Item "das Treffen von Freunden und Bekannten" als wichtigster Grund für den aktiven Besuch von Sportereignissen identifizieren ließ.

Die Neigung zu hybridem Verhalten wird vor allem aus der Theorie des optimalen Erregungsniveaus (Berlyne, 1960) abgeleitet. Übertragen auf das Phänomen der Markentreue bedeutet diese Theorie, daß sowohl Langeweile durch den permanenten Konsum ein und derselben Marke vermieden als auch Übererregung durch ständig neue Reize (Marken) ausbalanciert werden (vgl. z.B. Scitovski, 1989; Wiswede, 1991).

Dieser Ansatz scheint nicht sehr hohen Erklärungsgehalt zu haben, da aus keiner empirischen Untersuchung über den Konsum von Sportereignissen ein Indiz auf eine derartige Grundhaltung resultierte. So wurde beispielsweise auf die Frage, warum denn Konsumenten lediglich manchmal Sportereignisse besuchen, niemals der Grund der Langeweile erwähnt (vgl. z.B. Schurr et al., 1987).

Zero-Order-Verhalten kann auf folgende Ursachen zurückzuführen sein (vgl. Gierl/Marcks, 1993):

◆ impulsives Kaufverhalten;

◆ Vergessenseffekte aufgrund langer Kaufintervalle;

◆ geringes Produktinvolvement;

◆ Haushalte mit unterschiedlichen Präferenzen der einzelnen Mitglieder (vgl. Kahn/Kalwani/Morrison, 1986);

◆ Sparsamkeit bei wechselnden Produkten mit geringsten Preisen.

Diese Ansätze können für aktives Zusehen kaum herangezogen werden, da in empirischen Untersuchungen über den Besuch von Sportereignissen in Zusammenhang mit obigen Ansätzen genau das Gegenteil behauptet wurde. So zeigte sich etwa einerseits der Preis als relativ unwichtiger Faktor, andererseits ist das Produktinvolvement im Konsum von Sportereignissen überdurchschnittlich hoch (vgl. z.B. Dombrowski, 1975).

1.3.2.4. Bewertung der Ansätze

Kriterium 1: Differenzierte Erklärungsfähigkeit

Der Ansatz der Markentreue liefert zu beiden im Rahmen der Arbeit zu untersuchenden Verhaltensmustern einen Erklärungsbeitrag. Dennoch kann dieser nicht unkritisiert bleiben.

Es stellte sich heraus, daß für die Erklärung des regelmäßigen Konsums von Sportereignissen das Konstrukt des Commitments am geeignetsten erscheint. Im Rahmen der differenzierteren Darstellung des Commitment-Ansatzes wurden jedoch seine Mängel offensichtlich. Das wohl zentrale Problem scheint in der Fassung bzw. der Definition des Konstruktes selbst zu liegen. Dieses Problem ist zweidimensional:

Das Konstrukt wird einerseits in der Vielzahl der Arbeiten sehr unpräzise mit "affektiver Hingabe an eine Marke" definiert. Es ist keinesfalls klar, welcher Bedeutungsinhalt einer affektiven Hingabe genau zugrunde liegt. Potentiell könnte affektive Hingabe unterschiedlichen Phänomenen wie etwa Zufriedenheit, Sympathie, Liebe usw. gleichgesetzt werden.

Andererseits erscheint es äußerst schwierig, das Konstrukt von anderen abzugrenzen, da es in bestimmten Artikeln beispielsweise gleichgesetzt wird mit "brand loyalty" (vgl. z.B. Beatty/Kahle/Homer, 1988). Zudem scheint es eine unterschiedliche Auffassung über die Abgrenzung und die kausale Beziehung zu anderen Konstrukten wie Involvement (oder auch Identifikation) zu geben. Beatty/Kahle/Homer (1988) zeigen, daß in bestimmten Situationen beide Konstrukte auftreten, wobei Commitment eine Konsequenz von Involvement ist. Dieser Kausalitätsbeziehung könnten die Überlegungen und empirischen Ergebnisse von anderen Autoren (z.B. Wann/Branscombe, 1993) entgegengehalten werden, welche die beiden Konstrukte auf gleiche Ebene setzen, wobei sie keine Unterscheidung der Konstrukte vornehmen.

Im Rahmen der Erklärungsansätze für den Markenwechsel, der als gelegentlicher Konsum von Mannschaftsportereignissen konzipiert werden kann, konnten einige für den Konsum von Sportereignissen interessante Ansätze identifiziert werden. Allerdings läßt sich aus der bestehenden Zuschauerliteratur nicht entnehmen, nach welchem Muster des Markenwechsels sich die Konsumenten, die gelegentlich Sportereignisse besuchen, verhalten. Obwohl das Problem in diesem Falle nicht bei den Ansätzen des Markenwechsel liegt, leisten sie aufgrund der Schwächen im Rahmen der Zuschauerliteratur keinen Beitrag zur Erklärung des Phänomens.

Fazit:

Obwohl der Ansatz der Markentreue in der Lage wäre, einen differenzierten Erklärungsbeitrag zum Phänomen zu liefern, kann die Erfüllung des Kriteriums aufgrund bestehender Mängel in der Art des Erklärungsbeitrages lediglich als mit "teilweise erfüllt" gewertet werden.

Kriterium 2: Antezedenzbedingungen

Die Überlegungen zu diesem Kriterium beziehen sich lediglich auf den Commitment-Ansatz, da die Darstellung und Bewertung aller den gelegentlichen Konsum von Sportereignissen zuordenbaren Antezedenzbedingungen im Bereich des Ansatzes des Markenwechsels den Rahmen der Arbeit überschreiten würde. Zudem, wie in Folge festgestellt wird, die im Rahmen der Antezedenzbedingungen des Commitment-Konstruktes diskutierten Ansätze erhebliche Mängel aufweisen.

In direktem Zuammenhang mit einer eher labilen konzeptiven Basis von Commitment (siehe Kriterium 1) scheint wohl auch die Diskussion seiner Antezedenzbedingungen zu stehen. Zum einen konnte lediglich eine geringe Anzahl von Überlegungen zu Vorbedingungen von Commitment identifiziert werden, zum anderen müssen die Überlegungen auf ihre Anwendbarkeit in bezug auf aktives regelmäßiges Zusehen bei Sportereignissen hinterfragt werden.

Zuerst sei die Studie von Geyer/Dotson/King (1991) näher betrachtet, die behaupten, ein klares, empirisch bewährtes Modell für Antezedenzbedingungen von Commitment vorzulegen. Sie konnten vor dem Hintergrund des Modells von Rusbult (1980) zeigen, daß unterschiedliche Ausprägungen von Zufriedenheit, Investition und möglichen Alternativen auch für Markenprodukte als Vorbedingungen von Commitment mit der Marke gelten.

Diese Antezedenzbedingungen müssen aber zumindest hinterfragt werden, da sie einerseits im Widerspruch zum Ansatz von Aaker stehen und andererseits die Anwendbarkeit des Modells im Bereich von Sportereignissen fraglich ist.

Aaker konzipiert die drei Variablen Zufriedenheit, Investition und Alternativen als Antezedenzbedingungen, die für ein niedrigeres Niveau der emotionalen Hingabe zu einer Marke verantwortlich sind als für Commitment. Während er Zufriedenheit auf der vierten Ebene als Antezedenzbedingung für die geringste Ausprägung der emotionalen Hingabe zu einer Marke postuliert, macht er die Wahrnehmung von Investitionsrisiko und möglicher Alternativen verantwortlich für die nächsthöhere Ebene der emotionalen Hingabe zu einer Marke (3. Ebene). Stellt man die Ansätze von Aaker (1991) und Geyer/Dotson/King (1991) also gegenüber, läßt sich folgender Widerspruch feststellen:

Für Geyer/Dotson/King sind dieselben Konstrukte Antezedenzbedingungen von Commitment (z.B. Zufriedenheit oder Änderungskosten), die für Aaker nicht Vorbedingungen von Commitment sind, sondern Konstrukte darstellen, die für eine unterschiedliche Ausprägung von Commitment stehen. Es besteht also eine grundsätzlich unterschiedliche Auffassung darüber, welcher Kausalitätsebene die in Diskussion stehenden Konstrukte zugeordnet werden sollen, anders ausgedrückt besteht geradezu ein Widerspruch über Antezedenzbedingungen von Commitment.

Zudem muß die Anwendbarkeit der von Geyer/Dotson/King (1991) postulierten Antezedenzbedingungen von Commitment für den Bereich des Sportsettings in Frage gestellt werden.

Ihre Überlegungen basieren auf einer in der Literatur ziemlich verbreiteten Konzeption von Marke als ein sich durch bestimmte Charakteristiken auszeichnendes Phänomen (vgl. z.B. Nieschlag/Dichtl/Höschgen, 1983). Dabei handelt es sich um "Im Zeitablauf gleichbleibende Aufmachung, gleichbleibende oder verbesserte Qualität, gleichbleibende Packungsmenge, hoher Bekanntheitsgrad, weite Verbreitung im Absatzmarkt" (Nieschlag/Dichtl/Höschgen, 1983, S. 186). Man spricht in diesem Zusammenhang auch von formalen Kriterien.

Eine Reihe von Autoren konzipieren eines der Merkmale, nämlich die gleichbleibende oder sich steigernde Qualität, als die zentrale Charakteristik einer Marke schlechthin. Dieser Aspekt scheint in allen Konzeptionen von Marken das zentrale Element zu sein. Im Bereich der Bestimmung des Markenwertes (Brand Equity) beispielsweise ist die wahrgenommene Qualität ein zentraler Bestandteil des Werts der Marke (vgl. z.B. Aaker, 1991). Domizlaff (1992) postuliert die gleichbleibende oder sich steigernde Warenqualität geradezu als Voraussetzung der natürlichen Markenbildung.

Sportereignisse können der Markenkonzeption, die den Untersuchungen von Geyer/Dotson/King zugrunde liegt, nicht entsprechen, da sie das für eine Marke konstitutive Merkmal der gleichbleibenden oder sich konstant steigernden Qualität nicht erfüllen.

Becker/Suls (1983) und eine Reihe weiterer Autoren identifizierten als wesentlichen Faktor der Qualität die sportlichen Erfolge einer Mannschaft. Genau dieses Element unterliegt bei Sportanbietern aber den größten Schwankungen).

Aus diesem Grunde ist der Ansatz von Geyer/Dotson/King (1991) für die Erklärung von regelmäßigem Sportnachfrageverhalten sehr fragwürdig, da er auf Annahmen beruht, die für Sportereignisse nicht zutreffen. Wenn eben eine der von Geyer/Dotson/King getroffenen Annahmen eine Konstanz oder eine Steigerung der Produktqualität ist, so scheint es nicht besonders sinnvoll zu sein, den Ansatz für die Erklärung von markentreuem Verhalten bei Produkten bzw. Marken anzuwenden, deren markantestes Merkmal eigentlich die schwankende Qualität ist[19].

Zur zweiten die Antezedenzbedingungen von Commitment behandelnden Studie von Crosby/Taylor (1983) ist zu sagen, daß sie zwar interessante Überlegungen zur Entstehung von Committment mit einer Marke anbietet, es aber dazu lediglich vage Hypothesen der das Konstrukt beeinflussenden Faktoren gibt, die zudem noch niemals empirisch überprüft wurden.

Fazit:

Obwohl es Überlegungen zu Antezedenzbedingugnen von Commitment gibt, muß die Erfüllung des Kriteriums aufgrund der vorhandenen Mängel mit "teilweise erfüllt" bewertet werden.

---

[19] Es soll an diesem Punkt ausdrücklich darauf hingewiesen werden, daß Sportmannschaften durchaus als Marken bezeichnet werden können. Sie können nur vor dem Hintergrund der für eine Marke von beispielsweise Nieschlag/Dichtl/Höschgen (1983) konstatierten notwendigen formalen Kriterien, die zudem im Rahmen der Literatur einiger Kritik ausgesetzt sind (vgl. z.b. Unger, 1986), nicht als solche konzipiert werden. Konzipiert man das Phänomen Marke nicht aus der Sicht produktorientierter und Marketing-Mix-instrumenteller Kriterien, wie es beispielsweise Nieschlag/Dichtl/Höschgen (1983) tun, sondern aus der Perspektive ihrer Wirkungs- bzw. Funktionsweise, wie etwa nach dem Vorschlag von Unger, der meint

"Wir können von einem Markenartikel sprechen, wenn Verbraucher und/oder Abnehmer einer definierten Zielgruppe mit der Nennung der Marke ganz bestimmte produkt- und/oder herstellerbezogene Merkmale hinsichtlich der Produktart und der Produkteigenschaften verbinden. Diese Erwartungen beziehen sich auf qualitative Merkmale, preisbezogene Vorstellungen, ebenso wie auf die insgesamt damit in Verbindung zu bringende Produktgattung. Diese Erwartungen werden einem ganz bestimmten Produkt - nämlich dem mit der jeweiligen Marke versehenen Produkt - zugeschrieben. Dieses setzt voraus, daß bei der Wahrnehmung (Kognition) des Produktes selbst, die jeweilige Marke ebenfalls wahrgenommen wird" (S. 6),

so können die von Sportmannschaften angebotenen Sportereignisse durchaus als Marken konzipiert werden.

1.3.3. Zusammenfassung der Bewertung der Ansätze aus dem Marketing

Der Ansatz des Dienstleistungsmarketing bietet zwar eine Fülle von Antezedenzbedingungen zur Erklärung des aktiven Zusehens, scheitert aber darin, regelmäßiges aktives Zusehen zu erklären. Ansätze zur Markentreue bieten eine Fülle an Erklärungsgründen für regelmäßiges und gelegentliches Zusehen an, erweisen sich bei näherer Betrachtung aber als mangelhaft. Stärken und Schwächen der Ansätze werden in Abbildung 17 zusammenfassend dargestellt.

Kriterien / Ansätze	Kriterium 1: Differenzierte Erklärungsfähigkeit	Kriterium 2: Antezedenzbedingugnen
Kundenzufriedenheit im Dienstleistungsmarketing	+/-	+
Markentreue	+/-	+/-

Legende:

-   Ansatz erfüllt Anforderung nicht
+/- Ansatz erfüllt Anforderung teilweise
+   Ansatz erfüllt Anforderung

Abb. 17: Bewertung der Ansätze aus dem Marketing

1.4. Resümee

Was die Zuschaueransätze betrifft kann festgehalten werden, daß

◆ der Großteil der Ansätze aktives Zusehen als Massenerscheinung behandelt, wobei versucht wird, für das Konglomerat Masse allgemeingültige Aussagen zu treffen. Dies impliziert, daß keiner der Ansätze das Phänomen des gelegentlichen oder regelmäßigen Zusehens explizit diskutiert. Lediglich aus der Identifikationsforschung kann (ansatzweise) ein ernsthafter Versuch entnommen werden, das Phänomen differenziert zu betrachten bzw. es durch die Ausprägung des Identifikationskonstruktes zu erklären;

◆ die Ansätze im wesentlichen keine klar formulierten Antezedenzbedingungen zur Erklärung aktiven Zusehens vorschlagen. Ein Grund dafür liegt sicherlich in den unpräzisen oder gar nicht vorhandenen Definitionen der Konstrukte, die im Rahmen der Ansätze herangezogen werden. Versuche zur Definition von Vorbedingungen müssen teilweise als theorieschwach abqualifiziert werden.

Was die Theorien im Bereich des Marketing betrifft gilt:

◆ Beide Ansätze, der Ansatz des Dienstleistungsmarketing und der Ansatz der Markentreue sind grundsätzlich in der Lage, das Phänomen differenziert zu erklären, sie konnten einer kritischen Analyse jedoch nicht wirklich standhalten.

Der Ansatz des Dienstleistungsmarketing würde gelegentliches oder regelmäßiges Zusehen als Verhaltenskonsequenz unterschiedlicher Ausprägungen der Kundenzufriedenheit erklären. Es wurde gezeigt, daß der Ansatz zwar in der Lage ist, gelegentliches aktives Zusehen vor dem Hintergrund einer geringen Ausprägung des Konstruktes der Kundenzufriedenheit zu erklären, er aber nicht geeignet erscheint, regelmäßiges aktives Zusehen erklären zu können.

Der Ansatz der Markentreue würde das Konstrukt des Commitments für regelmäßiges Zusehen verantwortlich machen und schlägt eine Reihe weiterer Konstrukte bzw. Phänomene für die Erklärung des gelegentlichen Konsums von Sportereignissen vor. Das Konstrukt des Commitments an sich kann aber nicht unkritisiert bleiben. So liegt z.B.

keine allgemein akzeptierte konzeptive Definition des Konstruktes vor, zudem ist die Kausalitätsbeziehung zu anderen Konstrukten äußerst unklar.

Was gelegentliches Zusehen betrifft, existiert eine Reihe von Ansätzen; es bleibt aber unklar, nach welchem Muster des Markenwechsels gelegentliche Zuseher das Sportereignis konsumieren. Klarheit darüber ist aber Voraussetzung, um im Rahmen des Markenwechsels diskutierte Konstrukte zur Erklärung des gelegentlichen Zusehens heranziehen zu können.

◆ Beide Ansätze diskutieren eine Reihe von Antezedenzbedingungen für die für aktives Zusehen verantwortlichen Konstrukte.

Die für das Konstrukt der Kundenzufriedenheit geltenden Antezedenzbedingungen halten einer kritischen Würdigung stand.

Anders verhält es sich bei Antezedenzbedingungen im Rahmen der Markentreue. Dazu wurden vor allem Vorbedingungen des Commitment-Konstruktes diskutiert. Es wurde gezeigt, daß die im Rahmen des Commitment-Konstruktes diskutierten Antezedenzbedingungen entweder für das Sportsetting nicht geeignet erscheinen oder sehr vage gehalten werden.

Keiner der bisher dargestellten Ansätze erfüllt die an ihn gestellten Anforderungen vollständig. Somit ist kein Ansatz in der Lage, die Forschungsfrage vor dem Hintergrund der in dieser Arbeit angewandten Bewertungskriterien zu beantworten. Dieser Mangel ist Anlaß, Überlegungen zur Entwicklung eines eigenständigen, das Phänomen des gelegentlichen oder regelmäßigen Zusehens erklärenden Ansatzes anzustellen.

Obwohl die dargestellten Ansätze der angegebenen Kritik nicht standhalten können, liegt bereits ein breites Wissen zur Erklärung des Phänomens vor. Die Erarbeitung eines neuen Ansatzes geschieht daher sinnvollerweise vor dem Hintergrund dieses bestehenden Wissens.

Bei einer näheren Betrachtung der Bewertungsergebnisse erweist sich auf den ersten Blick eine Zusammenführung der Marketingansätze als naheliegend, da festgestellt werden konnte, daß der gelegentliche Konsum mit unterschiedlichen Ausprägungen von Kundenzufriedenheit zu tun hat und regelmäßiges Zusehen durch das Konstrukt des Commitments erklärt werden kann.

Einem derartigen Versuch der Zusammenführung der beiden Marketingansätze stehen jedoch zwei Punkte entgegen. Es geht in der Arbeit einmal darum, zwei Verhaltensmuster eines spezifischen Konsums zu erklären. Aus diesem Grund muß befürchtet werden, daß man im Rahmen einer solchen Vorgehensweise auf einer für die Zielsetzung der vorliegenden Arbeit zu abstrakten Ebene verbleibt, die es wahrscheinlich unter anderem nicht erlaubt, konkrete, für das Konsumverhalten des aktiven Zusehens entscheidende, praktische Implikationen abzuleiten. Zudem würde es sich dabei um eine Vorgehensweise handeln, die zwei Ansätze zusammenzuführen versucht, die dasselbe Phänomen aus grundsätzlich unterschiedlicher Perspektive betrachten. Ein solches Vorgehen ist zwar nicht unmöglich, es drängt sich aber die Frage auf, ob es nicht einen effizienteren Weg zur Erklärung gelegentlichen oder regelmäßigen Konsums von Sportereignissen gibt.

Vor allem aufgrund der Gefahr einer zu abstrakten Betrachtungsweise des Phänomens, werden trotz der schlechteren Bewertung Zusehertheorien näher betrachtet, wobei auf Stärken der Ansätze gebaut wird und Schwächen vermieden werden. Die Schwäche der Ansätze besteht darin, daß es keiner für sich schafft, einer kritischen Analyse auch nur teilweise standzuhalten. Deshalb wird weder versucht, einen der Ansätze weiterzuentwickeln, noch verschiedene Ansätze zusammenzuführen. Als Stärke der Ansätze kann die Vielzahl von Faktoren gesehen werden, welche die zwei unterschiedlichen Verhaltensmuster zu erklären versuchen.

Die Nutzung der Stärke der Zuschaueransätze bedeutet also, daß in der weiteren Vorgehensweise der vorliegenden Arbeit die Betrachtungsebene gewechselt wird. Während in Teil I eine Diskussion auf der Ebene theoretischer Ansätze geführt wurde, wird in Teil II der Arbeit eine Abhandlung auf der Ebene der innerhalb der einzelnen Ansätze diskutierten Faktoren geführt. Diese Faktoren können als mögliche Elemente einer Theorie betrachtet werden, welche die Anforderung, aktives Zusehen umfassend bzw. differenziert zu erklären, erfüllen soll. Eine solche Vorgehensweise findet Unterstützung von Zillmann/Bryant/Sapolsky (1979), die meinen, daß "the most important task of those that demand our attention, however, should be the construction of a coherent theoretical model that integrates the various seemingly unrelated rationales presently entertained" (S. 331).

Es werden in Teil II also die für das Phänomen relevanten, in den Zuseheransätzen diskutierten Faktoren differenziert nach ihrer Bedeutung für gelegentliches oder regelmäßiges Zusehen dargestellt. Dabei können die Faktoren für regelmäßiges Zusehen problemlos aus den Ansätzen entnommen werden, da einige der Ansätze, vor allem der Ansatz der Identifikationsforschung das Phänomen des regelmäßigen Konsums von Sportereignissen explizit behandeln. Für gelegentliches Zusehen verantwortliche Faktoren werden im Rahmen der Zusehertheorien nicht explizit diskutiert. Trotzdem ist eine Abgrenzung dieser grundsätzlich möglich:

Es gilt im Rahmen der Zuseheransätze als belegt, daß die Ausprägung unterschiedlichster Faktoren Einfluß auf die Anzahl der Zuseher haben. "...., daß Variationen in der Zuschauernachfrage primär durch Qualitätsschwankungen des angebotenen Gutes ausgelöst werden. So erklären allein die Tabellenposition der beiden Mannschaften und der Ruf der Gastmannschaft fast zwei Drittel der Varianz in den Zuschauerzahlen" (Gärtner/Pommerehne, 1978, S. 102).

Die gesamte Zuschaueranzahl setzt sich, wie anfangs in der Arbeit erwähnt, aus regelmäßigen und gelegentlichen Zusehern zusammen. Regelmäßiges Zusehen impliziert nun, daß die Ausprägung der Faktoren keinen Einfluß auf die Entscheidung hat, das Sportereignis zu konsumieren.

Wenn also bestimmte Faktoren die Anzahl aktiver Zuseher generell beeinflussen, diese Faktoren aber nicht die Anzahl regelmäßiger aktiver Zuseher beeinflussen, so haben sie besonderen Einfluß auf die Anzahl gelegentlicher aktiver Zuseher.

Deshalb werden in der weiteren Vorgehensweise alle in der Literatur *generell* zur Erklärung des aktiven Konsums von Sportereignissen diskutierten Faktoren für die Erklärung des gelegentlichen aktiven Konsums herangezogen.

Dieser angekündigten Vorgehensweise könnten einige Kritikpunkte entgegengehalten werden, die im Rahmen der Bewertung der Zuseheransätze angesprochen wurden. So wurde als einer der wesentlichsten Mängel die Unklarheit von spezifischen Konzepten hervorgehoben. Es wird aber in Teil II der Arbeit explizit auf den Umgang mit diesen Kritikpunkten eingegangen.

Teil II

Regelmäßiges oder gelegentliches Zusehen bestimmende Faktoren

Ziel von Teil II der Arbeit ist es, die Faktoren für gelegentliches oder regelmäßiges Zusehen differenziert und strukturiert darzustellen. Dadurch soll die Grundlage geschaffen werden, einen theoretischen Ansatz zu entwickeln oder zu finden, der das in dieser Arbeit zu untersuchende Phänomen zu erklären in der Lage ist.

Zur Erreichung dieses Ziels muß Bedacht auf einen sehr wesentlichen Aspekt genommen werden. Sollen nämlich (strukturiert dargestellte) Faktoren die Funktion eines Wegweisers zur Findung oder Entwicklung einer Theorie erfüllen, muß die Anzahl der Faktoren sinnvollerweise gering gehalten werden. Das bedeutet, daß wichtige von weniger wichtigen Faktoren im Rahmen von Teil II getrennt werden müssen, wobei lediglich entscheidende Faktoren einer näheren Analyse unterzogen werden.

Zur übersichtlichen Darstellung der regelmäßiges oder gelegentliches Zusehen bestimmenden wichtigen Faktoren erweist es sich als notwendig, zwei bereits in der Darstellung der Zuseheransätze identifizierte zentrale Probleme zu lösen.

1. Als erstes muß die Vielzahl der Faktoren genannt werden. Obwohl dieser Zustand von einer Reihe von Autoren festgestellt und kritisiert wird (vgl. z.B. Becker/Suls, 1983), machte sich bisher noch kein Autor die Mühe, die Faktoren strukturiert darzustellen. Deshalb soll im Rahmen dieser Arbeit eine strukturierte Darstellung der Faktoren folgendermaßen erfolgen: Die Vielzahl der Faktoren wird reduziert, indem redundante Faktoren ausgeschieden und solche, die das gleiche Phänomen beschreiben, zusammengefaßt werden. In einer Art Vorselektion werden wichtige von unwichtigen Faktoren getrennt, wobei unwichtige Faktoren im Sinne der Relevanz ihres Erklärungsbeitrages für aktives Zusehen in weiterer Folge nicht weiter berücksichtigt werden.

2. Viele der in den Zuschaueransätzen diskutierten Faktoren wurden teilweise nicht oder sehr unscharf definiert. Deshalb muß in den folgenden Ausführungen auf präzise Definitionen der Faktoren Wert gelegt werden.

Vor dem Hintergrund dieser Zielsetzungen wird Teil II in vier Kapitel gegliedert. In Kapitel 2.1. wird die Gesamtheit der in den Zuschauertheorien diskutierten Faktoren aus Gründen der Übersichtlichkeit grob strukturiert. In der Folge werden die für regelmäßiges (Kapitel 2.2.) oder gelegentliches (Kapitel 2.3.) Zusehen wichtigen Faktoren herausgearbeitet. Teil II wird mit einem Resümee, das sich auf die Zusammenfassung der Ergebnisse von Teil II bezieht und einen Ausblick für die weitere Vorgehensweise gibt, abgeschlossen (Kapitel 2.4.)

2.1. Überblick auf die in der Literatur diskutierten Faktoren

In den neun in Teil I dargestellten Ansätzen wird - wie bereits betont - eine Vielzahl von Faktoren diskutiert, die aktives Zusehen erklären. Der besseren Übersicht halber werden diese Faktoren in einem ersten Schritt strukturiert dargestellt. Die Strukturierung der Faktoren dient als Ausgangsbasis, auf die im Rahmen von Teil II immer wieder zurückgegriffen wird.

Es ergeben sich folgende Gruppen von Faktoren, die im Rahmen der Zuschauertheorien zur Erklärung des aktiven Zusehens herangezogen werden:

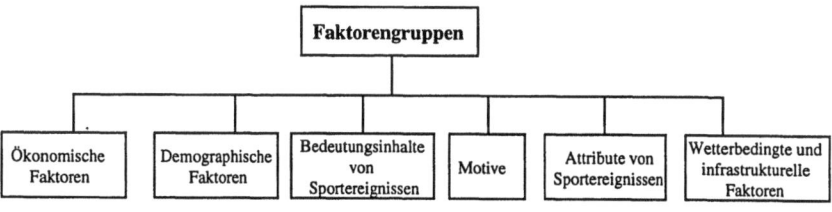

Abb. 18: Faktorengruppen zur Erklärung des aktiven Zusehens

Soziologische Ansätze behandeln schwerpunktmäßig Bedeutungsinhalte von Sportereignissen (z.B. das Sportereignis als Schauspiel oder als Ritual), die Relevanz demographischer Faktoren (z.B. soziale Klasse) und motivähnliche Phänomene (z.B. Suche nach Identität). Psychologische Ansätze diskutieren schwerpunktmäßig Motive, wie etwa Aggressionsmotive, aber auch tiefenpsychologische Motive. Ansätze aus der Betriebswirtschaft untersuchen den Einfluß von Dienstleistungsattributen von Sportereignissen (z.B. Wochentag des Sportereignisses) auf die Anzahl aktiver Zuseher, ökonomische Faktoren (z.B. Pro-Kopf-Einkommen der umliegenden Bevölkerung), aber auch demographische (z.B. Größe des Einzugsgebiets) sowie wetterbedingte und infrastrukturelle Faktoren (z.B. Wetter/Temperatur am Spieltag). Volkswirtschaftliche Ansätze legen ähnliche Schwerpunkte wie Ansätze aus der Betriebswirtschaft. Sie diskutieren vor allem Qualitätsfaktoren, die den Dienstleistungsattributen von Sportereignissen zuzuschreiben sind, wetterbedingte und infrastrukturelle sowie demographische Faktoren.

Da sich eine Reihe von Autoren (vgl. z.B. Murrell/Dietz, 1992) *explizit* mit der Frage beschäftigen, welche Faktoren regelmäßiges Konsumverhalten erklären, wird diesen in der folgenden Abhandlung der Vorzug gegeben.

2.2. Regelmäßiges Zusehen bestimmende Faktoren

Vor allem bestimmte Motive bzw. motivähnliche Phänomene werden in der Literatur als Erklärungsfaktoren für aktives regelmäßiges Zusehen genannt. Hauptsächlich in zwei Ansätzen, in Untersuchungen über englische Fußballfans und in der Identifikationsforschung wurden motivähnliche Phänomene diskutiert, denen man eine hohe Bedeutung für die Erklärung von aktivem regelmäßigen Zusehen zuspricht. Der erste betont die Bedeutung der Phänomene Aggression und Identität, der zweite das Phänomen der Identifikation.

2.2.1. Aggression

Aufgrund der hohen Begeisterung und der beobachtbaren uneinschränkbaren Treue von Fußballfans zu ihrem Verein in den Industriestädten der britischen Inseln, entstand in England eine Forschungsrichtung, die sich mit Erklärungsansätzen im Hinblick auf dieses Verhalten auseinandersetzten (Taylor, 1971; Clarke, 1978; Critcher, 1979; Dunning, 1981; Taylor, 1982; Moorehouse, 1984). Als Erklärungsgrund postulieren die Autoren die Möglichkeit für bestimmte Individuen, im Rahmen von Sportereignissen in optimaler Form Aggressionen abbauen zu können (Taylor, 1971; Clarke, 1978; Critcher, 1979).

Aggression bzw. Aggressivität wird im weiteren Sinne definiert als Neigung zu schneller, heftiger Reaktion und im engeren Sinne als Angriffsbereitschaft, Angriffsbedürfnis, feindseliges Verhalten, als situationsbedingte Reaktionsbereitschaft oder als Persönlichkeitsmerkmal eines Menschen, in extremer Ausprägung auch als Symptom für Persönlichkeitsstörungen (vgl. z.B. Volkamer, 1972). Das Phänomen der Aggression kann also als Motiv, als Einstellung, als Verhaltensintention, als Verhalten oder auch als Kombination dieser Ebenen konzipiert werden. Aggressionstheorien befassen sich mit der Frage nach den Ursachen der Aggression. Dabei können unterschiedliche Ansätze unterschieden werden, nämlich endogene Aggressionstheorien, psychoanalytische Theorien, die Frustrations-Aggressions-Hypothese und lerntheoretische wie auch sozialtheoretische Aggressionsmodelle (vgl. z.B. Volkamer, 1972).

Da aggressives Verhalten vor, während und nach Sportereignissen meist von Mitgliedern der Arbeiterklasse initiiert würde, hat man vor allem in der sportsoziologischen und der sportpsychologischen Literatur (vgl. z.B. Dombrowski, 1975; Sloan, 1979) Wert auf die Untersuchung dieses Phänomens gelegt. Zur Erklärung des Vandalismus wurden grundsätzlich drei Theorien herangezogen.

a. Das triebtheoretische (psychoanalytische) Modell

Dieses Modell geht von der Annahme eines grundsätzlich in jeder Person vorhandenen Aggressionstriebes aus; aggressives Verhalten ist sozusagen naturgegeben. Um das menschliche Zusammenleben möglich zu machen, müssen Aggressionen "auf bestimmte Weise sublimiert, auf neutrale Objekte verschoben oder auf ungefährliche Art abreagiert werden" (Dombrowski, 1975, S.10). Letztes kann durch sportliche Betätigung aber auch durch Zuschauen (vgl. Sloan 1979) geschehen. Der Sport bietet so gesehen eine Möglichkeit zur Sublimierung des Aggressionsinstinktes. Ihm wird demnach eine kathartische Wirkung zugesprochen.

b. Die Frustrations-Aggressions-Hypothese geht auf Dollard und Mitarbeiter (Dollard/Doob/Miller/Mowrer/Sears, 1970) zurück. Sie sind der Meinung, daß das Auftreten von aggressivem Verhalten immer die Existenz einer Frustration voraussetzt. Diese Frustration sei in der Arbeiterklasse am stärksten ausgeprägt, sei aber durchaus - als Folge der Industrialisierung und des Leistungsdrucks unseres gesellschaftlichen Systems und somit einer Ich-Entfremdung - in allen gesellschaftlichen Klassen vorzufinden.

c. Das lerntheoretische Modell

Volkamer (1972) vertritt die Annahme, aggressives Verhalten sei - wie jedes andere menschliche Tun auch - gelerntes Verhalten. Da der sportliche Wettkampf aggressiver Natur ist, würde sich diese Aggression auf die Zuschauer verlagern.

Diese Erklärungsansätze werden durch die Meinung einiger Autoren vor allem aus der sportpsychologischen Richtung (vgl. z.B. Dombrowski, 1975) etwas relativiert. Diese behaupten nämlich, daß das Phänomen der Aggression als Erklärungsfaktor für aktives regelmäßiges Zusehen in der Literatur überbetont wird. So stellte Herrmann (1977) fest, daß Aggression lediglich für eine geringe Anzahl von Sportkonsumenten Bedeutung hat. Zudem konnten Herrmann (1977) und auch Sloan (1979) zeigen, daß bei einem Großteil der Fans dieses Motiv im Vergleich zu anderen Motiven lediglich eine nebensächliche Rolle spielt. Deshalb wird es im Rahmen der Arbeit nicht näher betrachtet.

2.2.2. Identität und Identifikation als gleichbedeutende Phänomene im Rahmen des aktiven Zusehens

Mehr Bedeutung als der Aggression wurden den Phänomenen der Identität und der Identifikation als Erklärungsfaktoren für aktives regelmäßiges Zusehen beigemessen. Bei der Fassung der Erklärungsfaktoren müssen zwei grundlegende Probleme gelöst werden.

Beide Phänomene werden in der Basisliteratur zum einen aus ganz unterschiedlichen Perspektiven betrachtet (vgl. z.B. Schober, 1995), zum anderen werden des öfteren unscharfe Begriffe zur Abgrenzung der beiden Phänomene untereinander, aber auch zu anderen Phänomenen verwendet. Es besteht deshalb große Unsicherheit, um nicht zu sagen Verwirrtheit über die Wesensmerkmale der Phänomene. Deshalb ist es nicht möglich, einheitliche konzeptive Definitionen der beiden Phänomene zu geben. Die Autoren behelfen sich deshalb meist durch situative, sich auf den jeweiligen Forschungsgegenstand beziehende Definitionen. Dieses Problem im Rahmen der Basisliteratur spiegelt sich in den Zuschaueransätzen wider.

Das zweite Problem hängt unmittelbar mit dem ersten zusammen und zwar mit der unklaren Abgrenzung der beiden Begriffe bzw. Phänomene voneinander. Eine mögliche Ursache dafür ist der gleiche etymologische Begriffsursprung (vgl. z.B. Schober, 1995). Grundsätzlich kann davon ausgegangen werden, daß beide Phänomene durch ähnliche Wesensmerkmale charakterisiert werden können. Dies spiegelt sich beispielsweise dadurch wider, daß eine Reihe von Autoren (vgl. z.B. Hogg/Abrams, 1988) die Begriffe als gleichbedeutend verwendet.

Es drängt sich somit im Rahmen der vorliegenden Arbeit die Frage auf, ob Identität und Identifikation als zwei unterschiedliche Phänomene bzw. Erklärungsfaktoren oder gleichbedeutend behandelt werden sollen. Auf diese Frage wird im folgenden eine Antwort gesucht. Dabei wird versucht, die grundlegende Struktur der beiden Phänomene, wie sie in der Zuschauerliteratur behandelt werden, zu erfassen und diese zu vergleichen. Liegen den Phänomenen gleiche Strukturen zugrunde, werden sie im Rahmen der vorliegenden Arbeit in der weiteren Folge undifferenziert behandelt; ist dies nicht der Fall, müßten sie differenziert aufgearbeitet werden. Zunächst wird das Identitätsverständnis erörtert.

Wegen mangelhafter oder gar fehlender Definitionen in den sportsoziologischen Ansätzen muß das in der Zuschauerliteratur bestehende Identitätsverständnis explizit erarbeitet werden. Da aus den Arbeiten von Moorehouse (1984) das Identitätsverständnis sehr deutlich ersichtlich wird, wird der Bedeutungsinhalt der Identität vor dem Hintergrund seiner Überlegungen hergeleitet.

Moorehouse behandelt in seinen Überlegungen Ansätze, welche die hohe Bedeutung des Fußballs für die englische Arbeiterklasse erklären. Dabei nimmt das Phänomen der Identität eine zentrale Stellung ein. "The football ground is one established venue for the exploration and expression of their identity and so they re-orchestrate traditional values" (Moorehouse, 1984, S. 289). Was unter der "Orchestrierung traditioneller Werte" verstanden werden kann, schildert Moorehouse an einem Beispiel zweier schottischer Fußballteams der Stadt Glasgow, nämlich Glasgow Rangers und Celtic Glasgow. "Rangers are a Protestant club who will not, knowingly, sign a Catholic (or, reputedly employ one in any capacity), while Celtic are seen as a Catholic side" (Moorehouse, 1984, S. 292). Für Moorehouse können traditionelle Werte also beispielsweise katholische Werte sein. Identität ist für Moorehouse die verhaltensmäßige Manifestation von Werten.

Die Gleichsetzung von Identität mit der "Orchestrierung traditioneller Werte" läßt auf folgendes Identitätsverständnis schließen: Unabhängig davon, welche Werte im Vordergrund stehen, sieht Moorehouse im Sportereignis einen äußeren Stimulus, durch den der Zuseher die Möglichkeit hat, *individuelle Prädispositionen* (z.B. Werte) wachzurufen. Anders ausgedrückt ist das Sportereignis ein Platz, an dem der Zuseher sich *wiedererkennen* bzw. einen *Spiegel seiner selbst* erfahren kann. Damit das Sportereignis aber individuelle Prädispositionen aktivieren kann, müssen die äußeren Stimuli mit individuellen Prädispositionen zusammenpassen bzw. äquivalent sein.

Das Phänomen der Identifikation wurde bereits im ersten Teil dieser Arbeit behandelt. Um die Frage zu beantworten, ob Identität und Identifikation im Rahmen der Diskussion um aktives Zusehen unterschiedliche Strukturen haben oder nicht, soll der am häufigsten verwendete Ansatz herangezogen werden. Dabei handelt es sich um den Ansatz von Freud (1921). Freud definiert - wie bereits erörtert - Identifikation als Übernahme von Attributen, Eigenschaften und Werten eines Subjekts von einem Objekt. Diese Übernahme setzt beim Kleinkind (Subjekt) in der ödipalen Phase ein, in einer Phase, in der das Kind versucht, die Mutter zu erobern. In dieser Phase ist der Vater (Objekt) der größte Konkurrent des Kindes. Um die Liebe der Mutter zu gewinnen, übernimmt das Kind Attribute, Eigenschaften und Werte des Vaters. Dieses Muster tritt im Leben immer wieder auf. Um bestimmte Wünsche und Ziele zu verwirklichen, identifizieren sich Individuen mit bestimmten Objekten, so etwa mit einem Sportteam (vgl. z.B. Wann/Branscombe, 1990). Dies impliziert, daß sich Individuen nur mit jenen Objekten identifizieren, die zu ihren Wünschen und Zielen passen.

Bezeichnet man individuelle Wünsche und Ziele als individuelle Prädispositionen und das Sportteam als Objekt - ähnlich wie oben das Sportereignis als äußeren Stimulus - so liegt dem Identifikationsphänomen dasselbe Muster zugrunde wie dem Identitätsphänomen, nämlich das in Abbildung 19 dargestellte.

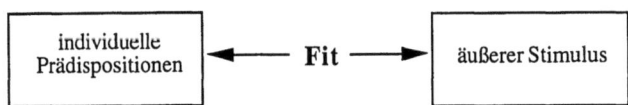

Abb. 19: Das Grundmuster der Identität und der Identifikation

Aufgrund desselben Grundmusters der beiden Phänomene der Identität und der Identifikation, werden sie im Rahmen der vorliegenden Arbeit als gleichbedeutend behandelt. Dabei wird lediglich das Phänomen der Identifikation näher betrachtet, da man sich diesem in der Zuschauerliteratur intensiver widmete und da empirische Untersuchungen hauptsächlich unter dem Begriff der Identifikation durchgeführt wurden.

2.2.3. Identifikation

Ziel dieses Kapitels ist es, die Unklarheiten der Definitionsansätze im Rahmen der Identifikationsforschung zu bereinigen bzw. der Arbeit ein einheitliches Identifikationskonzept zugrundezulegen. Zu diesem Zweck wird schrittweise vorgegangen, wobei den Ausführungen die grundsätzlich in der Basisliteratur diskutierten Identifikationskonzepte vorangestellt werden.

2.2.3.1. Identifikationskonzepte

Obwohl in der Literatur ganz unterschiedliche Konzepte der Identifikation vorzufinden sind, läßt sich eine Gemeinsamkeit feststellen. In allen Konzepten geht es um die Beziehung eines Subjektes mit einem Objekt. Das Subjekt ist ein einzelnes Individuum, das "Objekt der Identifikation kann alles sein, was ein Individuum mit sich selbst assoziieren kann: Einzelpersonen, Personenmehrheiten, bestimmte Verhaltensweisen, Grundsätze des Verhaltens, Institutionen, abstrakte Ideen. Diese Objekte können real bestehen oder Gebilde der Phantasie sein" (Weber, 1971, S. 92).

Das Phänomen der Identifikation wird in unterschiedlichen Wissenschaftsgebieten diskutiert. Dazu zählen die Organisationstheorie (vgl. z.B. March/Simon, 1958), die Psychoanalyse im Rahmen der Persönlichkeitspsychologie (vgl. z.B. Heckhausen, 1980), Lerntheorien (vgl. z.B. Bandura, 1986) und Gruppentheorien im Rahmen der Sozialpsychologie (vgl. z.B. Turner et al., 1987) und die Politikwissenschaft (vgl. z.B. Zohlnhöfer, 1968).

In der Organisationstheorie stehen die Prozesse der Identifikation der Organisationsmitglieder mit den Zielen der Organisation im Mittelpunkt. Es interessieren die Übernahmeprozesse und die Möglichkeiten ihrer Beeinflussung durch die Anreizgestaltung der Organisation (vgl. auch Kirsch, 1971). Simon (1960) verwendet folgenden Begriff der Identifikation: "Eine Person identifiziert sich selbst mit einer Gruppe, wenn sie beim Entscheiden die verschiedenen Entscheidungsalternativen nach ihren Folgen für die in Betracht kommende Gruppe bewertet" (S. 2).

In der Psychoanalyse werden Identifikations- und Internalisierungsprozesse herangezogen, um die Entstehung des Gewissens (Über-Ich) als handlungsleitende, person-interne Instanz zu beschreiben und zu erklären (vgl. z.B. Heckhausen, 1980). Als Definition von Identifikation wird die schon mehrmals in dieser Arbeit genannte von Freud (1921) verwendet.

Im Rahmen der Lerntheorien kann zwischen verhaltensorientierten und sozial-kognitiven Ansätzen unterschieden werden. In verhaltensorientierten Ansätzen werden die Entstehung und Veränderung von Verhaltensähnlichkeiten unterschiedlicher Individuen und die Herausbildung von Neugierverhalten und Handlungskompetenz zum Gegenstand der Identifikationsforschung (vgl. z.B. Kagan, 1958). Dabei wird sehr oft das Identifikationskonzept von Freud verwendet (Weber, 1971).

Im Rahmen des sozial-kognitiven Ansatzes, wie er vor allem von Bandura (1986) entwickelt wurde, wird Identifikationslernen zum Synonym von Modell-Lernen, d.h. die Übernahme komplexer Verhaltensweisen eines Individuums (Modell) durch ein anderes (Beobachter). Durch den Beobachter werden in aller Regel Verhaltenselemente verschiedener Modelle auf individuell charakteristische Weise zu neuen Verhaltensweisen integriert. In diesem Ansatz wird das Phänomen der Identifikation meist gleichbedeutend verwendet mit Imitation (Deimel, 1992). "Imitation ist das Erlernen von Neuem durch die Beobachtung bestimmter Modelle, deren Verhalten nachgeahmt wird" (Zimbardo, 1992, S. 260).

In Gruppentheorien interessiert vor allem das Zustandekommen der Identifikation eines Individuums mit Gruppen (vgl. z.B. Turner et al., 1987) und die Auswirkungen der Gruppenidentifikation auf soziale Wahrnehmung und soziales Verhalten in bezug auf andere Gruppen (vgl. z.B. Tajfel, 1978). Tajfel definiert Gruppenidentifikation mit "that part of the individual`s self-concept which derives from their knowledge of their membership in a social group (or groups) together with the value and emotional significance attached to that membership" (S. 255).

Im Rahmen der Politikwissenschaften steht die Entwicklung einer Vorliebe oder Bindung an eine Partei im Vordergrund der Betrachtung. Der Begriff Identifikation wird deshalb vor allem im Zusammenhang mit Parteien verwendet. Identifikation bezeichnet dabei "das Gefühl der Zugehörigkeit oder Zuneigung bzw. eine geringe psychische Distanz zu einer politischen Partei" (Zohlnhofer, 1968, S. 126).

Abschließend sei auf den allgemeinen umgangssprachlichen Bedeutungsinhalt des Phänomens hingewiesen, zumal dieses allgemeine Verständnis zum Teil in wissenschaftlichen Untersuchungen als selbstverständlicher Bedeutungsinhalt von Identifikation verstanden wird, der nicht einmal definiert werden muß. Diesen gibt Weber (1971) folgendermaßen wieder: "Unter Identifikation wird in der Regel eine emotionale Bindung oder Hingabe eines Individuums an ein Objekt verstanden" (S. 1).

2.2.3.2. Identifikationsansätze für die vorliegende Arbeit

Bei näherer Betrachtung der eben beschriebenen Ansätze zur Definition von Identifikation fällt auf, daß die einzelnen Konzepte verschiedene Dimensionen des Phänomens unterschiedlich stark betonen.

So verwendet beispielsweise Freud (1921) in seiner Definition von Identifikation Wesensmerkmale wie "Übernahme von", während beispielsweise sozial-kognitive Ansätze Merkmale wie "Erlernen von Neuem" als konstitutive Elemente des Phänomens Identifikation verwenden. Diese Wesensmerkmale der Definitionen betonen verstärkt den Prozeßaspekt des Phänomens, der zwischen einem Subjekt und einem Objekt abläuft. Im Gegensatz dazu beziehen sich beispielsweise Tajfel (1978) oder etwa Zohlnhofer (1968) stärker auf die Ergebnisdimension aus der Sicht des Subjektes.

Zudem werden in bestimmten Definitionen Charakteristiken wie "Knowledge", "emotional significance", "emotionale Hingabe" bzw. "Bindung", "psychische Distanz", "Gefühl" usw. verwendet, während andere verstärkt Charakteristiken wie "Lernen" oder "Verhalten" betonen. Dies weist darauf hin, daß ein Teil der Definitionsansätze das Phänomen der Identifikation eher als psychisches Konstrukt sieht, während ein anderer Teil stärker den Verhaltensaspekt des Konstruktes betont. Aus diesem Grunde können die in der Literatur diskutierten Definitionsansätze von Identifikation dem in Abbildung 20 dargestellten Klassifizierungsschema zugeordnet werden: Dieses Schema muß allerdings als idealtypisches Schema gesehen werden. Die einzelnen Identifikationskonzepte können nur selten eindeutig einer Zelle zugeordnet werden.

	Identifikation als Prozeß	Identifikation als Ergebnis des Prozesses
Identifikation als Konstrukt		
Identifikation als Verhalten		

Abb. 20: Klassifizierungsschema der Identifikationskonzepte in der Literatur

Da die Zielsetzung der Arbeit die Entwicklung eines Erklärungsmodells für ein bestimmtes Verhalten ist, nämlich für die Frequenz des aktiven Zusehens bei Sportereignissen, und da das Ziel von Teil II die Erarbeitung von Faktoren ist, die Einfluß auf dieses Verhalten nehmen, werden verhaltensorientierte Ansätze für die Konzeptualisierung des Identifikationsphänomens außer acht gelassen. Das bedeutet, daß im Rahmen der Arbeit das Phänomen der Identifikation als Konstrukt definiert wird.

Ein Konstrukt wird als unbeobachtbares Phänomen definiert, das sich in der Psyche von Individuen befindet (DeVellis, 1991). Da sich in der Identifikationsliteratur der Prozeßaspekt nicht so sehr auf interne psychische Prozesse - also nicht so sehr auf die Konstrukte selbst - konzentriert, sondern stärker auf Mechanismen, die zwischen Subjekt und Objekt ablaufen, werden auch "prozeßorientierte Identifikationsansätze" nicht näher betrachtet.

Aus diesen Gründen wird in dieser Arbeit eine Perspektive eingenommen, die Identifikation als Konstrukt betrachtet, welches das Ergebnis eines Prozesses ist.

Solche Identifikationskonzepte findet man beispielsweise bei Schurr et al. (1987), die Identifikation als emotionale Hingabe an einen Star-Spieler verstehen oder bei Wann/Branscombe (1990), die Identifikation als emotionale Bindung bzw. Hingabe zu einem Team ansehen. Murrell/Dietz (1992) sprechen in Anlehnung an Tajfel (1978) allgemein von der Identifikation mit einer Gruppe, die sie als "Wissen der Mitgliedschaft zusammen mit dem Wert und der emotionalen Bedeutung, die das Individuum der Mitgliedschaft beimißt" definieren.

Alle Definitionen von Identifikation als Konstrukt, haben jedoch eine Charakteristik gemeinsam: nämlich die emotionale Hingabe zu einem Objekt. Faßt man das in der Definition von Tajfel (1978) genannte Wesensmerkmal "emotionale Bedeutung, die eine Gruppe für ein Individuum hat", als emotionale Bindung auf, so handelt es sich auch in diesem Falle um eine emotionale Hingabe, und zwar im Hinblick auf eine Gruppe.

Die Konzipierung des Identifikationskonstruktes als "emotionale Hingabe an unterschiedliche Objekte" als Erklärungsfaktor für aktives regelmäßiges Zusehen hat jedoch eine zentrale Schwäche. "Emotionale Hingabe" ist - wie bereits des öfteren erwähnt - ein sehr unscharf formuliertes Konstrukt. Es könnte die Bedeutungsinhalte mehrerer anderer Konstrukte, wie etwa "Commitment", "Zufriedenheit" oder "Sympathie", beinhalten. Deshalb muß es inhaltlich näher spezifiziert werden.

Die Identifikationsliteratur zeigt, daß der Inhalt emotionaler Hingabe vom Objekt abhängt. Für Freud (1921) sind Objekte der Identifikation stets Einzelpersonen. Für das Kleinkind ist der Vater das Objekt, für den Heranwachsenden sind Film- und Fernsehstars, Schlagerinterpreten oder Sportler besonders geläufige Objekte der Identifikation. "Bei einem Erwachsenen mag das Objekt ein Politiker, ein Kommentator oder der Chef sein" (Weber, 1971, S. 43). Diese Objekte haben Vorbildfunktion für das Subjekt. Die Vorbildfunktion wird aus der Theorie der bereits oben erwähnten ödipalen Phase von Freud abgeleitet.

Der Vater hat in der ödipalen Lebensphase die Funktion eines Vorbildes, dessen Eigenschaften als die idealen angesehen werden, um die Liebe anderer Menschen, hauptsächlich der Mutter, aufrechtzuerhalten. Auf Konstruktebene entsteht durch die Vorbild- oder Idealfunktion beim Kleinkind eine eigenständige psychologische Einheit, das Ich-Ideal. "Das Ich-Ideal repräsentiert die Aspekte bewußter und unbewußter Vorstellungen darüber, wie das Subjekt sein möchte, und an die es sich anzugleichen sucht" (Sandler, 1964). Diese Struktur bleibt dem Individuum erhalten, wobei die Objekte der Identifikation im Zeitablauf wechseln können.

Für eine Reihe von Autoren ist das Objekt der Identifikation eine Gruppe. Bei Lott/Lott (1965) ist es beispielsweise eine Kleingruppe, während Tajfel (1978) Gruppe unabhängig von der Anzahl der Mitglieder konzipiert. In diesen Ansätzen hat das Identifikationsobjekt der Gruppe entweder Vorbildfunktion oder die Funktion zur Vermittlung eines Zugehörigkeitsgefühls (Turner et al., 1987) für das Individuum. Die Sehnsucht nach Einheit mit Gruppen ist nach Fromm (1979) ein existentielles Grundbedürfnis des Menschen. Diese Funktion der Gruppe für das einzelne Individuum spiegelt sich auch im Inhalt des Identifikations-konstruktes wider. Ist das Objekt der Identifikation nicht mehr ein Individuum, sondern eine Gruppe, beinhaltet die emotionale Hingabe ein Zugehörigkeitsgefühl. Dieses wird in der Fachliteratur auch als "Wir-Gefühl" bezeichnet (vgl. z.B. Lott/Lott, 1965).

Im Rahmen von Sportereignissen sind aus der Sicht der Zuseher Einzelpersonen (vgl. z.B. Hansen/Gauthier, 1989) wie auch Gruppen (vgl. z.B. Murrell/Dietz, 1992) potentielle Identifikationsobjekte. Einzelpersonen als Identifikationsobjekte sind sogenannte "Starspieler", das sind Spieler einer der beiden Mannschaften, die sich durch außerordentliche Fähigkeiten auszeichnen. Als Gruppen werden hauptsächlich das Team (vgl. z.B. Wann/Branscombe, 1995), Institutionen wie Colleges (vgl. z.B. Murrell/Dietz, 1992) oder gesamte regionale Einheiten (vgl. z.B. Sloan, 1979) diskutiert. Somit spielen beide Objekte in der Erklärung für aktives Zusehen eine Rolle.

Schurr et al. (1987) konnten jedoch feststellen, daß die Identifikation mit Starspielern keine wesentliche Bedeutung für regelmäßiges aktives Zusehen hat, während in einer Reihe von Studien und theoretischen Überlegungen gezeigt werden konnte, daß die Identifikation mit Gruppen ein zentraler Faktor in der Erklärung des regelmäßigen aktiven Zusehens ist (vgl. z.B. Murrell/Dietz, 1992).

2.2.3.3. Gruppenidentifikation als Identifikationskonzept der Arbeit

Auch aus sportsoziologischen Zuseheransätzen kann hergeleitet werden, daß das Wir-Gefühl im Rahmen von Sportereignissen von größerer Bedeutung ist als die Identifikation mit Einzelpersonen.

In diesen Ansätzen wird das Sportereignis als Ritual konzipiert (vgl. z.B. Runkel, 1986). "Ein Fußballspiel ist ein Ritus. Die Regeln sind vorgegeben, die Rollen verteilt; zuweilen werden sie auch während des Spiels zugeteilt oder getauscht. Die Spieler auf dem Rasen sind ebenso Bestandteil dieses Ritus wie die Zuschauer" (Hortleder, 1974, S. 65-66). Die Konzipierung des Sportereignisses als Ritual bedarf einer näheren Erläuterung.

Nach Neuberger/Kompa (1987) sind Riten standardisierte Verhaltensabläufe, in denen existentielle Fragen einer Gemeinschaft durch kollektiv reglementiertes Handeln bearbeitet oder bewältigt werden. Die am Ritual teilnehmenden Personen nehmen dabei klar definierte Rollen ein. Es ist offensichtlich, daß ein Spiel zweier Mannschaften vor dem Hintergrund dieser Definition als Ritual bezeichnet werden kann, da das Spiel aufgrund seines Regelwerks gewisse standardisierte Verhaltensabläufe vorgibt, denen sich der einzelne Spieler anpassen muß. Diese Verhaltensabläufe sind so aufgebaut, daß durch die Interaktionen der einzelnen Spieler (= kollektiv reglementiertes Handeln) das Spiel gewonnen werden kann (existentielle Frage der Mannschaft). Die Verhaltensabläufe können aufgrund folgender in Sportereignissen vorhandenen Restriktionen als standardisiert bezeichnet werden:

◆ Spielregeln: Jede Sportart unterliegt einem bestimmten Regelwerk (vgl. Benner, 1992). Dieses Regelwerk bestimmt, wie lange das Spiel dauert, nach welchen Kriterien Sieger und Verlierer bestimmt werden und nach welcher Zeit das Spiel unterbrochen oder beendet wird[1]. Zudem bestimmt das Regelwerk, welche Verhaltensweisen erlaubt sind und welche nicht bzw. welches die Sanktionen für regelkonformes und -nichtkonformes Verhalten[2] sind.

◆ Spielprozeß: Den Spielprozeß kann man einteilen in den mannschaftlichen und den individuellen Spielprozeß. Nach Dombrowski (1975) hat das Fußballspiel folgende Grundform:

1. Grundsituation: Torschuß - Torabwehr;
2. Grundsituation: Herausspielen der Schußgelegenheit - Abschirmen des Tores;
3. Grundsituation: Aufbauen des Angriffs - Stören des Angriffs.

Diese Grundform des Fußballs kann auf andere in dieser Arbeit betrachtete Sportarten übertragen werden. Zudem hat innerhalb dieses Spielprozesses jeder Einzelspieler eine bestimmte Rolle. Es gibt Angreifer, Spielregisseure und Verteidiger. Der Angreifer muß punkten, ist also hauptsächlich für Torschüsse zuständig, der Spielregisseur ist für alle

---

[1] Im Eishockey gibt es beispielsweise zwei Unterbrechungen im Spiel nach jeweils zwanzig Minuten Spielzeit.
[2] So ist beispielsweise bei Fußballspielen das Handspiel nicht erlaubt. Berühren Spieler den Ball trotzdem mit den Händen, hat dies eine negative Sanktion zur Folge, nämlich - je nach Situation - Elfmeter oder Freistoß für die gegnerische Mannschaft.

Grundsituationen zuständig, der Verteidiger hauptsächlich für die Torabwehr. Der mannschaftliche und individuelle Spielprozeß wird so gestaltet, daß das Spiel gewonnen wird.

◆ Spielfeld: Das Spiel wird auf einem Spielfeld ausgetragen. Dieses hat je nach Sportart eine unterschiedlich große Fläche. Diese hat konkrete Orientierungspunkte wie Tore, Körbe, Mittellinie usw. Alle Aktionen, die nicht innerhalb des Spielfeldes stattfinden, haben für das Spiel keine Bedeutung.

Nicht nur die im Spiel direkt involvierten Personen (Spieler, Trainer, Schiedsrichter), sondern auch die Zuschauer sind Bestandteil des Rituals, da ihnen im Rahmen des Sportereignisses eine ganz bestimmte Rolle zugeteilt wird. Dombrowski (1975) behauptet, der Spielprozeß würde auf die Zuschauer übertragen und umgekehrt, Zuseher würden Einfluß auf den Spielprozeß nehmen und zwar insofern, als sie die Heimmannschaft unterstützen, ein positives sportliches Ergebnis zu erreichen. Dieses Phänomen konnte in unterschiedlichen sportpsychologischen Untersuchungen nachgewiesen werden. Beckmann (1991) konnte zeigen, daß ein Publikum auf die aktiven Sportler leistungsfördernd oder leistungshemmend wirken kann. Er stützt sich dabei auf die These Zajonc`s (1965), der behauptet, daß die Anwesenheit anderer Personen eine Erhöhung des Trieb- und Erregungszustandes eines Sportaktiven bewirken würde.

Zuseher haben im Ritual Sportereignis also die Rolle, in unterstützender Form Einfluß auf das Spiel zu nehmen. Daß diese Rolle auch als solche von Zusehern wahrgenommen wird, konnte Strauß (1994) zeigen. Er untersuchte Motive von regelmäßigen Sportkonsumenten und fand, daß die "Unterstützung der Heimmannschaft" als das wichtigste Motiv zum Konsum von Sportereignissen genannt wurde. Aus diesem Grund kann geschlossen werden, daß Zuseher sich ihrer Rolle im "Ritual Sportereignis" bewußt sind.

Es drängt sich in diesem Zusammenhang aber die Frage auf, welchen Nutzen sich Zuseher von der Einnahme dieser Rolle erwarten. Dieser kann aus der Funktion entnommen werden, die Rituale für die teilnehmenden Individuen haben. Neuberger/Kompa (1987) sehen als zentrale Funktion von Ritualen einen Beitrag zum Gemeinschaftsgefühl und zum Zusammenhalt einer Gruppe, sie schaffen mit anderen Worten also Wir-Gefühl.

Diese Argumente erscheinen ausreichend, der vorliegenden Arbeit das Identifikationskonzept der Gruppenidentifikation zugrundezulegen. Deshalb wird in der Folge das Konstrukt der Gruppenidentifikation näher diskutiert. Da in der Literatur eine Fülle von theoretischen Ansätzen vorzufinden ist, in denen die Gruppenidentifikation eine bedeutende Rolle spielt (vgl. z.B. Lott/Lott, 1965; Sherif, 1967; Tajfel, 1978; Elias, 1987; Jasper, 1989; Bader, 1991[3]), werden in einem nächsten Schritt die das Konzept der Gruppenidentifikation diskutierenden Ansätze vorgestellt, während daran anschließend das dieser Arbeit zugrundezulegende Konzept der Gruppenidentifikation erarbeitet wird.

2.2.3.4. Konzepte der Gruppenidentifikation

In drei Wissenschaftsgebieten wird das Phänomen der Gruppenidentifikation diskutiert (Schober, 1995), nämlich in

◆ der Tiefenpsychologie (vgl. z.B. Freud, 1921; Erikson, 1981)
◆ der Soziologie (vgl. z.B. Parsons, 1977; Nunner/Winkler, 1988; Bader, 1991) und
◆ der Sozialpsychologie (vgl. z.B. Goffmann, 1967; Sherif, 1967; Tajfel, 1978).

Da im Rahmen dieser Arbeit Gruppenidentifikation als Konstrukt konzipiert wird, werden soziologische Theorien der Gruppenidentifikation nicht näher behandelt. Obwohl tiefenpsychologische Ansätze das Phänomen tendenziell als Konstrukt diskutieren, werden sie aufgrund ihrer relativ unscharfen Konzepte, ihrer schwierigen Operationalisierbarkeit und somit ihrer mangelhaften empirischen Bewährung auch nicht näher betrachtet. Döbert/Nunner-Winkler (1975) meinen dazu: "Leider sind die Ansätze in diesem Forschungsfeld so heterogen und defizient, daß eine Umsetzung in systematische Hypothesensysteme, die die empirische Forschung anleiten könnten, schwerfällt" (S.31).

Auch innerhalb der sozialpsychologischen Theorien unterscheiden sich die Perspektiven, wobei bestimmte Ansätze das Phänomen aus stark soziologisch orientierter Perspektive

---

[3] Gruppenidentifikation wird im Bereich der Soziologie sehr intensiv diskutiert. Statt Gruppenidentifikation werden aber andere Begriffe wie "Gruppenidentität" oder "Kollektive Identität" angewandt.

betrachten, während eine Reihe von anderen Ansätzen das Phänomen stärker aus individualpsychologischer Sicht sieht und es somit als Konstrukt definiert.

Diese Ansätze werden in der Folge auf ihre Brauchbarkeit zur Erklärung des aktiven regelmäßigen Konsums von Sportereignissen näher untersucht.

2.2.3.5. Das ausgewählte Identifikationskonzept der Arbeit: Der Ansatz der Gruppenidentifikation nach Tajfel

Zur Auswahl der im Rahmen der Sozialpsychologie diskutierten Ansätze der Gruppenidentifikation ist es vorerst notwendig, ein Auswahlkriterium zu definieren. Anschließend können die sozialpsychologischen Ansätze dargestellt und auf die Erfüllung des Kriteriums hin bewertet werden.

Murrell/Dietz (1992) und eine Reihe anderer Autoren stellten fest, daß Identifikationen mit Institutionen und regionalen Einheiten Gruppenidentifikationen sind, die in der Erklärung für den aktiven Konsum von Sportereignissen eine wesentliche Rolle spielen. Institutionen bzw. regionale Einheiten sind Großgruppen im Sinne von Kollektiven oder Massen. Das bedeutet, daß ein Individuum im Rahmen von Sportereignissen ein Wir-Gefühl mit Massen entwickelt. Die Elemente der Masse sind die Individuen. Wenn sich also einzelne Konsumenten bei Sportereignissen mit Massen identifizieren, so identifizieren sie sich wahrscheinlich auch mit den einzelnen Elementen der Masse, sprich mit den Individuen, die Bestandteil der Masse sind.

Ein für die vorliegende Arbeit geeigneter Ansatz der Gruppenidentifikation muß daher in der Lage sein, Identifikation von Individuen mit Massen zu erklären.

Das Phänomen der Gruppenidentifikation wird in der einschlägigen Literatur im Rahmen der sogenannten "Group Formation Theories" diskutiert (Hogg/Abrams, 1988). Der Untersuchungsschwerpunkt dieser Theorien liegt in den Erklärungsansätzen, die zur Entstehung eines Wir-Gefühls führen, ein Schwerpunkt also, der dieser Arbeit durchaus zugute kommt. Abbildung 21 stellt die in der Literatur diskutierten Ansätze überblicksmäßig dar.

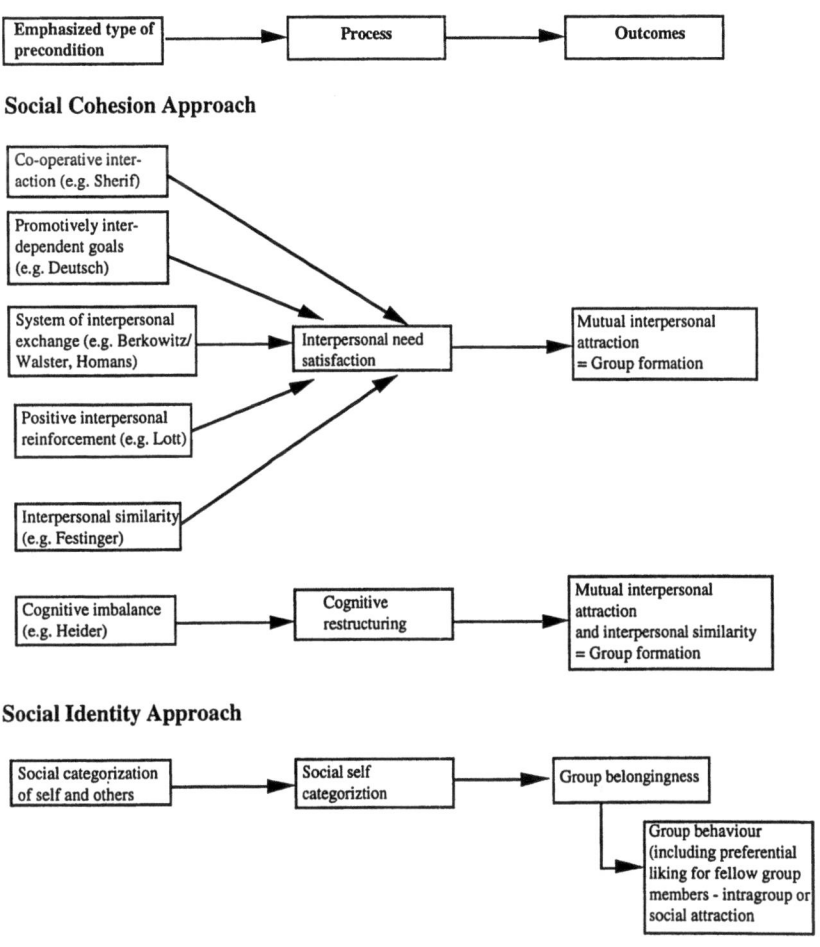

Abb. 21: Ansätze zur Entstehung von Wir-Gefühl nach Hogg/Abrams (1988)

Abbildung 21 läßt grundsätzlich zwei Ansätze erkennen, nach denen die Entstehung von Wir-Gefühl erklärt werden kann: den "Social Cohesion Approach" oder "Theorie des Gruppenzusammenhalts" und den "Social Identity Approach[4]" oder "Theorie der Sozialen Identität".

---

[4] Die Bezeichnung "Social Identity Theory" wird in der Folge mit S.I.T. abgekürzt.

a. Theorie des Gruppenzusammenhalts

Die Theorie des Gruppenzusammenhalts geht davon aus, daß ein Individuum dann ein Wir-Gefühl mit anderen wahrnimmt, wenn zwischen bestimmten Personen und dem Individuum selbst eine gegenseitige Anziehungskraft bzw. eine zwischenmenschliche Attraktivität[5] besteht (Deutsch, 1949, 1973; Lewin, 1948, 1952; Festinger et al., 1950; Festinger, 1950, 1954; Heider, 1958; Kelley/Thibaut, 1978; Homans, 1961; Lott, 1961; Secord/Backmann, 1964; Lott/Lott, 1965; Sherif, 1967; Cartwright/Zander, 1968; Newcomb, 1968; Sherif/Sherif, 1969, 1978; Berkowitz/Walster, 1976; Byrne, 1971; Suls/Miller, 1977; Latanè/Nida, 1980; Latanè, 1981).

Hogg/Abrams (1988) definieren Wir-Gefühl mit "the resultant of all the perceived forces acting on the members to remain in the group or the total field of forces which act on members to remain in the group" (S. 95). Gruppenidentifikation ist nach Meinung dieser Autoren also das Ergebnis von Kräften, die auf das Individuum einwirken und die vom Individuum wahrgenommen werden. Man ist zwar nicht einer Meinung, welches die spezifischen Kräfte sind, die auf das Individuum einwirken, das zentrale Phänomen, das den spezifischen Kräften zugrunde liegt, ist aber die gegenseitige Befriedigung von Bedürfnissen (vgl. Abbildung 21). So bildet die gegenseitige Befriedigung von Bedürfnissen auch das zentrale Merkmal der Definition von Gruppe. "Thus it follows that a collection of people come together to form a group..... to the degree that they have needs capable of mutual satisfaction and in this sense are dependent upon one another" (Lott/Lott, 1965, S. 47).

Ein Auszug von Turner et al. (1987) soll verdeutlichen, was unter der gegenseitigen Befriedigung von Bedürfnissen genau verstanden wird.

"..... it is assumed that people have individual needs (motives, goals, drives, desires, etc.), that at least some of and probably most of these needs are satisfied directly or indirectly by other people (e.g., people with a need for dominance will find the company of others with a submissive personality rewarding, or people seeking social change will associate in political organizations because only organized mass action, they may believe, can produce such an outcome), that where people perceive, believe, or expect to achieve mutual satisfaction from their association, they will tend to associate in a solidary fashion, to develop positive interpersonal attitudes and to influence each other`s attitudes and behaviour on the basis of their power to satisfy needs for ..... each other in other ways. To the degree that they do so, we have a group" (S. 20).

Das dem Ansatz zugrundeliegende Verständnis gegenseitiger Bedürfnisbefriedigung verdeutlicht, daß die hinreichende Voraussetzung zur Entwicklung eines Wir-Gefühls in Mechanismen gesehen wird, die sich zwischen den einzelnen Individuen abspielen, welche die Gruppe bilden. Diese Mechanismen können positive zwischenmenschliche Einstellungen sein, der Austausch von materiellen oder immateriellen Dingen, die es den Individuen ermöglichen, einen individuellen Vorteil aus dem Austausch zu ziehen, usw.

Die einzelnen Ansätze im Rahmen der Theorie des Gruppenzusammenhalts diskutieren nun, welche zwischenmenschlichen Mechanismen zur Bedürfnisbefriedigung im Vordergrund stehen. Dabei lassen sich innerhalb dieser Ansätze nochmals zwei Subgruppen bilden. Während die eine Gruppe von Autoren hauptsächlich die Bedeutung der zwischenmenschlichen Abhängigkeit[5] betont (z.B. Sherif, 1968; Deutsch, 1973), untersuchen die anderen (Festinger, 1950; Heider, 1958) die Bedeutung der zwischenmenschlichen Ähnlichkeit. Zum näheren Verständnis dieser beiden Dimensionen werden die Ansätze kurz erläutert.

Sherif (1967) und Deutsch (1973) betonen die Abhängigkeit von Individuen zur Erreichung von Zielen, die von allen angestrebt werden und die alleine nicht erreicht werden können. Weitere Ansätze betonen die Bedeutung des sozialem Austauschs (Homans, 1961; Kelley/Thibaut, 1978; Secord/Backman (1964); Thibaut/Kelley, 1959), Bestätigung (Lott/Lott, 1961, 1965) und Ausgleich (Berkowitz/Walster, 1976). Die Betonung liegt dabei auf Kosten/Nutzen Überlegungen von Individuen, die aus sozialen Beziehungen resultieren.

Für eine Reihe weiterer Autoren ist die wahrgenommene Ähnlichkeit zwischen Personen der Grund für die zwischenmenschliche Attraktivität. Festingers Theorie des sozialen Vergleichs (Festinger, 1950, 1954; Festinger/Schachter/Back, 1950; Suls/Miller, 1977) behauptet, Individuen bilden Gruppen, um ihre Meinungen, Einstellungen und Denkhaltungen zu rechtfertigen. Das Einverständnis anderer zu persönlichen Ansichten, mit anderen Worten, die Ähnlichkeit dieser mit individuellen Einstellungen, gibt dem Individuum Vertrauen in die Richtigkeit seiner Ansichten und befriedigt somit das fundamentale Bedürfnis des Selbstwertgefühls.

---

5 Im Englischen "Interpersonal Interdependence".

Zur Subgruppe der theoretischen Ansätze, welche die Ähnlichkeit als Voraussetzung von zwischenmenschlicher Attraktivität betonen, könnte man auch die Theorie der kognitiven Balance von Heider (Heider, 1958; Newcomb, 1968) zählen. Heider zeigt, daß seine Theorie auch für zwischenmenschliche Beziehungen große Bedeutung hat. Das Bedürfnis der Stimmigkeit unterschiedlich wahrgenommener Stimuli bedeutet im Kontext von Gruppen, daß Merkmale einzelner Personen in Gruppen mit Kognitionen, die im Organismus bereits vorhanden sind, stimmig (ähnlich) sein müssen, damit das Individuum andere Personen als attraktiv empfindet.

Die Theorie des Gruppenzusammenhalts stellt also das Individuum mit seinen Erfahrungen, die es in der Gruppe macht, in den Blickpunkt der Betrachtung. Können die Bedürfnisse des Individuums durch Erfahrungen in der Gruppe befriedigt werden, ist die Voraussetzung gegeben, daß das Individuum ein Wir-Gefühl zur Gruppe entwickelt.

Sherif (1967) stellte fest, daß das entscheidende Element zum Aufbau zwischen- menschlicher Beziehungen positive in der Gruppe wahrgenommene Interaktionen zwischen den Gruppenmitgliedern sind. Dieser Behauptung stimmen grundsätzlich alle Ansätze der Theorie des Gruppenzusammenhalts zu, indem die Ansicht vertreten wird, ohne Interaktionen könne keine Bedürfnisbefriedigung zwischen den einzelnen Individuen stattfinden. Ohne Interaktion kann also nach Ansicht der Theorie des Gruppenzusammenhalts kein Wir-Gefühl entstehen.

Nun gilt es aber als belegt, daß ein zentrales Merkmal der Masse im Unterschied zur Gruppe eine geringe Ausprägung der Interaktion zwischen den die Masse bildenden Individuen ist (vgl. z.B. LeBon, 1895). Kreeger (1977) stellte fest, daß bereits in Großgruppen ab ca. 40 Personen die Mitglieder der Gruppe einander nicht kennen, geschweige denn miteinander in Interaktion treten. Daraus kann geschlossen werden, daß in Massen von beispielsweise 50.000 Personen, die in Sportereignissen keine Seltenheit sind, das relative Ausmaß der Interaktion zwischen den einzelnen Individuen weitaus geringer ist als in Großgruppen.

Die Voraussetzung zwischenmenschlicher Beziehungen und Interaktionen zur individuellen Wahrnehmung eines Wir-Gefühls bedeutet also, daß die Theorie zwar geeignet erscheint, die Entstehung von Wir-Gefühl in Kleingruppen zu erklären, nicht aber in Großgruppen oder gar in Massen. Deshalb kann die Theorie des Gruppenzusammenhalts in der vorliegenden Arbeit nicht als Grundlage zur Erklärung des regelmäßigen Konsums von Sportereignissen herangezogen zu werden.

b. Der Ansatz der Theorie der Sozialen Identität

Die "Theorie der Sozialen Identität" wurde 1978 von Tajfel entwickelt. Aus dieser Theorie entwickelte sich 1987 eine eigene Subtheorie, die "Self Categorization Theory", die "Theorie der Sebstkategorisierung" (Turner et al., 1987). Die Darstellung des Ansatzes erfolgt in vergleichender Form zur Theorie des Gruppenzusammenhalts, um den engen Zusammenhang, aber auch die zentralen Unterschiede der beiden Ansätze, besser nachvollziehen zu können.

Im Rahmen der Theorie der Sozialen Identität unterscheiden sich im Vergleich zur Theorie des Gruppenzusammenhalts die Bedingungen der individuellen Wahrnehmung eines Wir-Gefühls. Die Theorie der Sozialen Identität betrachtet die Bedingungen der Theorie des Gruppenzusammenhalts als Konsequenzen des Wir-Gefühls. Zwischenmenschliche Attraktivität, positive gegenseitige Einstellungen und ähnliche Konstrukte sind nicht Voraussetzungen des Wir-Gefühls, sondern seine Konsequenzen.

Als Antezedenzbedingung eines individuell wahrgenommenen Wir-Gefühls wird die Selbstkategorisierung eines Individuums zu einer sozialen Gruppe gesehen (Turner et al., 1987), d.h. die Zuordnung der eigenen Person zu einer Gruppe. Selbstkategorisierung ist dabei ein psychologischer Prozeß, anhand dessen das Individuum seine soziale Umwelt in Gruppen einteilt und sich einer oder mehrerer dieser Gruppen zuordnet. Die Zuordnung erfolgt dabei auf ganz unterschiedlichen Abstraktionsniveaus.

"That self-categorization exists as part of a hierarchical system of classification. They form at different levels of abstraction related by means of class inclusion, i.e. the more inclusive the self-category, the higher the level of abstraction... but it is fundamental to our assumption that personal self reflects only one level of abstraction of self categorization, of which more inclusive levels are just as valid and in some conditions more important" (Rosch, 1978, S. 36).

Die Annahme, Menschen "selbstkategorisieren" sich auf unterschiedlichen Abstraktions-niveaus bedeutet, daß sich Individuen Gruppen zuordnen, die auch eine hohe Anzahl von Mitgliedern umfassen können. So kann sich eine Person ihrem Heimatort, ihrer Region, aber auch einer Nation zuordnen, der sie angehört, einer Gruppe also, mit deren Mitgliedern sie keine zwischenmenschliche Beziehung hat, im Gegenteil, einer Gruppe, deren Mitglieder sie zum Großteil gar nicht kennt.

Die Zuordnung zu einer Gruppe ist dabei abhängig von bestimmten subjektiven und situativen Bedingungen (vgl. dazu überblicksmäßig Turner et al., 1987). Werden Selbstkategorisierungsprozesse aktiviert, entsteht ein Wir-Gefühl zu der Gruppe, zu der sich das Individuum "selbstkategorisiert". Just in diesem Moment sind nach Ansicht der Theorie der Sozialen Identität die Bedingungen gegeben, vor deren Hintergrund sich Mechanismen wie zwischenmenschliche Attraktivität usw. entwickeln können.

Dieser Ansatz impliziert ein sich von der Theorie des Gruppenzusammenhalts unterscheidendes Verständnis von Gruppe. Gruppe wird nicht, wie im Rahmen der Theorie des Gruppenzusammenhalts, als raum-zeitbezogenes Phänomen konzipiert, sondern als psychologisches Konstrukt. In Analogie zu Conzes` (1964) Definition einer Nation, definiert Mummendey (1989) Gruppe folgendermaßen:

"Eine Gruppe ist eine Ansammlung von Menschen, die fühlen oder wahrnehmen, daß sie eine Gruppe sind, die sich selbst als Angehörige einer Gruppe kategorisieren und die konsensual in der gleichen Weise von anderen kategorisiert werden. Eine Gruppe ist demnach das Ergebnis von Wahrnehmungen, die konsensual von innen und außen zu derselben Kategorisierung führen" (S. 192).

Die Theorie der Sozialen Identität ändert also die Perspektive: die Bedingungen zur Entstehung von Wir-Gefühl werden nicht mehr wie im Rahmen der Theorie des Gruppenzusammenhalts aus der Perspektive "das Individuum in der Gruppe" betrachtet, sondern aus der Perspektive "die Gruppe im Individuum" (Hogg/Abrams, 1988). Diese Perspektive hat für die vorliegende Arbeit folgende Vorteile:

Die Bedingungen der Entstehung von Wir-Gefühl sind im Rahmen der Theorie der Sozialen Identität unabhängig von interindividuellen Mechanismen und abhängig von psychischen Prozessen, die aktiviert werden oder auch nicht. Die Aktivierung der psychischen Prozesse ist nicht von der Anzahl der Individuen abhängig, die einer Gruppe angehören, sondern von bestimmten situativen und subjektiven Bedingungen.

Deshalb erscheint der Ansatz der Theorie der Sozialen Identität geeignet für die Erklärung von Wir-Gefühl mit Massen und somit geeignet für die Konzipierung des Faktors Identifikation in seiner Einflußnahme auf aktives regelmäßiges Zusehen bei Sportereignissen.

Die Identifikation mit Gruppen wird nach Tajfel (1981) definiert als "that part of the individual's self concept which derives from their knowledge and their membership in a social group (or groups) together with the value and emotional significance attached to that membership" (S. 255).

Gruppenidentifikation ist also das mehr oder weniger ausgeprägte Wissen von Individuen, sozialen Gruppen anzugehören. Dieses Wissen hat aber nur dann eine Auswirkung auf die Identifikation eines Individuums mit der Gruppe, wenn die Gruppe hohe Bedeutung und einen emotionalen Wert für das Individuum hat. Nicht alle Gruppenmitgliedschaften haben aus der Sicht eines Individuums gleich hohen Wert und gleich hohe emotionale Bedeutung. Das Wissen eines Jugendlichen, einer Fan-Gruppe eines Vereines anzugehören, hat für den Jugendlichen wahrscheinlich höhere Bedeutung als etwa die Mitgliedschaft zur Gruppe der Jugendlichen, die Fahrrad fahren.

2.2.3.6. Regelmäßiges aktives Zusehen als Konsequenz der Gruppenidentifikation

Da der postulierte Zusammenhang zwischen dem Konstrukt der Gruppenidentifikation und regelmäßigem aktiven Zusehen im Rahmen der Arbeit von zentraler Bedeutung ist, soll der Zusammenhang im Folgenden durch empirisch bewährte theoretische Behauptungen unterstützt werden.

Die Erklärungsfähigkeit des Konstrukts der Gruppenidentifkation für regelmäßiges aktives Zusehen kann aus

1. Untersuchungsergebnissen über Konsequenzen des Konstruktes im Rahmen der Theorie der Sozialen Identität selbst,
2. Untersuchungen im Rahmen des Sportsettings,
3. der Bedingungsunabhängigkeit des Konstrukts im Rahmen des Sportsettings,
4. der Commitment-Forschung und
5. der Organisationsforschung hergeleitet werden.

zu 1.

Untersuchungen über Konsequenzen des Konstruktes der Gruppenidentifikation implizieren bestimmte positive Einstellungen und Verhaltensweisen von Individuen der eigenen Gruppe gegenüber. Der Konsum von Sportereignissen könnte als positiver Beitrag eines Individuums der eigenen Gruppe gegenüber in Form einer Anwesenheit beim Sportereignis bzw. in Form des Kaufverhaltens konzipiert werden. Diese Behauptung läßt sich durch eine Reihe von Untersuchungsergebnissen untermauern. Sherif (vgl. z.b. Sherif 1967) fand, daß Untersuchungspersonen der eigenen Gruppe monetäre Mittel zur Verfügung stellten, ohne dadurch einen individuellen Vorteil zu ziehen. Zu ähnlichen Ergebnissen kam man im Rahmen von Untersuchungen über Ingroup-Favorisierungen und Ingroup Bias (vgl. z.B. Brewer/Silver, 1978; Marques/Robalo/Rocha, 1992). Eine hohe Favorisierung der eigenen Gruppe führt beispielsweise zur Bereitstellung monetärer Mittel. Würde man die Bereitstellung monetärer Mittel gleichsetzen mit dem Kauf eines Eintrittstickets bei einem Sportereignis, so kann der Schluß gezogen werden, daß eine Konsequenz der Gruppenidentifikation im Rahmen des Sportsettings Kaufverhalten ist.

zu 2.

Im Rahmen der Untersuchungen im Bereich des Sportsettings konnte lediglich eine Studie identifiziert werden, die einen Versuch unternimmt, den Zusammenhang zwischen Gruppenidentifikation und regelmäßigem Zusehen direkt nachzuweisen (Murrell/Dietz, 1992). Trotzdem ergibt sich bei der Durchsicht der Literatur eine Vielzahl von Hinweisen, die einen engen Zusammenhang zwischen dem Konstrukt und aktivem Zusehen. vermuten lassen.

◆ Mann (1979) und Melnick (1989) behaupten, daß die treuesten und sich mit einem Team[6] am stärksten identifizierenden Fans diejenigen sind, die in langen Warteschlangen anstehen, um Tickets für das Sportereignis zu kaufen. Zuseher, welche die höchsten Geldbeträge für Tickets ausgeben, wären solche, die sich stark mit dem Team identifizieren. In den Ansätzen zur Markentreue werden zur Messung des Loyalitätsgrades von Konsumenten Indikatoren eingesetzt, wieviel Geld die Konsumenten für eine nicht erhältliche Marke mehr bezahlen würden, um die Marke doch zum Kauf angeboten zu bekommen (vgl. z.B. Aaker, 1992). Je mehr der

---

[6] Es wird davon ausgegangen, daß die Identifikation mit einem Team eine Form der Gruppenidentifikation ist.

Konsument bereit wäre, für ein nicht erhältliches Produkt mehr zu bezahlen, als desto höher wird seine Loyalität zur Marke erachtet. Wenn Identifikation also dazu führt, hohe Geldbeträge für den Kauf eines Tickets auszugeben und das Bezahlen hoher Geldbeträge ein Indikator für die Treue zu einer Marke ist, kann die Schlußfolgerung gezogen werden, daß Gruppenidentifikation zu regelmäßigem Konsum von SMB`s führt.

◆ Wann/Branscombe (1993) entwickeln vor dem Hintergrund des Identifikationskonzeptes von Smith et al. (1981) eine Meßskala für die Identifikation mit einem Team. Smith et al. konzipieren Identifikation mit einem Team als verhaltensmäßiges und affektives Involvement mit dem Team. Das Phänomen Identifikation wird also von Wann/Branscombe (1993) nicht als reines Konstrukt, sondern als Konstrukt gekoppelt mit Verhaltensweisen konzipiert. Im Rahmen der Messung des Phänomens verwenden sie mehrere verhaltensbezogene Items, welche die Frequenz der Stadionbesuche messen[7]. Würde man davon ausgehen, daß die verhaltensbezogenen Items, die bei Wann/Branscombe (1993) zur Anwendung gelangten, in ihrer Operationalisierung gültig sind (was nur angenommen, nicht aber belegt werden kann), könnte von einem engen Zusammenhang zwischen dem Konstrukt und regelmäßigem aktiven Zusehen ausgegangen werden.

◆ Schurr et al. (1987) stellen fest, daß neben anderen Faktoren die Identifikation von Konsumenten mit der Institution[8], die von einem Team repräsentiert wird, eine wesentliche Rolle im regelmäßigem Konsum von Sportereignissen spielt; sie behaupten sogar, daß Identifikation der entscheidende Faktor zur Voraussage der Zuschaueranzahl bei Heimspielen ist. "The central theme underlying is that direct consumers identify with the institution represented by a team" (Schurr et al., S. 15).

◆ Murell/Dietz (1992) sprechen in diesem Zusammenhang von einer allgemeinen Gruppenidentifikation vor dem Hintergrund des Identifikationskonzeptes von Tajfel (1978) und postulieren, daß eine starke Ausprägung dieser eine zentrale Ursache für regelmäßiges aktives Zuschauen ist. Diese Studie ist die einzige, in der ein Versuch gemacht wird, den Zusammenhang zwischen Gruppenidentifikation und aktivem

---

[7] Sie verwenden die Items "Regular Season Ticket, Playoff Ticket, Championship Ticket, Previous Ticket" (Wann/Branscombe, 1993, S. 8).
[8] Es wird davon ausgegangen, daß die Identifikation mit einer Institution eine Form der Gruppenidentifikation ist.

Zuschauen direkt nachzuweisen. Gruppenidentifikation wurde mit einer Likert-Skala mit zwanzig Items[9] und aktives Zuschauen mit der Frage, ob die Untersuchungspersonen bei bestimmten Sportereignissen anwesend waren, gemessen. Sie schließen ihre Studie mit folgender Aussage ab: "The major limitation with the present work is clearly establishing the causal link between group (or fan) identification and support in terms of attendance. Although it may be speculated from the findings from those subjects who reportet no attendance at sporting events that greater identification causes an increase in support, this speculation cannot be confirmed by the design of the present study" (Murrell/Dietz, 1992, S. 36). Die Autoren weisen also darauf hin, daß ein kausaler Zusammenhang zwischen Gruppenidentifikation und aktivem Zuschauen lediglich angenommen, durch die Studie aber nicht belegt werden kann. Vor allem zwei Gründe können genannt werden, welche die Validität des untersuchten Zusammenhangs in Frage stellen. Zum einen wurde keine Kausalanalyse gemacht, zum anderen wurden keine weiteren situativen Faktoren berücksichtigt, obwohl Becker/Suls (1983) und Hansen/Gauthier (1989) feststellten, daß situative Faktoren bei der Untersuchung von Einflußfaktoren auf aktives Zusehen konstant gehalten werden müssen.

zu 3.

Eine Vielzahl von Studien wies nach, daß das Konstrukt, trotz unterschiedlicher situativer Faktoren, einen gleichbleibend starken Effekt auf das Zuschauerverhalten besitzt.

Dabei stand die Untersuchung des sportlichen Erfolges im Mittelpunkt der Betrachtung. Vor dem Hintergrund der Annahme, sportliche Ergebnisse des Heimteams hätten eine hohe Auswirkung auf den aktiven Konsum von Sportereignissen, stellte eine Reihe von Autoren die Frage, welchen Einfluß sportliche Ergebnisse auf die Gruppenidentifikation von regelmäßigen Konsumenten (Cialdini, 1976; Sloan, 1979; Sigelman, 1986) haben.

Im Rahmen dieser Forschungsanstrengungen äußern die Autoren die Überzeugung, der Identifikationsgrad von Sportkonsumenten könne, wenn überhaupt, lediglich durch den Faktor sportlicher Mißerfolge bzw. Niederlagen eines Teams beeinträchtigt werden (vgl. z.B. Wann/Branscombe, 1990). Die Güte dieser Aussage wurde mehrmals untersucht.

---

[9] Murrell/Dietz übernahmen eine bereits bewährte Skala zur Messung der Gruppenidentifikation von Crocker/Luhtanen (1990).

Murrell/Dietz (1992) und Wann/Branscombe (1991) zeigen, daß sich stark mit dem Team identifizierende Zuseher auch dann das Sportereignis konsumieren, wenn die sportlichen Erfolge der Mannschaft sehr schlecht sind. "Branscombe and Wann (1991) have found that identification with a sports team is unrelated to that team professional record" (Wann/Branscombe, 1991, S. 105)

In einer weiteren Studie bestätigen Wann/Branscombe mit einem anderen Meßinstrument den Zusammenhang zwischen sportlichen Erfolgen des Teams und der Ausprägung der Identifikation. "Using the team identification measure to be described here, we have found that highly identified spectators are in fact less likely to decrease their association with the team or denounce their loyalty than are moderately or less identified persons" (Wann/Branscombe, 1993, S. 2).

Wann/Branscombe (1990) untersuchten den Zusammenhang der Identifikation mit einem Team und psychischen Distanzen zum Team mit Siegen und Niederlagen des Teams. Die Ergebnisse ihrer Untersuchung werden in Abbildung 22 dargestellt.

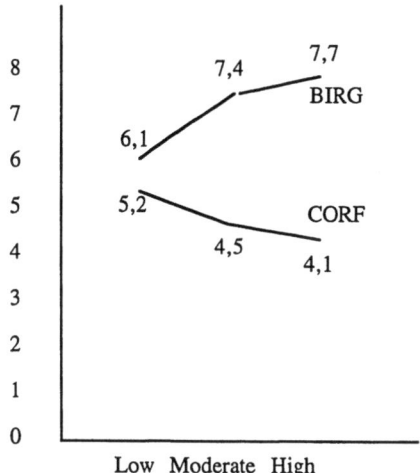

Abb. 22: Ausmaß der Identifikation mit dem Team und psychische Distanzen nach Siegen (BIRG[10]) und nach Niederlagen (CORF) (Wann/Branscombe, 1990)

[10] Nähere Erläuterung zu BIRG- und CORF-Mechanismen werden in Kapitel 2.3.2.2.2. gegeben.

Die psychische Distanz zum Team ist bei sich hoch identifizierenden aktiven Zusehern (Abszisse) nach Niederlagen (siehe CORF-Kurve) geringer (High = 4,1) als die psychische Distanz zum Team bei sich niedrig mit dem Team identifizierenden Zusehern (Low = 5,2).

Murrell/Dietz (1992) kommen zum Schluß, daß "..... a greater cognitive and affective attachment to a team (= team identification) may, to a limited degree, operate independent of the overall success of the team" (S. 30).

Sie glauben aber, daß für die Auswirkung sportlicher Niederlagen auf die (individuelle) Ausprägung der Identifikation der Zeitaspekt eine wesentliche Rolle spielt. Sie vermuten, daß sportliche Niederlagen kurzfristig den individuellen Grad der Identifikation nicht beeinträchtigen, daß es aber einen bestimmten Punkt gibt, nach dem auch der Identifikationsgrad von sich hochidentifizierenden Fans sinkt. Diese Auffassung steht im Einklang mit Ergebnissen der lerntheoretischen Identifikationsforschung (vgl. z.B. Bandura, 1986). In lerntheoretischen Identifikationskonzeptionen wird davon ausgegangen, daß das Eintreten oder Ausbleiben von positiven Verstärkern eines Identifikationsobjektes im Zeitablauf Auswirkungen auf die Intensität der Identifikation eines Subjektes mit dem Objekt hat. Im Rahmen von Sportereignissen können Erfolge von Mannschaften, mit denen man sich identifiziert, als positive Verstärkungsmechanismen für die Intensität der Identifikation des Konsumenten mit der Mannschaft angesehen werden. Weber (1971) betont aber gleichzeitig, daß es "einer großen Zahl ausbleibender positiver Verstärkungen bedarf, ehe ein Intensitätsrückgang der Identifikation einsetzt" (S. 137).

Weder Murrell/Dietz (1992) noch Weber (1971) gehen jedoch näher auf die Frage ein, wo dieser Punkt liegen könnte. "Perhaps this type of future research would demonstrate at what point fan identification will decrease as a result of negative social competition" (Murrell/Dietz, 1992, S. 36).

Neben dem Einfluß sportlicher Ergebnisse der Mannschaft wurden aber auch weitere Bedingungen in ihrer Auswirkung auf den Identifikationsgrad von Zusehern untersucht. So fanden beispielsweise Wann/Branscombe (1990), daß sich hoch identifizierende Sportkonsumenten unter allen Witterungsbedingungen das Stadion besuchen. Diese Feststellung läßt die Schlußfolgerung zu, daß ein hoher Grad an Identifikation wahrscheinlich auch unter verschiedenen negativen Rahmenbedingungen zu relativ stabilem aktiven Zuschauerverhalten führt.

zu 4.

Da Commitment und Identifikation zwei sehr ähnliche Konstrukte sind (sie werden oft sogar gleichbedeutend verwendet) kann die Behauptung, eine hohe Ausprägung der Identifikation sei ein gegenüber bestimmten situativen, subjektiven oder auch objektbezogenen Bedingungen relativ robustes Phänomen, zudem durch Ergebnisse der Commitment-Forschung erhärtet werden.

Im Rahmen der Untersuchungen zu Konsequenzen von Commitment fand man, daß bei Konsumenten, die ein hohes Commitment zu einer Marke haben, Halo-Effekte im Rahmen des psychologischen Bewertungsprozesses der Marke auftreten. Kassarjian/Robertson (1981) definieren Halo-Effekte als "A tendency to generalize, whereby a global assessment serves as a basis for specific judgments" (S.7). Wenn ein Konsument also ein hohes Commitment zu einer Marke aufweist, tendiert er dazu, vor dem Hintergrund einer globalen Markenbewertung in unterschiedlichen Situationen die Marke gleich zu bewerten. Dies impliziert, daß bei hohem Commitment die Bewertung einer Marke unabhängig von bestimmten Bedingungen bzw. Ausprägungen eines Produktes oder einer Dienstleistung stabil positiv bleibt.

Das bedeutet, daß bei hoher Identifkation mit der Gruppe (die in diesem Falle die Marke verkörpert) die Bewertung der Marke durch negative Aspekte wie etwa sportliche Niederlagen nicht beeinträchtigt wird.

zu 5.

Konzipiert man die Identifikation eines Individuums mit einer Organisation als Gruppenidentifikation (Mummendey, 1995), erhält man auch aus diesem Bereich Hinweise für den Zusammenhang von Gruppenidentifikation und aktivem Zusehen.

Es existiert eine breite Forschungsdisziplin, die sich mit den Bedingungen und Auswirkungen der Identifikation in Organisationen beschäftigt (hauptsächlich Rabinowitz/Hall, 1977; Kanungo, 1982; Mowday/Porter/Steers, 1982; Bateman/Strasser, 1984). Als Bedingungen werden dabei demographische und psychologische Personenmerkmale, Merkmale der Arbeitssituation - sprich rollenbezogene (z.B. Arbeitsinhalt) und strukturelle Merkmale (z.B. Dezentralisation) - und Arbeitserfahrungen (z.B. Arbeitsklima) diskutiert. Im Rahmen der Auswirkungen werden die Konsequenzen der Identifikation auf die quantitative Leistung (z.B. Produktivität), auf die Loyalität der Mitarbeiter (z.B. Abwesenheit) und auf die Arbeitszufriedenheit (z.B. Zufriedenheit mit der Bezahlung) untersucht.

Bateman/Strasser (1984) fanden unter anderem, daß sich die signifikantesten Auswirkungen der Identifikation im mit Absenz- und Fluktuationsraten gemessenen Loyalitätsgrad (Loyalität im Sinne von Verhalten) der Mitarbeiter zeigten. Mitarbeiter, bei denen hohe Identifikation festgestellt wurde, verhielten sich der Organisation gegenüber loyaler als Mitarbeiter, die sich durch einen niedrigen Grad der Identifikation mit der Organisation auszeichneten. Setzt man den Grad der Anwesenheit am Arbeitsplatz gleich mit dem Grad der Anwesenheit beim Sportereignis, ist dies ein weiterer Hinweis für den Zusammenhang der Gruppenidentifikation mit aktivem regelmäßigen Zusehen. Aufgrund unterschiedlicher Bedingungen am Arbeitsplatz und im Sportereignis ist diese Gleichsetzung allerdings mit gebotener Vorsicht zu betrachten.

2.3. Gelegentliches Zusehen bestimmende Faktoren

Während im Rahmen der Faktoren zur Erklärung des regelmäßigen Konsums von Sportereignissen lediglich motivähnliche Phänomene diskutiert werden, sind die in diesem Kapitel behandelten Faktoren allen fünf der in Kapitel 2.1. dargestellten Faktorengruppen zuordenbar. Daraus resultiert eine sehr hohe Anzahl an aus der Literatur ableitbaren potentiellen Faktoren, die zur Erklärung des gelegentlichen Konsums herangezogen werden könnten. Diese Tatsache muß vor dem Hintergrund der Zielsetzung von Teil II als Nachteil gesehen werden. Bevor auf eine nähere Analyse der Faktoren eingegangen wird, wird deshalb in einer Art Vorselektion eine Entscheidung getroffen, welche der in Kapitel 2.1. dargestellten Faktorengruppen einer näheren Analyse unterzogen und welche von einer solchen ausgeblendet werden.

Wüßte man, daß bestimmte Faktorengruppen relevanter wären als bestimmte andere, so könnten die unwichtigeren Faktorengruppen von einer weiteren Betrachtung unberücksichtigt bleiben. Als Möglichkeit der Reduktion der Faktoren wird also ein Vergleich der Relevanz der unterschiedlichen Faktorengruppen in ihrer Erklärungskraft für aktives gelegentliches Zusehen in Betracht gezogen.

Als die einzigen Faktorengruppen vergleichende Studien können die von Gärtner/Pommerehne (1978) und die von Hansen/Gauthier (1989) herangezogen werden. Gärtner/Pommerehne (1978) verglichen die Relevanz wetterbedingter und infrastruktureller, demographischer und ökonomischer Faktoren und Attributen von Sportereignissen miteinander. Dabei zeigte sich die hohe Bedeutung von Attributen von Sportereignissen für die Erklärung des regelmäßigen Zusehens. Zum gleichen Ergebnis kamen Hansen/Gauthier (1989), die "ökonomische und demographische Faktoren" und "Attribute von Sportereignissen" miteinander verglichen und ebenfalls eine hohe Relevanz von Attributen von Sportereignissen für gelegentliches Zusehen konstatieren.

Es konnte keine Studie gefunden werden, in der die Relevanz der Faktorengruppen "Motive" und "Bedeutungsinhalte von Sportereignissen" untereinander bzw. mit anderen Faktorengruppen verglichen wurde. Da aber die Erklärung eines jeden Konsumentenverhaltens über Motive erfolgen kann (vgl. z.B. Kroeber-Riel, 1990), darf auf eine nähere Analyse von Motiven nicht verzichtet werden. Da Bedeutungsinhalte von Sportereignissen das Vorhandensein bestimmter Motive widerspiegeln, würden sie durch die nähere Betrachtung von Motiven implizit mitberücksichtigt.

Zusammenfassend kann festgehalten werden, daß es aufgrund vergleichender Studien und vor dem Hintergrund der in diesem Kapitel verfolgten Zielsetzung sinnvoll erscheint, Attribute von Sportereignissen und Motive des Konsums von Sportereignissen einer näheren Analyse zur Erklärung des gelegentlichen Zusehens zu unterziehen.

2.3.1. Attribute von Sportereignissen

"Attributes are characteristics of products, services or behavior which are preferred or sought by consumers" (Botschen/Thelen/Pieters, 1996, S.4). Es existiert meist eine hohe Bandbreite an Eigenschaften von Produkten oder Services, jedoch nur eine geringe Anzahl dieser Eigenschaften ist wichtig für die Entscheidung, die Leistung in Anspruch zu nehmen. Diese gilt es im Folgenden zu bestimmen.

Eine Vielzahl von Autoren hat sich mit der Bestimmung von Eigenschaften von Sportereignissen befaßt, die Einfluß auf die Anzahl aktiver Zuschauer nehmen (Noll, 1974; Scully, 1974; Medoff, 1976; Gärtner/Pommerehne, 1978; Sloan, 1979; Siegfrid/Eisenberg, 1980; Greenstein/Marcum, 1981; Zech, 1981; Hill et al., 1982; Porter/Scully, 1982; Becker/Suls, 1983; Jones, 1984; Hay/ Thueson, 1986; Hansen/Gauthier, 1989). Bei einer näheren Betrachtung der Untersuchungen fällt auf, daß eine große Anzahl von Attributen relevant erscheinen. Während Gärtner/Pommerehne (1978) beispielsweise mit 25 unterschiedlichen Attributen arbeiten, versuchen Hansen/Gauthier (1989), den Einfluß von 40 verschiedenen Attributen auf die Anzahl aktiver Zuseher zu bestimmen. Um gelegentliches Zusehen bei Sportereignissen in wissenschaftlich und praktisch nützlicher Form zu erklären, ist jedoch die Anzahl der Attribute zu reduzieren. Zu diesem Zweck werden in der Folge wichtige von weniger wichtigen Attributen getrennt. Als Kriterium der Wichtigkeit wird die aus Ergebnissen von empirischen Untersuchungen resultierende Relevanz eines Attributes für die Anzahl aktiver Zuseher herangezogen.

◆ Hansen/Gauthier (1989) analysierten den Einfluß von 40 sich aus einer umfassenden Literaturanalyse ergebenden unterschiedlichen Faktoren auf die Anzahl aktiver Zuseher. Ein Großteil der Faktoren waren Attribute von Sportereignissen. Der Übersicht halber teilten sie die Faktoren in vier Gruppen ein: "Economic Factors" (z.B. "Price of season ticket for home games"), "Demographic Factors" (z.B. "Population size of the area"), "Attractivenes Factors" (z.B. "Record (won-loss) of home team") und "Residual Preference Factors" (z.B. "Size of the facility") (Hansen/Gauhtier, 1989, S. 20). Die beiden letzten Gruppen stellen Attribute von Sportereignissen dar. Die Relevanz der einzelnen Attribute, die mit einer Ratingskala von 1 (unwichtig) bis 5 (sehr wichtig) gemessen wurde, wird in Abbildung 23 dargestellt:

Relative Importance of Attendance Items	
Attendance Item	Importance Score
Teams involvement in playoff race	4,63
Team`s involvement in 1 st place race	4,60
Team`s place in division standings	4,44
Team`s place in league standings	4,41
Rivalry of team and opponent over season	4,41
Record of home team	4,22
Weekend games	4,02
Closeness of competition during season	3,88
Record breaking performance of home team and athlets	3,80
....	....

Abb. 23: Wichtigkeit der Attribute für den Besuch von Sportereignissen nach Hansen/Gauthier (1989, verkürzte Darstellung)

◆ Gärtner/Pommerehne (1978) stellten fest, daß der Faktor "Erwartete Qualität" im Vergleich zu den Faktoren "Preis des Sportereignisses, Preise für mögliche Substitutionsgüter und Einkommen" (S. 91) die höchste Bedeutung für die Erklärung des aktiven Zusehens hat[11]. Die erwartete Qualität wurde dabei mit Indikatoren operationalisiert, die sich auf Attribute des Sportereignisses beziehen. Dabei stellten sich drei Attribute als die wichtigsten heraus. Die Tabellenposition der beiden Mannschaften und der Ruf der Gastmannschaft erklärten fast zwei Drittel der Varianz in den Zuschauerzahlen.

◆ Auch Becker/Suls (1983) erwähnen die hohe Bedeutung der Qualität für die Varianz der Anzahl der aktiven Zuseher bei Sportereignissen. Sie verwenden den Begriff der Qualität aber anders als Gärtner/Pommerehne. Während diese den Begriff Qualität für das gesamte Sportereignis verwenden, reduzieren Becker/Suls Qualität auf "Team Qualität" und meinen damit in Anlehnung an Canes (1974) und Quirk/El Hodiri (1974) Fähigkeiten der Spieler der Heimmannschaft, etwa wie schnell sie laufen, welche sporttechnischen Fähigkeiten sie haben usw.

◆ Sloan (1979) fand in einem Vergleich mehrerer Theorien, daß die Siege der Heimmannschaft den stärksten Einfluß auf die Anzahl aktiver Zuseher haben. Eine Reihe weiterer Untersuchungen (vgl. z.B. Siegfried/Eisenberg, 1981) bestätigt die hohe Bedeutung von Siegen der Heimmannschaft für die Varianz aktiver Zuschauerzahlen.

Die Attribute von zentraler Bedeutung sind also "Attractiveness Factors" (Hansen/Gauthier, 1989), "erwartete Qualität" (Gärtner/Pommerehne, 1979), "Siege der Heimmannschaft" (Sloan, 1979) oder "Teamqualität" (Becker/Suls, 1983). Bei näherer Betrachtung fällt eine Gemeinsamkeit auf: unabhängig von der durch die Autoren gewählten Bezeichnung handelt es sich um Eigenschaften einer der beiden im Sportereignis beteiligten Mannschaften.

Da sich der Großteil der Attribute auf die Heimmannschaft bezieht, wird diesen der Vorzug gegeben. Aufgrund der immer noch beträchtlichen Anzahl der die Heimannschaft betreffenden Attribute erweist sich eine weitere Reduktion als notwendig. Dieser widmet sich das folgende Kapitel.

---

[11] Gärtner/Pommerehne führten die Untersuchung für das deutsche Fußballunternehmen Hamburger SV durch. Deshalb beziehen sich die Attribute auf dieses Sportunternehmen.

2.3.1.1. Leistung der Heimmannschaft

Zum Zweck der Reduktion der sich auf die Heimmannschaft beziehenden Attribute wird von der Annahme ausgegangen, den Attributen würden grundlegende Dimensionen zugrundeliegen. Die Zuordnung einzelner Attribute zu diesen Dimensionen würde in weiterer Konsequenz eine Reduktion der Attribute zur Folge haben. Ausgehend von dieser Annahme muß also zunächst bestimmt werden, um welche Dimensionen es sich handeln könnte.

Die Attribute der Heimmannschaft sind wesentlicher Bestandteil aller in SMB`s vorfindbarer Attribute, die als Attribute einer Dienstleistung konzipiert werden können..

Attribute einer Dienstleistung stehen in engem Zusammenhang mit den Dimensionen, welche die Qualität einer Dienstleistung inhaltlich spezifizieren. Deshalb können Ansätze der Dienstleistungsqualität als theoretischer Bezugsrahmen zur Identifikation der den Attributen der Heimmannschaft zugrundeliegenden Dimensionen fungieren. Ein im Rahmen der Dienstleistungsqualität bewährtes Modell, das Dimensionen der Dienstleistungsqualität diskutiert, ist das von Parasuraman/Zeithaml/Berry (1990). Sie gehen davon aus, daß die Attribute einer Dienstleistung den folgenden Dimensionen zugeordnet werden können: Zugang, Kommunikation, Kompetenz, Höflichkeit, Glaubwürdigkeit, Zuverlässigkeit, Sensibilität, Sicherheit, materielle Ausdrucksformen, Kennen und Verstehen der Kunden.

Die die Heimmannschaft betreffenden Attribute (wie etwa beispielsweise "Starspieler im Team" oder "Tabellenposition") werden in der Zuschauerliteratur des öfteren (eher implizit) mit den Begriffen "Team ability" (vgl. z.B. Quirk/El Hodiri, 1974) oder "Team performance" (vgl. z.B. Wilson, 1980) in Verbindung gebracht. Diese Begriffe können ihrer semantischen Bedeutung nach vor dem Hintergrund des Modells von Parasuraman/Zeithaml/Berry (1990) der Dimension der Kompetenz bzw. der Fähigkeiten zugeordnet werden. Die Dimension der Kompetenz wird dabei definiert als Fähigkeit der Ausübung eines bestimmten Berufs. Die Attribute der Heimmannschaft beziehen sich also auf Kompetenzen bzw. Fähigkeiten der Heimmannschaft.

Kompetenzen eines Dienstleistungserbringers können sich nach Donabedian (1980) auf drei Dimensionen beziehen, nämlich die Potential-, die Prozeß- und die Ergebnisdimension. Deshalb wird abschließend noch untersucht, welchen der drei Kompetenzdimensionen die in der Literatur diskutierten Attribute zugeordnet werden können. Zu diesem Zweck werden Meßansätze von Teamfähigkeiten näher betrachtet.

◆ Eine Reihe der relevanten Attribute spricht die Potentialdimension der Kompetenz an. Canes (1974) und Quirk/El Hodiri (1974) verstehen unter "Team ability" Fähigkeiten und Fertigkeiten von einzelnen Spielern in der Mannschaft. "Team skills are the physical skills of players - how fast they run, how hard and accurately they throw or hit the ball, how high they jump ... An appropriate index of skill would include measures of players running speed, strength, reflex action, and so forth" (Canes, S.93).

Der Meßansatz von Canes (1974) und Quirk/El Hodiri (1974) betont sportartspezifische Fähigkeiten einzelner Spieler in der Mannschaft. Die Indices der Spieler weisen auf ein Versprechen über bestimmte Leistungsfähigkeiten der Mannschaft hin. Wird das Versprechen von Leistungsfähigkeiten eines Dienstleistungserbringers betont, ist die Potentialdimension der Kompetenz gemeint (Donabedian, 1980). Ein Versprechen über Leistungsfähigkeiten drückt sich durch Attribute aus, welche sich auf die Kompetenz einzelner Spieler beziehen. Hansen/Gauthier (1989) verwenden z.B. die Attribute "Number of star athletes on your roster" und "Record breaking performances of athletes on home team", Schurr et al. (1987) sprechen von der Teilnahme eines Starspielers, Gärtner/Pommerehne (1978) verwenden das Attribut "Uwe Seeler[12] in der Mannschaft oder nicht".

◆ Für Zak/Huang/Siegfried (1979) und Wilson (1980) drückt sich "Performance" am besten durch Attribute des defensiven und offensiven Outputs aus. Unter Output verstehen sie hauptsächlich Spielkombinationen und die Ergebnisse, die eine Mannschaft in einem Sportereignis in der Defensive und der Offensive erzielt. Diese unterscheiden sich natürlich in den jeweiligen Sportarten. Im englischen Cricket spricht man in der Offensive beispielsweise von der Anzahl der "Bowlings" und "Battlings", im Fußball von der Anzahl der Tore, der Eckbälle oder der Strafstöße oder im Baseball von den "Home run batters". Dieser Meßansatz von "Performance" spricht Höhepunkte bzw. besondere Ereignisse des Spielverlaufes an und bezieht sich somit auf die Prozeßdimension der Teamfähigkeiten.

◆ Eine Reihe weiterer Autoren mißt Teamfähigkeiten mit unterschiedlichen Sieg-Niederlage-Indikatoren. Dabei werden drei Meßansätze vorgeschlagen:

---

[12] Uwe Seeler war in den Siebzigerjahren einer der besten bundesdeutschen Fußballspieler.

1. Absolute Sieg-Niederlage-Kennzahlen

Autoren dieser Richtung (Noll, 1974; Sloan, 1979; Greenstein/Marcum, 1981; Latham/Stewart, 1981) messen Teamfähigkeiten mit dem Verhältnis gewonnener zu verlorenen Spielen eines Teams. Der angewandte Indikator wird dabei "Sieg-Niederlage Rekord der Mannschaft" (auch Prozentsatz der Siege)[13] genannt.

2. Relative Sieg-Niederlage-Kennzahlen

Festinger (1954), Jones (1969), Demmert (1973), Noll (1974) und Suls/Miller (1977) sehen die Fähigkeiten einer Mannschaft in ihren Erfolgen in der laufenden, aber auch in vergangenen Saisonen. Obwohl auch sie Erfolg nur in Zusammenhang mit Siegen einer Mannschaft sehen, messen sie ihn - da Erfolg oder Mißerfolg ihrer Meinung nach nur in Relation mit Mitstreitern bestimmt werden kann - mit vergleichenden Indikatoren.

3. Temporäre Sieg-Niederlage-Kennzahlen

Als einen eigenen Meßansatz von Mannschaftsfähigkeiten betrachten Becker/Suls (1983) ihren Vorschlag. Sie versuchen, Mannschaftsfähigkeiten durch einen Vergleich ihres gegenwärtigen Erfolges mit ihrem vergangenen Erfolg zu bestimmen und sprechen dabei von temporären Indikatoren. Anders ausgedrückt werden Sieg-Niederlage-Indikatoren verwendet, die Siege und Niederlagen derselben Mannschaft in unterschiedlichen Zeitperioden vergleichen. Beispielsweise vergleichen sie in ihrer Studie (1983) Sieg-Niederlage-Kennzahlen einer Mannschaft aus dem letzten Drittel der Saison mit Sieg-Niederlage-Kennzahlen des vorletzten Drittels der Saison.

Wie bereits angedeutet, sprechen Sieg-Niederlage-Meßansätze sportliche Erfolge von Heimmannschaften an. Sportliche Erfolge können als Ergebnisse von Fähigkeiten konzipiert werden. Daraus wird ersichtlich, daß unter Fähigkeiten von Mannschaften auch die Ergebnisdimension verstanden wird.

Attribute der Heimmannschaft sind somit allen drei Kompetenzdimensionen zuordenbar.

---

[13] Latham/Stewart (1981) definieren und messen den Indikator folgendermaßen:
- ◆ siegende Mannschaften haben einen Wert von 0,5 (= gewonnene Spiele/Anzahl der Spiele insgesamt) oder mehr;
- ◆ mittlere Mannschaften haben einen Wert zwischen 0,375 und 0,499;
- ◆ verlierende Mannschaften haben einen Wert zwischen 0,0 und 0,374.
Diese Meßwerte beziehen sich entweder auf die laufende oder die vergangene Saison (Schollaert/Smith, 1987).

Allerdings scheint im Rahmen der Fähigkeiten der Heimmannschaft die Ergebnisdimension im Vergleich zu den beiden anderen Dimension von höherer Bedeutung zu sein.

Zum einen übersteigen die der Ergebnisdimension zuordenbaren Attribute in ihrer Anzahl die der anderen Dimensionen (vgl. Gärtner/Pommerehne, 1978; Becker/Suls, 1983; Hansen/Gauthier, 1989).

Zum anderen zeigen empirische Untersuchungen (vgl. z.B. Sloan, 1979; Hansen/Gauthier, 1989), daß die der Ergebnisdimension zuordenbaren Attribute höhere Bedeutung haben als andere Attribute.

Das Attribut "Leistung der Heimmannschaft" wird in Abbildung 24 abschließend dargestellt.

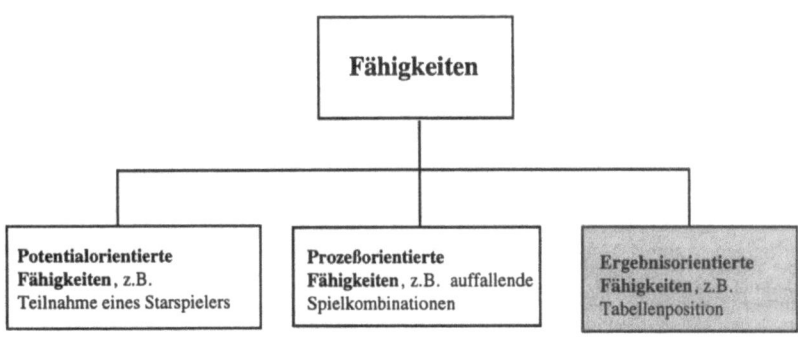

Abb. 24: Das Attribut "Leistung der Heimmannschaft"[14]

2.3.1.2. Wettbewerbsintensität

Ziel dieses Kapitels ist es - ähnlich dem vorhergehenden - die hohe Anzahl der sich auf die Gastmannschaft (Gärtner/Pommerehne, 1978; Hansen/Gauthier, 1989) beziehenden Attribute zu reduzieren. Zu diesem Zweck werden in einem ersten Schritt zentral zur Anwendung kommende Attribute überblicksmäßig dargestellt:

---

[14] Die Schattierung des Kästchens der ergebnisbezogenen Fähigkeiten soll ihre im Vergleich zu den beiden anderen Dimensionen höhere Bedeutung ausdrücken.

♦ Number of star athletes on visitor's roster
♦ Closeness of competition (between teams during season)
♦ Record (won-loss) of visiting team
♦ Rivalry between your team and opponent (visiting team)
♦ Record breaking performance of athlets on visiting team
♦ Tabellenposition des Hamburger SV (der Gastmannschaft) vor dem i-ten Spiel
♦ Ruf des Hamburger SV (der Gastmannschaft)
♦ Dummyvariable für Erfolge des Hamburger SV (der Gastmannschaft) im DFB-Pokalwettbewerb
♦ Dummyvariable für Erfolge des Hamburger SV (der Gastmannschaft) im UEFA-Cup

Bei näherer Betrachtung fällt zum einen auf, daß die Autoren für die Gastmannschaft dieselben Attribute wie für die Heimmannschaft verwenden. Deshalb kann der Schluß gezogen werden, daß auch den Attributen, die sich auf die Gastmannschaft beziehen, *ein* Phänomen zugrundeliegt, nämlich die Leistung der Gastmannschaft.

Zum anderen ist es aber offensichtlich, daß die die Gastmannschaft betreffenden Attribute, wie etwa "Rivalry of team and opponent over season" (Dawson/Malmisur/Lewis, 1984), "Punktedifferenz zwischen Heim- und Gastmannschaft" (Gärtner/Pommerehne, 1978), "Lokalderby" (Gärtner/Pommerehne, 1978) oder "Closeness of competition during season" (Drewer/MacDonald, 1981) ein zusätzliches Phänomen andeuten. Sie beziehen sich nicht auf eine der beiden Mannschaften, sondern auf eine weitere Dimension, nämlich auf die Art der Beziehung, welche die beiden Mannschaften zueinander haben.

In der Folge wird - auf Basis der semantischen Bedeutungen der sich auf das Beziehungsmuster der beiden Mannschaften beziehenden Attribute - versucht, die relevanten Dimensionen der Beziehung der Heimmannschaft mit der Gastmannschaft zu beschreiben.

♦ Attribute, wie beispielsweise "Punktedifferenz zwischen Heim- und Gastmannschaft" oder "Closeness of competition during season" scheinen die momentane Beziehungssituation der beiden Mannschaften in der laufenden Saison anzusprechen. Diese Attribute haben nach allgemeiner Ansicht dann eine positive Auswirkung auf gelegentliche Zuseher, wenn die sportlichen Erfolge der beiden Mannschaften in der laufenden Saison eng beieinander liegen. Je ausgeglichener die sportlichen Erfolge in der laufenden Saison sind, desto höher kann die Anzahl aktiver Zuseher eingeschätzt werden (Benner, 1992). Dieses Beziehungsmuster wird von Sloan (1979) bezeichnet mit "Ungewißheit des Ausgangs" oder mit "Spannung". Es spricht ein Phänomen an, das von Benner (1992) als Louis-Schmeling-Paradoxon bezeichnet wird. "Dieses behauptet plausibel, daß ein Sportunternehmen unter der Annahme des Gewinnmaximierungszieles seine Umsätze bzw. Gewinne dann optimiert, wenn es die erwartete Qualität durch die Koproduktion mit einem etwa gleich starken Gegner, der die Ungewißheit des Ausgangs und damit das Zuschauerinteresse steigert, positiv beeinflußt" (S. 60).

◆ Attribute, wie beispielsweise "Rivalry between your team and opponent (visiting team)", drücken eine grundsätzliche - von der laufenden Saison unabhängige - Attraktivität in Form einer Rivalität zweier Teams aus. In der populärwissenschaftlichen Literatur spricht man dabei von einer Traditionsbeziehung (Pramann, 1978): Nach Pramann müssen zwei Mannschaften folgende Kriterien erfüllen, wenn man bei ihrem Aufeinandertreffen von einer Traditionsbeziehung sprechen will:
1. Die beiden Vereine sind in vergangenen Jahren bzw. Jahrzehnten unzählige Male aufeinandergetroffen;
2. Die Vereine weisen eine Reihe von sportlichen Erfolgen auf;
3. Die jeweiligen sportlichen Erfolge hingen beträchtlich von den gegenseitigen Aufeinandertreffen ab.

◆ Attribute wie "Derby" oder "Lokalderby" ziehen nach Hortleder (1976) immer hohe Zusehermassen an. Sie beschreiben das Aufeinandertreffen zweier Mannschaften, die rein geographisch eng beieinanderliegen. Dabei wird zwischen Stadtderby und Lokalderby unterschieden, d.h. befinden sich beide Mannschaften in einer Stadt, spricht man von Stadtderby, sind beide Mannschaften Teil derselben Region, wird das Aufeinandertreffen als Lokalderby bezeichnet.

Sich auf die Gastmannschaft beziehende Attribute können also grundsätzlich zwei Dimensionen zugeordnet werden, der Leistung der Gastmannschaft und dem Beziehungsmuster zwischen den beiden Mannschaften. Da angenommen werden kann, daß die Leistung der Gastmannnschaft vom gelegentlichen Zuseher deshalb als wichtiges Attribut wahrgenommen wird, weil sie Einfluß nimmt auf die Attraktivität der Beziehung zwischen der eigenen Mannschaft und der Gastmannschaft (Sloan, 1979), wird die Leistung der Gastmannschaft als zusätzlich vierte zu den drei, das Beziehungsmuster bestimmenden Dimensionen (ausgeglichene saisonale Schwankung, Traditionsbeziehung, Derby) hinzugefügt. Diese vier bestimmenden Dimensionen werden als Wettbewerbsintensität bezeichnet (Abbildung 25).

Abb.25: Das Attribut "Wettbewerbsintensität"

2.3.2. Motive zur Erklärung des gelegentlichen Konsums von Sportereignissen

Auch im Rahmen der (in der Zuschauerliteratur vorgeschlagenen) Motive zur Erklärung des gelegentlichen Konsums von Sportereignissen läßt sich eine ähnliche Ausgangssituation wie bei den zuvor diskutierten Attributen feststellen.

Die Vielfalt der in der Literatur erwähnten Motive macht eine Selektion der als besonders relevant erscheinenden Motive notwendig. Als Grundlage für die Selektion wird die Studie von Sloan (1979) herangezogen, da diese unterschiedliche Motive in ihrer Bedeutung für aktives gelegentliches Zusehen untersuchte. Er ging von der Annahme aus, Unterhaltungs-, Aggressions-, Gesundheits-, Streß- und Selbstwertmotive seien die zentralen Motive für den gelegentlichen Konsum von Sportereignissen. Dabei stellte Sloan fest, Selbstwertmotive wären am geeignetsten, gelegentliches Zusehen zu erklären. Der Grundgedanke dieser Theorien ist die Möglichkeit von Zusehern, durch den aktiven Konsum von Sportereignissen ihren Selbstwert positiv wahrnehmen zu können.

Bevor jedoch näher auf das Motiv des Selbstwertes eingegangen wird, erfolgt eine kurze

Darstellung des Unterhaltungsmotivs, da dieses einerseits wiederholt in der Zuseherliteratur (vgl. z.B. Hortleder, 1986) als zentrales Motiv konstatiert wird und da andererseits Praktiker (neuerdings) Sportereignisse als Dienstleistungen in der Unterhaltungsindustrie konzipieren. Letzteres impliziert ebenfalls die Annahme, das zentrale Motiv des Konsums von Sportereignissen wäre das Unterhaltungsmotiv. Dies erfordert - ungeachtet der Untersuchungsergebnisse von Sloan - eine explizite Behandlung dieses Motivs.

2.3.2.1. Unterhaltung

Unterhaltung bzw. "Entertainment" wird definiert als "the engaging of another's attention and/or occupying them pleasurably" (Beisser, 1967, S. 27). Je höher der Unterhaltungswert eines Sportereignisses ist, desto attraktiver wird es und desto mehr Zuseher werden das Stadion besuchen. Aufgrund der etwas allgemein gehaltenen Definition von Unterhaltung bleibt unklar, welche konkreten Aspekte eines Sportereignisses nun tatsächlich den Unterhaltungswert bestimmen. Diese Unklarheit kommt auch im Rahmen der Zuschauertheorien zum Vorschein. Um das Unterhaltungsmotiv im Rahmen von Sportereignissen von anderen Motiven abzugrenzen, ist es deshalb notwendig, die den Unterhaltungswert von Sportereignissen bestimmenden Aspekte näher zu spezifizieren.

Mit einer solchen Spezifikation scheinen sich zumindest implizit mehrere Autoren auseinanderzusetzen. Während beispielsweise Benner (1992) verstärkt den Aspekt der Spannung erwähnt, betont Harris (1973) die Sichtbarwerdung moralischer Werte wie etwa Zusammenhalt oder Fairness im Rahmen von Sportereignissen. Leider bleiben auch diese Konzepte relativ unklar. Somit ist das Unterhaltungsmotiv nicht konkretisierbar. Ein Aspekt tritt aber bei allen Autoren als zentrales Merkmal des Unterhaltungswertes hervor: die Ästhetik in bezug auf physische Darstellungsformen der Aktivsportler. Damit sind außerordentliche Bewegungsabläufe von Aktivsportlern gemeint.

Da dieser Aspekt (zumindest im Rahmen von Sportereignissen) auch leichter faßbar ist, wird Unterhaltung auf diesen Aspekt reduziert. Leonard (1974) bezieht seine Ansicht der Ästhetik auf die Fähigkeiten der Sportler und spricht von deren Tänzen und schönen Bewegungen. Michener (1976) geht weiter und bezeichnet die Fähigkeiten professioneller Sportler als eine Ausdrucksform der Kunst. Auch eine Reihe weiterer Autoren (Miller, 1970; Barron, 1963a, 1963b, 1972) betonen die Bedeutung der Bewegungen und sprechen von kreativen Leistungen. Grieswelle, (1978) bringt den Bedeutungsinhalt der Ästhetik auf einen Punkt:

"Gründe für die Beteiligung am Aktivsport können einfach darin liegen, daß man die Geschicklichkeit und Gewandtheit der Sportler bewundert. Es gibt viele Beispiele dafür, daß die parteiischen Zuschauer zur Bewunderung des Muts, der Hartnäckigkeit und der Geschicklichkeit der Sportler hingerissen werden ...... Im Mittelpunkt steht das Moment des Ästhetischen, das in der Darstellung vollendeter Bewegung zum Ausdruck kommt" (S. 98).

Die Autoren sehen also außergewöhnliche Fähigkeiten der Sportler als das Kernelement der Ästhetik an. Reduziert man den Unterhaltungswert eines Sportereignisses in dieser Weise auf seinen ästhetischen Aspekt, kann das Unterhaltungsmotiv folgendermaßen definiert werden: Unterhaltung ist das Bedürfnis nach Bewunderung außergewöhnlicher Bewegungsabläufe der Aktivsportler in einem Sportereignis.

Unabhängig davon, ob man von einer allgemeinen oder von einer für das Sportereignis spezifischen Definition von Unterhaltung ausgeht, sie bezieht sich immer auf den Spielprozeß eines Sportereignisses. M.a.W. das Bedürfnis nach Unterhaltung wird im Rahmen des Spielprozesses befriedigt. Einem Erklärungsansatz, der sich ausschließlich auf den Spielprozeß eines Sportereignisses bezieht, können aber die Untersuchungsergebnisse von Sloan (1979) entgegengehalten werden. Dieser kommt zum Schluß, Motive, die sich auf das Ergebnis eines Sportereignisses beziehen, seien zur Erklärung des Sportkonsums geeigneter als Motive, die sich auf den Prozeß von Sportereignissen beziehen. Aus diesem Grund wird im Rahmen der vorliegenden Arbeit ergebnisbezogenen Motiven für die Erklärung des gelegentlichen Konsums von Sportereignissen der Vorzug gegeben.

2.3.2.2. Selbstwertgefühl

2.3.2.2.1. Gelegentlicher Besuch von Sportereignissen als Management des individuellen Selbstwertgefühls

Selbstwertgefühl kann definiert werden als der Wert, den sich eine Person von sich selbst als Objekt zuschreibt (vgl. z.B. Sirgy, 1982). Dabei besteht grundsätzlich die Möglichkeit, den Wert der eigenen Person als positiv oder als negativ zu empfinden, wobei Individuen das

Bedürfnis haben, sich selbst positiv wahrzunehmen. Die Wahrnehmung eines positiven Selbstwerts wird durch die Wahrnehmung positiver Identitätszuschreibungen ermöglicht (vgl. z.B. Turner, 1987). Das individuelle Bedürfnis eines positiven Selbstwertgefühls wird durch positive Identitätszuschreibungen befriedigt. Beispielsweise könnte ein Werbegraphiker sich selbst als außergewöhnlich kreativ wahrnehmen. In diesem Beispiel wäre die Eigenschaft "außergewöhnlich kreativ" die positive Identitätszuschreibung.

Positive Identitätszuschreibungen werden von individuellen oder von sozialen Faktoren bzw. von der Interdependenz solcher Faktoren ausgelöst. Beispielsweise suchen Individuen Sozialereignisse auf, in denen ihnen die Möglichkeit geboten wird, sich selbst positiv wahrzunehmen. Festinger (1950, 1954) stellte im Rahmen seiner "Theorie des sozialen Vergleichs" fest, "..... that people affiliate with others in order to validate their opinions, attitudes and beliefs" (Festinger, 1950, S. 49). Die positive soziale Sanktion anderer Personen ermöglicht es dem Individuum, sich positiv wahrzunehmen. Individuen suchen in ihrer Umwelt also solche Mitmenschen auf, welche ihre Auffassungen und Meinungen unterstützen. Was subjektive Faktoren betrifft, kann davon ausgegangen werden, daß Individuen solche Tätigkeiten ausüben, in denen sie kompetent sind, da sie im Prozeß der Ausübung der Tätigkeit ihre Person als positiv wahrnehmen (vgl. z.B. Lenk, 1972).

Identitätszuschreibungen unterscheiden sich neben dem eben geschilderten inhaltlichen Aspekt in ihrem strukturellen Aspekt. Sie können entweder eher individueller oder eher sozialer Natur sein (Hogg/Abrams, 1988). Individueller Natur sind sie dann, wenn sich die Zuschreibungen auf spezielle Charakteristiken des Individuums beziehen, sozialer Natur sind sie dann, wenn sich die Zuschreibung auf die Mitgliedschaft eines Individuums zu einer Gruppe bezieht. Erstere können als individuelle Zuschreibungen bzw. Identifikationen und letztere als soziale Zuschreibungen bzw. Gruppenidentifikationen bezeichnet werden (Tajfel, 1978).

Die Befriedigung des Bedürfnisses zur Wahrnehmung eines positiven Selbstwertes kann in der Domäne des Sports grundsätzlich im Rahmen der aktiven Sportausübung aber auch im Rahmen des passiven Konsums des Sports bzw. des aktiven Zusehens erfolgen.

Die Wahrnehmung eines positiven Selbstwertgefühles wird den Aktivsportlern zum einen durch die Vorführung ihrer außergewöhnlichen sportartspezifischen Fähigkeiten (vgl. z.B. Lenk, 1972) und zudem durch die Anerkennung, die sie im Rahmen ihres Umfeldes erfahren

(Sloan, 1979), ermöglicht. Man spricht in der Literatur von unterschiedlichen Bedürfnissen und Motiven, die aber alle in engem Zusammenhang mit dem Motiv des Selbstwertgefühls stehen bzw. sehr ähnliche Phänomene beschreiben. Maslow (1970) untersuchte die Motive von Leistungssportlern und fand, daß die zentralen Motive zur aktiven Ausübung von Leistungssport Leistung und Prestige wären. Ähnlich behaupten Murray et al. (1938), daß das Bedürfnis nach Leistung sich in einem Wunsch nach Prestige äußert. Andere Autoren sprechen von einem generellen Bedürfnis nach "Selbstaktualisierung", das im Bemühen, seine eigenen Fähigkeiten zu verbessern, seinen Ausdruck findet (Morris, 1967; Ellis, 1972). Oggilvie und Tutko (1963) behaupten, daß soziale Anerkennung, Leistung und Prestige die tatsächlichen Basismotive für die Ausübung von Sport wären.

Erst spät zogen einige Autoren in Erwägung, daß das Selbstwertgefühl nicht nur für aktive Sportler, sondern auch für aktive Zuseher ein zentrales Motiv für den Konsum von Sport sein könnte. Nach Ansicht einer Reihe von Autoren (Cialdini et al., 1976; Sloan, 1979; Wann/Branscombe, 1990, 1991, 1993, 1994; Murrell/Dietz, 1992) könnte das Bedürfnis nach positivem Selbstwertgefühl besonders im Rahmen des aktiven Konsums (im Gegensatz zum passiven Zusehen) von Sportereignissen befriedigt werden. Es stellt sich allerdings die Frage, wie es aktiven Zusehern ermöglicht wird, durch den Konsum von Sportereignissen einen positiven Selbstwert wahrzunehmen. Dieser Frage wird im folgendem nachgegangen.

Nach Cialdini et al. (1976) läßt sich eine allgemeine Tendenz beobachten, daß Individuen, die aus unterschiedlichen Gründen erfolgreich sind, bestrebt sind, andere Personen auf ihren Erfolg aufmerksam zu machen, um dadurch in der sozialen Interaktion positive Identitätszuschreibungen wahrnehmen zu können. Zudem existiert eine Tendenz, eine Verbindung zwischen sich und einer anderen Person, die aus irgendwelchen Gründen erfolgreich ist, herzustellen (Cialdini et al., 1976) und zwar mit dem Ziel, dadurch eine positive Selbstwahrnehmung zu erfahren. "This inclination might be called the tendency to bask in reflected glory (BIRG). That is, people appear to feel that they can share in the glory of a successful other with whom they are in some way associated" (Cialdini et al., 1976, S. 366). Die Assoziation mit dem erfolgreichen anderen, Cialdini et al. sprechen von einer Verringerung der psychischen Distanz, ermöglicht es der Person, sich selbst positiv wahrzunehmen.

Daß positive Wahrnehmungen der eigenen Person durch derartige Assoziationsprozesse auch im Sport möglich sind, konnte von Cialdini et al. (1976) selbst und von einer Reihe weiterer Autoren (vgl. z.B. Wann/Branscombe, 1990) nachgewiesen werden. Die Zuseher machen Gebrauch von der Möglichkeit, Assoziationen zwischen sich und dem Team (= erfolgreicher Anderer) herzustellen, indem sie sich als Anhänger oder Unterstützer des Teams deklarieren. Diese Assoziation hat die Funktion einer Identitätszuschreibung, die es ihnen ermöglicht, einen positiven Selbstwert wahrzunehmen. Diese Art der Zuschreibung hat die Form einer sozialen Identifikation bzw. einer Gruppenidentifikation.

Somit kann festgehalten werden, daß es aktiven Zusehern im Rahmen von Sportereignissen durch die Identifikation mit der Gruppe ermöglicht wird, das Bedürfnis der Wahrnehmung eines positiven individuellen Selbstwertes zu befriedigen.

Da das Team, zu dem sich ein Zuseher als Anhänger deklariert aber aufgrund unterschiedlicher, unbeeinflußbarer Faktoren (vgl. z.B. Becker/Suls, 1983) der Gefahr ausgesetzt ist, durch sportliche Mißerfolge nicht immer erfolgreich zu sein, sind Sportereignisse Sozialereignisse, die es dem Individuum eben nur unter bestimmten Bedingungen, und zwar unter Bedingungen sportlicher Erfolge des Teams ermöglichen, einen positiven Selbstwert wahrzunehmen.

Bei sportlichen Mißerfolgen aktiviert ein Individuum psychische Prozesse, die im Vergleich zu BIRG-Prozessen genau in die entgegengesetzte Richtung verlaufen (Snyder/Fromkin, 1980; Snyder/Higgins/Stucky, 1983; Snyder/Lassegard/Ford, 1986; Wann/Branscombe, 1990). Diese Effekte werden als CORF-Prozesse bezeichnet. "People also tend to increase the distance between themselves and unsuccessful others. This process of cutting-off-reflected-failure (CORF) serves an ego protective function" (Wann/Branscombe, 1990, S. 104). Ist das Team nicht erfolgreich, versucht eine Person, den psychischen Abstand zwischen sich und dem Team zu vergrößern. Der Prozeß hat die Funktion, eine negative Identitätszuschreibung zu vermeiden, um nicht einen negativen individuellen Selbstwert wahrnehmen zu müssen. Anders ausgedrückt wird in solchen Situationen die soziale Zuschreibung bzw. die Gruppenidentifikation verringert, um dadurch der Wahrnehmung eines negativen Selbstwertgefühls zu entgehen.

Vor dem Hintergrund dieser Ausführungen kann die Bedeutung des Selbstwertgefühls für gelegentliches aktives Zusehen folgendermaßen zusammengefaßt werden: je nachdem, ob es das Team oder das Sportereignis dem Individuum erlaubt, positive soziale Zuschreibungen zur Befriedigung des Bedürfnisses der Wahrnehmung eines positiven Selbstwertes zu machen, wird der aktive Zuseher das Sportereignis konsumieren oder nicht. Eine positive soziale Zuschreibung wird dem Individuum dann ermöglicht, wenn das Team sportlich erfolgreich ist. Der gelegentliche Zuseher steuert also sein Selbstwertgefühl durch eine hohe oder niedrige Identifikation mit der Gruppe, die im Besuch oder in der Vermeidung des Besuches eines Sportereignisses zum Ausdruck gebracht wird.

Daß es dem Individuum im Rahmen von Sportereignissen durch die Identifikation mit der Gruppe ermöglicht wird, sein Selbstwertgefühl zu managen, kann nicht nur aus BIRG- und CORF-Untersuchungen, sondern zudem aus Ergebnissen der im Bereich des Sports durchgeführten Attributionsforschung entnommen werden.

2.3.2.2.2. Ergebnisse der Attributionsforschung

Attributionsuntersuchungen beschäftigen sich mit der Frage, welche kausalen Faktoren Individuen zur Erklärung bestimmter Tatbestände heranziehen, m.a.W. welchen Tatbeständen welche Faktoren attribuiert werden (Grove/Hanrahan/McInman, 1991). Dabei wurde das Hauptaugenmerk der Untersuchungen auf ganz bestimmte Tatbestände gelegt. "One of the most frequently examined facts in attribution theory is task outcome" (Grove/Hanrahan/McInman, 1991, S. 93). In einer Reihe von Studien wurde eine Tendenz festgestellt, daß Individuen Erfolge, also positive Aufgabenergebnisse internen Faktoren und Mißerfolge externen Faktoren zuschreiben (Miller/Ross, 1975; Weary/Bradley, 1978; Zuckerman, 1979; Tetlock/Levi, 1982; Pyszczynski/Greenberg, 1987). Das Kategorisierungskriterium der Faktoren in intern oder extern ist dabei die Herkunft der Faktoren. Man spricht deshalb auch von der Lokus-Dimension. Wenn beispielsweise ein Manager einen strategischen Plan erfolgreich umsetzt, tendiert er eher dazu, die positive Bewältigung der Aufgabe Faktoren zuzuschreiben, die sich innerhalb seines Beeinflussungsspielraumes wie etwa dem Faktor "individuelle Disziplin" (interner Faktor) befinden. Scheitert der Manager bei der Umsetzung des strategischen Planes, tendiert er eher dazu, den Mißerfolg beispielsweise der schlechten Konjunkturlage (externer Faktor) zuzuschreiben.

Was eine mögliche Begründung für diese Art von Attributionsprozessen betrifft, stellen einige Autoren fest, daß sie mit Selbst-Präsentationen zu tun haben (Zuckerman, 1979; Stephan/Gollwitzer, 1981; Weary/Arkin, 1981; Gollwitzer/Earle/Stephan, 1982; Pyszczynski/Greenberg, 1985), die wiederum Ausdruck der Erhöhung oder des Schutzes des Selbstwertgefühls sind. Wenn ein Manager also beispielsweise den strategischen Plan erfolgreich umsetzt, schreibt er die erfolgreiche Umsetzung internen bzw. in diesem Falle eigenen Faktoren wie etwa eigenen Fähigkeiten zu (Fähigkeiten seiner Person oder seiner Abteilung), um damit seinen Selbstwert zu erhöhen. Der gleiche Manager tendiert dazu, eine mißlungene Umsetzung externen Faktoren wie z.B. einer schlechten Konjukturlage zuzuschreiben, um damit seinen Selbstwert zu schützen. Die Art der Attribution manifesitert sich also vor dem Hintergrund des Managements des individuellen Selbstwerts.

Auch innerhalb des Sports wurden einige Attributionsstudien dieser Art durchgeführt. Es wurden hauptsächlich Attributions- bzw. Zuschreibungsprozesse von Individuen untersucht, die in Sportereignissen involviert sind. Obwohl sich der Großteil der Untersuchungen auf Spieler und Trainer der Sportmannschaften beziehen, konnten Grove/Hanrahan/McInman (1991) nachweisen, daß bei Zusehern dieselben Attributionsprozesse ablaufen wie bei erstgenannten.

Die Ergebnisse in der Domäne des Sports waren aber nicht so eindeutig wie in anderen Bereichen, da die Behauptung, erfolgreiche Aufgabenergebnisse, m.a.W. sportliche Erfolge würden internen und sportliche Mißerfolge würden externen Faktoren zugeschrieben, nicht eindeutig bestätigt werden konnte. D.h. die Behauptung, die Art der Zuschreibung in Form interner/externer Attributionsprozesse diene dem Management des individuellen Selbstwerts, scheint in der Domäne des Sports nicht zuzutreffen. Deshalb müssen die Untersuchungsergebnisse und ihre Bedeutung für das Management des Selbstwertgefühls in der Folge näher betrachtet werden.

In einigen Studien fand man zwar die Bestätigung der Behauptung, daß Individuen sportliche Erfolge eher internen als externen Faktoren zuschreiben (Iso-Ahola, 1977; Lau/Russell, 1980; Gill/Ruder/Gross, 1982; Riess/Taylor, 1984; Riordan/Thomas/James, 1985), in einer Reihe weiterer Untersuchungen konnte ein derartiger Zusammenhang jedoch nicht nachgewiesen werden (McAuley/Gross, 1983; Mark et al., 1984; Duncan/McAuley, 1987; Robinson/Howe, 1987). In diesen Studien kam man zwar zum Ergebnis, Erfolge würden internen Faktoren zugeschrieben, es konnte aber nicht nachgewiesen werden, daß unter Bedingungen sportlichen Mißerfolgs externe Faktoren zu dessen Begründung herangezogen wurden. "Specifically, these investigators commented explicitly a discourage to externalize failure in sport" (Mark et al., 1984, S. 194).

Die Untersuchungsergebnisse machten deutlich, daß andere als die Lokusdimension zum Zweck der Zuordnung der Faktoren geeigneter erscheinen. Dabei kristallisierte sich eine Kategorisierung nach dem Kriterium der Kontrollierbarkeit und der Stabilität heraus, die als Kontroll- und Stabilitätsdimension (vgl. z.B. Robinson/Howe, 1987) bezeichnet wurde. Diese beziehen sich auf die Kontrollierbarkeit und die Stabilität von Erklärungsfaktoren für sportliche Erfolge oder Mißerfolge und nicht auf deren Herkunft. Ein zumindest tendenziell kontrollierbarer und stabiler Faktor ist beispielsweise die Spielübersicht eines Spielers, ein unkontrollierbarer und unstabiler Faktor wäre der Ausfall bzw. die Verletzung des gleichen Spielers.

Nun wird hinsichtlich der Attributionsmechanismen behauptet, sportliche Erfolge bzw. sportliche Mißerfolge würden von Zusehern in unterschiedlichem Ausmaß stabilen und kontrollierbaren Faktoren zugeschrieben. Zuseher auf der Seite des Siegerteams des sportlichen Wettkampfes schreiben den Erfolg eher stabilen und kontrollierbaren Faktoren zu als die Verlierer, die tendenziell unstabile und unkontrollierbare Faktoren heranziehen. Ein Sieger wird beispielsweise eher das "intelligente Spielsystem im Angriff" hervorheben als ein Verlierer, der beispielsweise den "Ausfall eines wichtigen Spielers" betonen wird.

Es existieren also zwei unterschiedliche Ansichten darüber, wie Attributionsprozesse bei Siegen oder Niederlagen im Sport ablaufen. Während bereits gezeigt wurde, daß ein sich auf die Lokusdimension beziehender Attributionsprozeß dem Management des individuellen Selbstwertgefühls dient, wird in der Folge der Frage nachgegangen, welche Motive einem Attributionsprozeß zugrundeliegen, der sich auf die Kontroll- und Stabilitätsdimension bezieht.

Mehrere Autoren haben sich Gedanken über die Ursachen der Kontroll- und Stabilitätsattributionsprozesse gemacht (vgl. z.B. Weiner, 1985 oder Grove/Hanrahan/McInman, 1991). Grove (1991) faßt die Motive der Attributionsprozesse, die sich auf die Kontroll- und Stabilitätsdimension beziehen, folgendermaßen zusammen.

"First, it would permit attributors to present themselves in a socially acceptable manner regardless of whether their team won or lost the competition. Second, in the case of success, such an attribution would imply that winning was due to a relatively stable factor that was under personal control. Thus, future success would be expected, and persistence as well as intensity would be maintained in subsequent practice sessions and games" (S. 96).

Die Ursachen können also in drei unterschiedlichen Motiven liegen. Das erste Motiv bezieht sich auf ein Verhalten enes Zusehers, das auf hohe soziale Akzeptanz stößt. Ein Zuseher, der in einer Situation des Mißerfolgs denselben nicht unbegründet externen Faktoren zuschreibt, sondern ihn z.B. in Form von kontrollierbaren und stabilen Faktoren näher analysiert, bekommt von seiner Umwelt, beispielsweise von den Fans, ein positives soziales Feedback in der Art, daß der Zuseher von der Umwelt als Experte bezeichnet wird (Heitmeyer/Peter, 1988). Ein derartiges Sozialverhalten eines Zusehers hat also positive soziale Sanktionen zur Folge, die es dem Zuseher ermöglichen, positive Identitätszuschreibungen zu machen und somit ein positives Selbstwertgefühl wahrzunehmen.

Das zweite von Grove genannte Motiv bezieht sich auf die Zuschreibung von stabilen und kontrollierbaren Faktoren bei Siegen. Da nun stabile und kontrollierbare Faktoren immer auch interne Faktoren (Roberts/Pscuzzi, 1979) sind, und interne Faktoren - wie bereits oben gezeigt - im Rahmen sportlicher Erfolge die Funktion haben, das individuelle Selbstwertgefühl zu heben, kann der Schluß gezogen werden, daß auch die Zuschreibung von stabilen und kontrollierbaren Faktoren bei Siegen der Erhöhung des Selbstwertgefühls dient.

Das dritte von Grove genannte Motiv bezieht sich wiederum auf eine Situation sportlicher Mißerfolge. Weiner (1985) spezifiziert dieses Motiv: "Finally, in the case of failure, the use of unstable, uncontrollable attributions would imply that success was possible in the future and would minimize negative emotional reactions (e.g. feelings of shame and/or hopelessness). As a result, one would again expect effort to be maintained at a high level" (S. 567).

Diese Begründung von Weiner bezieht sich auf die Hoffnung auf Erfolge in der Zukunft. Diese können als Ideal-Ich-Vorstellungen interpretiert werden (Rosenberg, 1979). Ideal-Ich-Vorstellungen werden nach Freud (1921) immer dann aktiviert, wenn das Selbstwertgefühl geschützt werden muß. Ein Individuum, das sich unter Bedingungen des Mißerfolges bewegt, nimmt einen niedrigen Selbstwert wahr. Dieser wird durch Hoffnungen bzw. Vorstellungen eines positiveren Zustandes in der Zukunft geschützt. Also steht auch dieses Motiv einer Attribution in engem Zusammenhang mit dem Management des individuellen Selbstwertes aus der Sicht des Zusehers.

Es konnte somit gezeigt werden, daß - unabhängig von den Attributionsprozessen im Rahmen von Sportereignissen (intern/extern vs. stabil und kontrolliert/unstabil und unkontrolliert) - die Art der Attribution die Funktion hat, das individuelle Selbstwertgefühl der Zuseher zu beeinflussen.

Cialdini et al. (1976) untersuchten nun den strukturellen Aspekt von Zuschreibungen und fanden, daß Zuseher unter Bedingungen des sportlichen Erfolgs in ihren Attributionen öfter den Begriff "Wir" verwenden, während sie unter Bedingungen sportlichen Mißerfolgs öfter den Begriff "Sie" verwenden. Die Begriffe "Wir" und "Sie" drücken nach Cialdini et al. (1976) unterschiedliche Ausprägungen der Identifikation mit der Gruppe aus. Daher ist die Dimension der Attribution der Zuschreibung sozialer Natur.

Zusammenfassend kann festgestellt werden, daß Untersuchungen im Bereich der Attributionsforschung die Behauptung, Individuen würden durch die Gruppenidentifikation im Rahmen von Sportereignissen ihren Selbstwert steuern, unterstützen.

2.4. Resümee

Aus der Fülle der in der Literatur diskutierten Faktoren konnten vor dem Hintergrund von Ergebnissen empirischer Untersuchungen vier zentrale identifiziert werden, die hohe Bedeutung für die Erklärung des aktiven Zusehens haben. Es sind dies:

◆ Gruppenidentifikation,
◆ Leistung der Heimmannschaft,
◆ Wettbewerbsintensität,
◆ Selbstwertgefühl.

Ein einziger Faktor ist in der Lage, regelmäßiges aktives Zusehen zu erklären. Dabei handelt es sich um das Konstrukt der Gruppenidentifikation, wie es im Rahmen der Theorie der Sozialen Identität diskutiert wird. Es konnte nachgewiesen werden, daß eine hohe

Ausprägung unterschiedlichen Bedingungen standhalten kann. Zudem wurden aus unterschiedlichen theoretischen Perspektiven Aussagen diskutiert, die auf den engen Zusammenhang zwischen Gruppenidentifikation und aktivem Zusehen hinweisen.

Drei Faktoren sind bestimmend für die Erklärung des gelegentlichen aktiven Konsums von Sportereignissen. Dabei handelt es sich einerseits um zwei Attribute von Sportereignissen, nämlich der Leistung der Heimmannschaft und um die Wettbewerbsintensität zwischen den agierenden Mannschaften, und andererseits um ein Motiv, nämlich das Bedürfnis nach positivem Selbstwertgefühl. Das Bedürfnis nach Wahrnehmung eines positiven individuellen Selbstwerts kann durch Identitätszuschreibungen sozialer Natur (durch Gruppenidentifikation) befriedigt werden. Die Bedürfnisbefriedigung durch soziale Zuschreibungen ist aber nur unter Bedingungen des sportlichen Erfolgs der Heimmannschaft möglich.

Diese Aussagen lassen folgende Schlußfolgerung zu: ein einziger Faktor hat zentrale Bedeutung für die Beantwortung der dieser Arbeit zugrundeliegenden Forschungsfrage. Es handelt sich dabei um das Konstrukt der Gruppenidentifikation. Dieses ist nicht nur in der Lage, regelmäßiges aktives Zusehen zu erklären, sondern scheint auch hohe Bedeutung für die Erklärung des gelegentlichen Konsums von Sportereignissen zu haben. Es fungiert als intervenierende Variable, welche die für gelegentliches Zusehen relevanten Faktoren miteinander zu verknüpfen vermag.

Zum einen ermöglicht Gruppenidentifikation die Wahrnehmung eines positiven Selbstwertgefühls. Durch die Identifikation mit der Gruppe befriedigt der Zuseher sein Bedürfnis nach Wahrnehmung eines positiven Selbstwertgefühls. Ist das Team bzw. die Gruppe erfolgreich, definiert sich der gelegentliche Zuseher als Mitglied der Gruppe, da es dadurch sein Selbstwertgefühl steigern kann. Ist sie nicht erfolgreich, trachtet sich das Individuum nicht als Mitglied der Gruppe. Die Gruppenidentifikation wird geringer, da durch die Mitgliedschaft bei einer nichterfolgreichen Gruppe das individuelle Selbstwertgefühl sich zu verschlechtern droht. So gesehen verbindet das Konstrukt der Gruppenidentifikation den Faktor "Selbstwertgefühl" und den Faktor "Leistung der Heimmannschaft".

An diesem Punkt drängt sich die Frage auf, ob bzw. in welchem Zusammenhang der Faktor "Wettbewerbsintensität" mit dem Konstrukt der Gruppenidentifikation steht.

Unterschiedliche sozialpsychologische Theorien, die Intergruppenverhalten zum Untersuchungsgegenstand haben, gehen von einem unmittelbaren Zusammenhang zwischen der Wettbewerbsintensität und der Gruppenidentifikation aus (vgl. z.B. Suls/Miller, 1977). In Situationen, in denen ein Individuum bewußt eine Wettbewerbsintensität zwischen einer Gruppe, der es sich zugehörig fühlt und einer anderen (Konkurrenz)gruppe wahrnimmt, steigt die Identifikation mit der eigenen Gruppe (Turner et al., 1987).

Es kann also davon ausgegangen werden, daß auch das Attribut der Wettbewerbsintensität über das Konstrukt der Gruppenidentifikation zur Bedürfnisbefriedigung beiträgt.

Die intervenierende Funktion des Konstrukts der Gruppenidentifikation im Rahmen der drei das gelegentliche Zusehen bei Sportereignissen bestimmenden Faktoren ist in Abbildung 26 zusammenfassend dargestellt.

Abb. 26: Gruppenidentifikation als intervenierende Variable im Rahmen gelegentlichen Zusehens bei Sportereignissen

Die dieser Arbeit zugrundeliegende Forschungsfrage könnte also folgendermaßen beantwortet werden: Regelmäßiges oder gelegentliches Zusehen kann in Abhängigkeit von der Ausprägung der Gruppenidentifikation der betroffenen Individuen erklärt werden. Während bei regelmäßigen Zusehern das Konstrukt unabhängig von situativen Bedingungen stark ausgeprägt ist und deshalb zum regelmäßigen Konsum einer bestimmten Art von Sportereignissen führt, ist die Ausprägung des Konstrukts bei gelegentlichen Zusehern abhängig von der Ausprägung der "Leistung der Heimmannschaft" und der "Wettbewerbs-intensität" bei unterschiedlichen Sportereignissen. Je besser die Leistung der Heimmannschaft und je wettbewerbsintensiver die Beziehung der Heim- und der Gastmannschaft ist, desto stärker ist die Gruppenidentifikation ausgeprägt und desto eher konsumiert der gelegentliche Zuseher das Sportereignis.

Vor dem Hintergrund der in dieser Arbeit definierten Kriterien, die ein Erklärungsansatz für regelmäßiges oder gelegentliches Zusehen erfüllen muß, kann festgestellt werden, daß der Ansatz, gelegentliches oder regelmäßiges Zusehen in Abhängigkeit von der Ausprägung der Gruppenidentifikation zu erklären, zwar differenzierte Erklärungsfähigkeit besitzt, Kriterium 2 (Angabe der Antezedenzbedingungen) aber nur teilweise gerecht wird. Der bis zu diesem Punkt der Arbeit dargelegte Ansatz läßt nämlich Fragen offen wie:

1. Warum sind es genau diese Antezendenzbedingungen, nämlich "Leistung der Heimmannschaft" und "Wettbewerbsintensität", bei gelegentlichen Zusehern, die zu einer hohen Ausprägung des Konstruktes führen?

2. Wie kann erklärt werden, daß bei regelmäßigen Zusehern das Konstrukt unabhängig von bestimmten Bedingungen hoch ist?

Es besteht also ein Wissen darüber, welche denn die zentralen Antezedenzbedingungen der Gruppenidentifikation im Rahmen von Sportereignissen sind, nicht aber über ihre Funktionsweise. Diese ist nicht nur von theoretischem, sondern vor allem auch von praktischem Interesse. Art und Funktionsweise von Antezendenzbedingungen eines Konstrukts bilden nämlich den Ausgangspunkt für die Entwicklung praktischer Implikationen.

Eine detaillierte Analyse der Antezedenzbedingungen scheint daher sinnvoll. Deshalb widmet sich Teil III der Arbeit der Analyse der Antezedenzbedingungen von Gruppenidentifikation vor dem Hintergrund der Charakteristiken von Sportereignissen. Ausgegangen wird von einer näheren Analyse der Faktoren "Leistung der Heimmannschaft" und "Wettbewerbsintensität" wie sie im Rahmen der Theorie der Sozialen Identität dargestellt werden. Zudem wird untersucht, ob die S.I.T. weitere für diese Arbeit relevante Antezedenzbedingungen diskutiert.

Teil III

Gruppenidentifikation als zentrales Konstrukt der Theorie der Sozialen Identität und seine für Sportereignisse relevanten Antezedenzbedingungen

In diesem Teil der Arbeit wird der regelmäßige oder der gelegentliche Konsum von Sportereignissen durch das im Rahmen der Theorie der Sozialen Identität diskutierte Konstrukt der Gruppenidentifikation und seine für Sportereignisse relevanten Antezedenzbedingungen erklärt.

Die Analyse der Antezedenzbedingungen eines Konstruktes setzt eine exakte Bestimmung seiner Inhalte voraus. Deshalb wird der Erörterung der Antezedenzbedingungen eine ausführliche Auseinandersetzung mit dem Konstrukt selbst vorangestellt. Zu diesem Zweck befaßt sich Kapitel 3.1. mit den relevanten Grundlagen des Konstruktes. Im Kapitel 3.2. erfolgt eine detaillierte Darstellung der für das Konstrukt im Rahmen von Sportereignissen relevanten Antezedenzbedingungen. Abgeschlossen wird Teil III mit einer Zusammenfassung der wesentlichen Erkenntnisse des entwickelten Ansatzes (Kap. 3.3.).

136

3.1. Grundlagen zum Konstrukt

In diesem Kapitel wird das Konstrukt der Gruppenidentifikation in all seinen Facetten analysiert. Dabei wird in einem ersten Schritt auf die Rolle des Konstrukts im Rahmen der Theorie der Sozialen Identität eingegangen (Kapitel 3.1.1.), während im Anschluß daran seine zentralen Charakteristiken erörtert (Kapitel 3.1.2.) werden. In Kapitel 3.1.3. wird näher auf den psychischen Vorgang der Gruppenbildung, den Prozeß der Selbstkategorisierung, eingegangen, welcher der Entstehung des Konstrukts vorgelagert ist. Schließlich werden zentrale Konsequenzen des Konstruktes erörtert (Kapitel 3.1.4.).

3.1.1. Gruppenidentifikation als zentrales Konstrukt der Theorie der Sozialen Identität

Die im Jahr 1978 erstmals von Henry Tajfel publizierte Theorie der Sozialen Identität ist eine sozialpsychologische Theorie, die sich zum Ziel setzt, Verhalten zwischen Gruppen[1] zu erklären. Intergruppenverhalten ist Teil gesellschaftlichen Verhaltens, wobei der Untersuchungsgegenstand bereits impliziert, daß die Gesellschaft und ihr Zusammenleben unter einer strukturalistischen Perspektive betrachtet werden. D.h. die Gesellschaft wird "as structured in terms of social categories" (Hogg/Abrams, 1988, S. 14) angesehen.

Sozialpsychologische (aber auch soziologische) Theorien, deren Untersuchungsgegenstand Zwischengruppenverhalten ist, bauen ihre theoretischen Annahmen auf eines von zwei grundsätzlich unterschiedlichen Weltbildern gesellschaftlichen und zwischenmenschlichen Zusammenlebens auf (Durkheim, 1933):

a. Die Sichtweise eines harmonisch-friedlichen Zusammenlebens der in der Gesellschaft existierenden Gruppen (Consensus view of society);

b. Die Sichtweise eines konfligierenden Zusammenlebens der in der Gesellschaft existierenden Gruppen (Conflict view of society).

---

[1] Verhalten zwischen Gruppen, Zwischengruppenverhalten und Intergruppenverhalten werden synonym verwendet.

Die erste Sichtweise betreffend meint Merton (1957):

"Consensus structuralists tend to characterize society as a structured whole in which, although there is role differentiation between groups, there are no deep ideological divisions. There is instead a broad social consensus or agreement on the "rules of the game", on what is socially acceptable and what is not" (S. 85).

Vor allem die Ansätze von Comte (1877), Durkheim (1893, 1933), Spencer (1896), Parsons (1951), und Merton (1957) sind der friedlich-harmonischen Perspektive zuzuordnen.

Die sogenannte "Conflict view of society" hat ihren Ursprung in den Überlegungen von Weber (1930) und Marx (1963). Sie betrachtet die Gesellschaft als Struktur konfligierender Kategorien. "There exist profound differences in ideology, values, beliefs, and so forth which can characterize different groups in a society" (Parkin, 1971, S. 56).

Obwohl der dieser Arbeit zugrundeliegende Ansatz in vielen - auch grundsätzlichen - Punkten von Marx und Weber abweicht, ist die Theorie der Sozialen Identität der "Conflict View of Society" zuordenbar.

Intergruppenverhalten aus der Perspektive von in der Gesellschaft miteinander in Konflikt stehender Gruppen zu betrachten, wird von Tajfel (1978) vor allem durch die Ergebnisse der Untersuchungen von Sherif (Sherif, 1951; Sherif/Sherif, 1953; Sherif/White/Harvey, 1955; Sherif et al., 1961; Sherif, 1966) gerechtfertigt. Sherif stellte fest, daß Beziehungen zwischen Gruppen in der Gesellschaft intrinsisch kompetitiver Natur sind. Er führte eine Reihe von Experimenten mit Jungen in amerikanischen Ferienlagern im Rahmen von (sogenannten) minimalen Gruppenbedingungen ("Minimal Group Paradigm") durch. Dabei handelt es sich um Bedingungen, die einen Zustand der extrem reduzierten sozialen Ausgangslage von Zwischengruppenbeziehungen widerspiegeln. Eine solche Situation herrscht vor, wenn folgende Bedingungen gegeben sind (Sherif, 1966):

◆ Keine "face to face" Interaktion der Versuchspersonen, sei es innerhalb oder zwischen den Gruppen;

◆ Anonymität der Gruppenmitgliedschaft, d.h. die Versuchspersonen haben es mit Personen zu tun, über die sie, außer dem Wissen um deren Gruppenmitgliedschaft, keine Informationen besitzen;

◆ Fehlen jeglicher instrumentellen oder rationalen Verknüpfung zwischen der Art der Gruppeneinteilung (nach trivialen Ad Hoc-Kriterien) und der Art des Zwischengruppenverhaltens, das von den Versuchspersonen erwartet wird;

◆ Die Verhaltensweisen können den jeweiligen Versuchspersonen keinen persönlichen Nutzen bringen;

◆ Die Verhaltensweisen stellen für die Versuchspersonen reale und bedeutsame Entscheidungen in Form konkreter Geldbelohnungen oder Bestrafungen für andere Personen dar.

Sherif fand, daß die Jungen die Gruppe, der sie zugeordnet wurden, sogar unter den hier angeführten minimalen Gruppenbedingungen - beispielsweise durch die Verteilung materieller Werte - begünstigten, während sie anderen Gruppen gegenüber eine diskriminierende Haltung einnahmen. Diese Feststellung von Sherif konnte in einer Reihe von Folgeuntersuchungen mehrmals bestätigt werden (vgl. z.B. Tajfel et al., 1970; Doise/Sinclair, 1973; Doise/Weinberger, 1973; Brewer/Silver, 1978).

Im realen Alltagsleben herrschen keine minimalen Gruppenbedingungen vor. Menschen schließen sich beispielsweise aufgrund gemeinsamer Interessen Gruppen an, mit deren Hilfe sie sich die Durchsetzung ihrer Wünsche erwarten. Deshalb kann davon ausgegangen werden, daß die konfligierende Grundhaltung unter Bedingungen realer sozialer Zustände in bedeutend höherem Ausmaß gegeben sein muß.

Auf Basis dieser Überlegungen wurde die Theorie der Sozialen Identität als Ansatz konzipiert, der Intergruppenverhalten von der Annahme ausgehend betrachtet, daß sich in der Gesellschaft Gruppen konfliktär gegenüberstehen.

Die konfliktäre Perspektive kommt im Rahmen der S.I.T. in der Grundannahme zum Ausdruck, in der Gesellschaft stünden sich Gruppen bzw. soziale Kategorien in Macht- und Statusbeziehungen gegenüber. Unter sozialen Kategorien werden beispielsweise Nationalität (Englisch/Französisch), Regionalität (Tirol/Wien) oder Rasse (Araber/Juden) verstanden; Macht- und Statusbeziehungen bedeuten, daß bestimmte Kategorien in der Gesellschaft mehr Macht, Prestige und Status haben als andere (Hogg/Abrams, 1988).

Der zentrale Unterschied zu anderen sozialpsychologischen und soziologischen Theorien, die Intergruppenverhalten zum Untersuchungsgegenstand haben, ist die Betrachtungsebene des zu untersuchenden Verhaltens. Während andere Theorien das Verhalten auf der Ebene der Gruppen untersuchen, betrachtet die Theorie der Sozialen Identität das Phänomen stärker aus der Perspektive des Individuums (Mummendey, 1989). Gruppen sind demnach ein Phänomen, das sich aus der Summe der einzelnen ihr zugehörigen Individuen zusammensetzt. Gruppenverhalten ist durch ein gleichförmiges Verhalten der der Gruppe zugehörigen Gruppenmitglieder erklärbar.

"Nicht die individuell meist unterschiedlichen motivationalen Zustände, sondern die sozial geteilten, auf einem sozialen Konsensus gründenden Sichtweisen und Interpretationen liefern den Übergang von den individuell unterschiedlichen motivationalen Zuständen zur Gleichförmigkeit, die im Verhalten von größeren Gruppen oder innerhalb sozialer Bewegungen zu beobachten sind" (Mummendey, 1989, S. 187).

Die Entstehung gleichförmigen Verhaltens wird durch die Existenz einer psychisch repräsentierten Gruppe und die Identifikation mit dieser erklärt (= Gruppenidentifikation).

Das Phänomen "Gruppe" ist dabei kein real existierendes, zeit-raumbezogenes Phänomen, sondern ein psychisches Konstrukt. Hogg/Abrams (1988) bringen den Unterschied der Theorie der Sozialen Identität zu anderen gruppenbezogenen Theorien auf den Punkt. Sie meinen, andere Theorien haben das Phänomen "Das Individuum in der Gruppe" zum Gegenstand, während die S.I.T. sich dem Phänomen "Die Gruppe im Individuum" widmet.

Graphisch könnte der Unterschied wie in Abbildung 27 ersichtlich dargestellt werden:

| Das Individuum in der Gruppe | Die Gruppe im Individuum |

Abb. 27: "Das Individuum in der Gruppe" im Unterschied zu "Die Gruppe im Individuum"

Das Konstrukt Gruppe wird dabei folgendermaßen definiert:

"Eine Gruppe ist eine Ansammlung von Menschen, die fühlen oder wahrnehmen, daß sie eine Gruppe sind, die sich selbst als Angehörige einer Gruppe katgorisieren, und die konsensual in der gleichen Weise von anderen kategorisiert werden. Eine Gruppe ist demnach das Ergebnis von Wahrnehmungen, die konsensual von innen und außen zu derselben Kategorisierung führen" (Mummendey, 1989, S. 192). Tajfel (1978) fügt dieser bewußt sehr weiten Beschreibung noch drei Komponenten hinzu, hinsichtlich derer die Wahrnehmung einer Gruppe variieren kann, und welche die Ausprägung der Identifikation mit der Gruppe bestimmen:

◆ eine kognitive Komponente im Sinne des Wissens um die eigene Gruppenmitgliedschaft (die mindestens vorhanden sein muß),

◆ eine evaluative Komponente im Sinne einer mehr oder weniger positiven oder negativen Bewertung der Gruppenmitgliedschaft und

◆ eine emotionale Komponente im Sinne von mehr oder weniger ausgeprägten positiven oder negativen Gefühlen, die mit dem Wissen und der Bewertung einer Gruppenmitgliedschaft einhergehen können.

Aus dieser Perspektive wird das Konstrukt der Gruppenidentifikation definiert als "the knowledge of individuals of a membership to a group together with the value and emotional significance attached to that membership" (Tajfel, 1982, S. 255). Seine zentralen Charakteristiken werden im folgenden beschrieben.

Die sich auf das Konstrukt der Gruppenidentifkation beziehenden Forschungsschwerpunkte der Theorie der Sozialen Identität betreffen Antezedenzbedingungen und Konsequenzen des Konstruktes und den psychischen Prozeß, der die Entstehung des Konstruktes beschreibt. Diese Schwerpunkte werden im folgenden behandelt. Das Hauptaugenmerk wird dabei auf der Diskussion der Antezedenzbedingungen liegen, die bezüglich ihres Erklärungsbeitrags für die Ausprägung des Konstruktes im Rahmen des Sportsettings analysiert werden.

3.1.2. Die Charakteristiken des Konstruktes der Gruppenidentifikation

Gruppenidentifikation hat aus der Sicht der Theorie der Sozialen Identität vier zentrale Charakteristiken:

1. Es ist Bestandteil des Selbstkonzeptes des Individuums.
2. Es wird situativ aktiviert.
3. Es ist ein kognitives Konstrukt.
4. Es hat einen motivationalen Hintergrund.

3.1.2.1. Das Konstrukt der Gruppenidentifikation als Bestandteil des Selbstkonzeptes eines Individuums

Gruppenidentifikation ist Bestandteil des Selbstkonzeptes eines Individuums (Turner, 1987). Das Selbst bzw. das Selbstkonzept umfaßt Zuschreibungen, die das Individuum über sich macht (Lifton, 1995) und die in der Literatur vom Großteil der Autoren als "the totality of the individual's thoughts and feelings having reference to himself as an object" (Rosenberg, 1979, S. 7) definiert werden.

Ein Individuum hat nun die Möglichkeit, grundsätzlich zwei Arten von Zuschreibungen zu seiner Person zu machen. Es kann zum einen Zuschreibungen machen, die individueller Natur

142

sind. Beispiele dafür wären etwa die Zuschreibungen "ich bin intelligent" oder "ich bin reich" usw. Zum anderen können die Zuschreibungen sozialen Ursprungs sein (vgl. dazu auch Rosenberg, 1979). Beispiele dafür wären Zuschreibungen wie etwa "Ich bin ein Irländer". Der Unterschied der beiden Zuschreibungen ist darin zu sehen, daß erste sich auf die Ich-Facette und letzte sich auf die Wir-Facette des Selbstkonzeptes eines Individuums beziehen (vgl. Rosenberg, 1979).

In den meisten theoretischen Überlegungen zum Selbstkonzept eines Individuums werden die beiden Facetten zwar wiederholt betont (vgl. z.B. Schober, 1995), trotzdem aber niemals konzeptionell voneinander getrennt.

Im Rahmen der Theorie der Sozialen Identiät erfolgt eine strikte Trennung der beiden Facetten. Es wird betont, das Selbstkonzept von Menschen bestünde aus zwei unterschiedlichen Dimensionen bzw. Subsystemen (Hogg/Abrams, 1988). "The self concept in social psychology is usually equated with the personal self, but it is fundamental to our assumption that this is incorrect and that the personal self reflects only one dimension" (Turner et al., 1987, S. 46). Das Selbstkonzept von Individuen manifestiert sich nach Ansicht der S.I.T. nicht nur in einer persönlichen, sondern auch in einer sozialen Dimension (Tajfel, 1978 a, b, c). In Abbildung 28 wird das Selbstkonzept zusammenfassend anhand von Beispielen dargestellt.

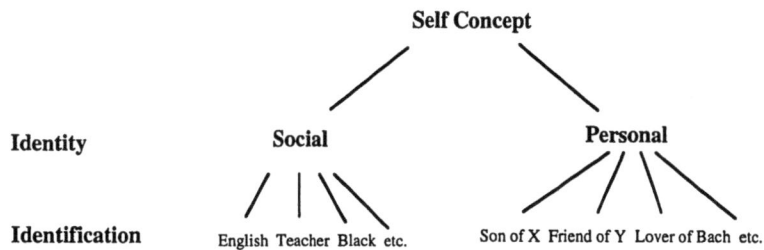

Abb. 28: Die Struktur des Selbst nach Hogg/Abrams (1988)

Abbildung 28 zeigt die beiden Subsysteme, wobei die Wir-Facette als soziale und die Ich-Facette als persönliche Identität bezeichnet wird. Sie sind als getrennte Subsysteme Bestandteil des Selbstkonzeptes eines Individuums. Im Rahmen dieser beiden Dimensionen existieren spezifische Zuschreibungen, die entweder der sozialen oder der persönlichen Dimension zugeordnet werden können und die als Identifikationen bezeichnet werden (siehe Abbildung 28). Das Individuum ist sich bestimmter Charakteristiken seiner eigenen Person bewußt. Es weiß z.B. "Ich bin ein Liebhaber von Bach, ich bin der Sohn von Rod Stewart, ich bin ein Engländer, ich bin ein Fan von Manchester United". Diese Zuschreibungen sind entweder sozialer oder persönlicher Natur.

Die soziale Identität beinhaltet Zuschreibungen eines Individuums, die sich auf sein Wissen über die Mitgliedschaft zu sozialen Kategorien bzw. Gruppen beziehen (Tajfel, 1978). Soziale Kategorien sind beispielsweise Nationalität oder Geschlecht und andere kurzlebigere bzw. vorübergehende Gruppenmitgliedschaften (Hogg/Abrams, 1988).

Die Definition von individuellen Zuschreibungen bzw. von persönlicher Identität erfolgt in Anlehnung an Gergen (1971), der diese definiert als Selbstbeschreibungen, die individuell in ihrer Natur sind und die gewöhnlich spezielle Attribute eines Individuums bezeichnen. Dabei muß betont werden, daß die Abgrenzung der beiden Systeme im Rahmen der Theorie nicht sehr präzise erfolgt. Dies zeigt allein die Tatsache, daß bestimmte Zuschreibungen sowohl sozialer als auch individueller Natur sein können.

3.1.2.2. Situative Aktivierung des Konstrukts der Gruppenidentifikation

Als weitere Charakteristik des Konstrukts ist seine situationsabhängige Aktivierung zu nennen. Man spricht in diesem Zusammenhang von "Salience of group identification" (Turner, 1987, S. 54 ff). Oakes (1983) äußert die Überzeugung, "That the functioning of the self-concept is situation specific: particular self concepts tend to be activated ("switched on") in specific situations. Any particular self-concept tends to become salient (activated, cognitively prepotent, operative) as a function of an interaction between the characteristics of the person and the situation" (S. 67). Je nach bestimmten subjektiven und situativen Bedingungen wird also eine bestimmte Identitätsdimension aktiviert. Das bedeutet, daß das Konstrukt einer spezifischen Gruppenidentifikation in Abwechslung mit dem Konstrukt einer spezifischen persönlichen Identifikation auftritt.

144

"When personal identifications are salient, one is aware of features distinguishing oneself from other individuals (e.g. "I am cheerful", "I like bright colours", "I have a good relationship with my boss", etc.). When social identifications are salient one is aware of features distinguishing one's relevant social category from others (e.g. "I support the reds", "I am a physicist", "I am a man", "I am American") (Abrams, 1992, S. 59).

Dabei ist es wichtig zu betonen, daß die beiden Identitätsdimensionen stets in Mischform auftreten, das bedeutet, daß entweder die eine oder die andere Identitätsdimension stärker aktiviert wird (Wetherell, 1987).

"Self identifications are construed as falling along a continuum, with individuating characteristics at the personal extreme and social-categorical characteristics at the social extreme" (Turner, 1982, S. 113). Die beiden Dimensionen liegen also, wie in Abbildung 29 gezeigt, auf einem Kontinuum mit den Polen "Soziale Identität" und "Persönliche Identität".

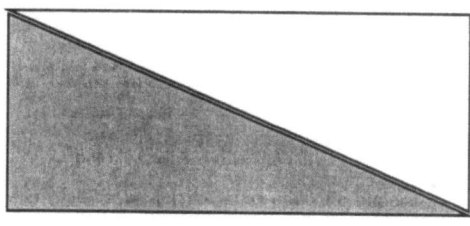

Maximum soziale   Maximum persönliche
Identität   Identität

Abb. 29: Die Funktionsweise der Subsysteme der Identität

Je nach der Stärke der Aktivierung einer der beiden Dimensionen verhält sich das Individuum in der Folge eher als (einzigartiges) Individuum oder eher als Mitglied einer Gruppe.

3.1.2.3. Gruppenidentifikation als kognitives Konstrukt

Der Diskussion über das Selbstkonzept und somit auch über Gruppenidentifikationen wird im Rahmen der psychologischen Literatur hohe Aufmerksamkeit gewidmet. Dabei wird das Selbstkonzept aus mehreren Gesichtspunkten betrachtet.

Psychoanalytische Theorien konzipieren das Selbstkonzept als ein System, das die Funktion hat, die ihm innewohnenden Konflikte zu lösen. Behavioristische Theorien sehen im Selbstkonzept ein Bündel konditionierter Verhaltensreaktionen eines Individuums (Sirgy, 1982). Sirgy meint weiter: "Other views, such as organismic theory, treat the self in functional and developmental terms; phenomenology treats the self in a wholistic form; and cognitive theory represent the self as a conceptual system processing information about the self. Symbolic interactionism, on the other hand, views the self as a function of interpersonal interactions" (S. 287).

Die Konzeption des Selbstkonzepts und seiner Subsysteme, wie sie die Theorie der Sozialen Identität vornimmt, ist den kognitiven Theorien zuzuordnen. Der Begriff "kognitiv" hat dabei folgende Bedeutung: obwohl das Selbstkonzept durchaus auch aus unbewußten Elementen besteht (vgl. z.B. Giddens, 1991), wird diese Dimension von der S.I.T. klar ausgegrenzt. Nur die vom Individuum bewußt wahrgenommenen Elemente des Selbst sind Bestandteil des Selbstkonzeptes (Turner et al., 1987). So weiß z.B. eine Person, daß sie schwarz, Amerikaner, sportlich usw. ist, die gleiche Person weiß aber vielleicht nicht, daß sie unsicher und ängstlich ist. In diesem Falle wären nach der S.I.T. lediglich die bewußt zugänglichen Elemente Bestandteil des Selbstkonzeptes des Individuums.

Zudem wird zwischen der kognitiven Aktivierung einer Zuschreibung und deren Wahrnehmung, dem Selbstimage unterschieden. "It is useful to distinguish between the self concept, the cognitive structure and the self image, the perceptual output, i.e. the subjective experience of self produced by the functioning of some part of that structure" (Oakes et al., 1987, S. 44). Die kognitiven Zuschreibungen werden vom Individuum also als Selbimages wahrgenommen. "Social identity theory conceives of the self concept as a collection of self images which vary in terms of the length of their establishment, complexity and richness of content." (Turner, 1981, S. 157).

3.1.2.4. Der motivationale Hintergrund des Konstrukts

Im Hinblick auf den Zweck der Aktivierung von Identifikationen werden in der psychologischen Literatur zwei grundlegende Motive diskutiert. "There seems to be a consensus regarding the existance and independent influence of at least two self-concept motives - self esteem and self consistency" (Epstein, 1980, S. 35). Es wird also angenommen, daß das Selbstkonzept grundsätzlich die Funktion hat, die Motive eines positiven individuellen Selbstwertes und der Wahrnehmung einer Selbstkonsistenz bzw. inneren Konsistenz zu befriedigen.

"The self esteem motive refers to the tendency to seek experiences that enhance self concept" (Sirgy, 1982, S. 287). Das Individuum hat ein grundsätzliches Bedürfnis, sich positiv wahrzunehmen, "gut" zu sein. Seine Umwelt zwingt es, sich immer wieder die Frage zu stellen: "How good am I?" oder "Am I better than the others?" (Abrams, 1992). Nimmt es sich nicht positiv wahr, fühlt es sich schlecht, also versucht es, "gut" zu sein. Das Individuum ist bestrebt, eine "positive" Identität, in unserem Falle eine positive Gruppenidentifikation wahrzunehmen.

"The self consistency motive denotes the tendency for an individual to behave consistently with his view of himself" (Sirgy, 1982, S. 287). "The motive is to create a coherent and meaningful self definition". Das Selbstkonzept hat nach Meinung von Sirgy die Funktion, dem Menschen ein zusammenpassendes Bild über sich selbst zu vermitteln.

Die S.I.T. stützt ihre Annahmen auf das grundsätzliche Bedürfnis des Menschen, durch die Identifikation mit Gruppen einen positiven Selbstwert bzw. eine positive soziale Identität wahrzunehmen, indem das Individuum versucht, diese zu erhalten oder zu verstärken (vgl. z.B. Tajfel, 1978)[2]. Abrams (1992) vertritt im Rahmen der S.I.T. jedoch die Meinung "the question "Who am I?" takes precedence over the question "How good am I?" (S. 66/67). Er glaubt also,

---

[2] An diesem Punkt muß betont werden, daß diese Grundannahme der S.I.T. insbesondere in den letzten Jahren von einigen Autoren (Rabbie/Schot/Visser, 1989; Rabbie/Schott, 1990; Diehl, 1990; Hinkle/Brown, 1990; Mlicki, 1993) in Frage gestellt wurde. Nachdem Mummendey (1996) aber eine Untersuchung der von diesen Autoren durchgeführten empirischen Studien machte, schloß sie mit der Behauptung ab: "At this point the following provisional conclusion can be drawn from what has been outlined up to now: the search of positive social identity is a stable, consistent and replicable finding" (S. 663).

daß das Selbstwertmotiv im Rahmen von Gruppenidentifikationen das Motiv ist, das erst in der Folge des Selbstkonsistenzmotives aktiviert wird, daß also beide Motive eine Rolle spielen. Er konnte bis zum gegenwärtigen Zeitpunkt seine These jedoch in empirischen Untersuchungen noch nicht bestätigen.

In der Frage, welches denn nun Gruppen sind, die einen positiven Beitrag zum Selbstwert der Individuen liefern, geht man davon aus, daß Individuen immer dann eine positive soziale Identität wahrnehmen, wenn sie Mitglieder einer Statusgruppe sind (Tajfel, 1978; Van Knippenberg/Van Oers, 1984). Status kann definiert werden als "Favourable comparisons indicating a positive distinctiveness of the ingroup from some relevant outgroups on salient comparison dimensions associated with a specific evaluation" (Turner, 1975, S. 39).

Ob eine Gruppe also von einem Mitglied als Statusgruppe wahrgenommen wird oder nicht, hängt grundsätzlich von einem (sozialen) Vergleich ab, dem die Gruppe mit einer oder mehreren anderen Gruppen standhalten muß. Der Vergleich wird dabei auf der Basis relevanter Vergleichsdimensionen gezogen. Dabei handelt es sich um jene, die von der öffentlichen Meinung oder vom Individuum selbst in einem bestimmten Kontext als wichtig angesehen werden. Mummendey/Schreiber (1984) führten beispielsweise eine Untersuchung durch, in der sie zwei deutsche Parteien, nämlich die Grünen und die SPD, anhand von 35 Vergleichsdimensionen verglichen. Sie konnten bestätigen, daß die Wahl der Vergleichsdimensionen tatsächlich verantwortlich dafür war, ob die eigene Gruppe als Statusgruppe wahrgenommen wurde oder nicht.

Ob eine Gruppe als Statusgruppe wahrgenommen wird oder nicht, hängt vom positiven Beitrag ab, den die Gruppe dem Individuum zu stiften vermag. Rijsman (1970, 1983) stellte z.B. fest, daß Personen, die einer Statusgruppe angehörten, ihre Leistung verbesserten, da sie dadurch ihre Verbindung mit dieser Gruppe betonen konnten. Demgegenüber trägt eine Gruppe mit niedrigem sozialen Status nur in unbefriedigender Form zur sozialen Identität von Individuen bei. Man fand, daß die Mitgliedschaft zu Gruppen mit niedrigem sozialem Status eine negative Auswirkung auf das Selbstwertgefühl ihrer Mitglieder hatte (Wagner/Lampen/Syllwasschy, 1986). Ellemers/Van Knippenberg/De Vries/Wilke (1988) behaupten z.B. "........, it appears that people flaunt their association with a high status group, while they try to evade the identification as a member of a low status group" (S. 498).

Zusammenfassend kann also festgehalten werden, daß Gruppenidentifikation durch folgende Merkmale charakterisiert ist: Es stellt ein Teilsystem des Selbstkonzeptes eines Individuums dar, das parallel zur individuellen Identität existiert, sich auf kognitiver Ebene befindet, situationsspezifisch funktioniert und zum Ziel hat, den individuellen Selbstwert zu steuern.

3.1.3. Der Entstehungsprozeß der Gruppenidentifikation: die Selbstkategorisierung

Der besondere Wert der Theorie der Sozialen Identität liegt darin, daß sie als erste Theorie im Rahmen aller Ansätze im Bereich Gruppenzusammenhalt und Gruppenidentität bzw. Gruppenidentifikation den Versuch macht, den psychischen Prozeß, der diesen Konstrukten vorgelagert ist, näher zu beschreiben.

Bei dem der Gruppenidentifikation vorgelagerten Prozeß handelt es sich um den Prozeß der Selbstkategorisierung. An diesem Punkt sei erwähnt, daß die Autoren, die sich mit diesem Prozeß auseinandersetzen, ihre Überlegungen als eine in Abgrenzung zur Theorie der Sozialen Identität eigenes Theoriegebäude sehen. Sie sprechen von der "Self categorization theory". Über die Sinnhaftigkeit bzw. die Berechtigung einer solchen Abgrenzung ist man aber nicht einer Meinung.

Grundsätzlich setzt er sich aus einer Anzahl unterschiedlicher Hypothesen über die Entstehung psychischer Gruppen zusammen, die aber aus bereits bestehenden (sozial)psychologischen Abhandlungen und empirischen Überprüfungen von Kategorisierungsbildungen hergeleitet wurden und deshalb als Hypothesen erachtet werden müssen, die vor dem Hintergrund bewährter Theorien abgeleitet wurden. Die zentralen Hypothesen werden in der Folge erörtert.

3.1.3.1. Gruppenidentifikation auf unterschiedlichen Abstraktionsniveaus (Hypothese 1)

Wie bereits weiter oben angedeutet, bildet das Individuum Kategorien auf unterschiedlichen Abstraktionsebenen. Rosch (1978) bringt am Beispiel von Bäumen (Objektkategorien) die Abstraktionsebenen "white oak and read oak, oak and tree" (S. 45). Abstraktionsebenen von Selbstkategorisierungen werden von Turner et al. (1987) folgendermaßen definiert: "The level of abstraction of a self categorization refers to the degree of inclusiveness of the categories at that level" (S. 45). Diese Definition soll am Beispiel von Gruppen von regionalen Einheiten (Abbildung 30) veranschaulicht werden:

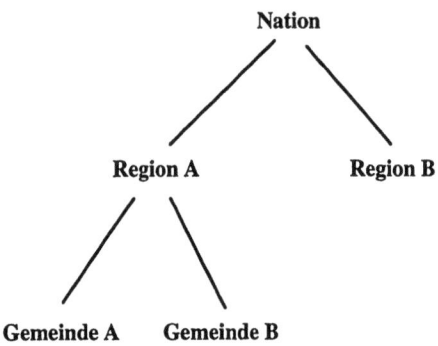

Abb. 30: Abstraktionsebenen der Selbstkategorisierung

Das Individuum kann sich mit den Gruppen auf den unterschiedlichen Ebenen kategorisieren. Kategorisiert es sich beispielsweise mit seiner Heimatgemeinde A, so sind alle Einwohner der Gemeinde A Mitglieder der Gruppe, während die Einwohner der Gemeinde B nicht als Mitglieder der Gruppe kategorisiert werden. Kategorisiert sich eine Person mit der nächsthöheren Ebene, das wäre in unserem Beispiel die Region, so sind alle Einwohner der Gemeinde A wie auch der Gemeinde B Mitglieder der Gruppe. Nichtmitglieder sind auf dieser Abstraktionsebene die Einwohner der Region B. Die gleiche Struktur gilt für die nächsthöhere Ebene. Das bedeutet, daß die nächsthöhere Ebene alle Elemente der unteren Ebene inkludiert.

3.1.3.2. Sozialer Vergleich als grundlegender psychischer Prozeß der Selbstkategorisierung (Hypothese 2)

Welche Selbstkategorisierung konkret aktiviert wird, hängt von der *Vergleichsgruppe* ab, die eine Person in einer bestimmten Situation heranzieht. Die Vergleichsgruppe dient als Stimulus, die eigene Gruppe wahrzunehmen. Würde ein Vergleich mit einer anderen Gruppe also nicht gezogen, käme es zu keiner Selbstkategorisierung. Die beiden Prozesse, nämlich Kategorisierung und Vergleich, treten nach allgemeiner Auffassung gemeinsam auf. Dabei wird diejenige Gruppe als Vergleichsgruppe herangezogen, die auf der nächsthöheren Ebene Mitglied der gemeinsamen Kategorie ist. "... but stimuli can only be compared in so far as they have already been categorized as identical, alike, or equivalent at some higher level of abstraction" (Turner et al., 1987, S. 46). Wen ich also als Vergleichsgruppe heranziehe, hängt von der Kategorie ab, die beide Gruppen umfaßt bzw. die auf dem nächsthöheren Abstraktionsniveau liegt. Anders ausgedrückt: Ein Individuum zieht die Vergleichsgruppe heran, die auf der nächsthöheren Ebene derselben Kategorie angehört wie die eigene Gruppe. Die Vergleichsgruppe hat also ein bestimmtes Merkmal bzw. die Vergleichsgruppe erkennt man an einem bestimmten Merkmal: sie gehört derselben nächsthöheren Kategorie an.

Vergleiche werden auf der Grundlage von Dimensionen durchgeführt. Diese werden vom nächsthöherem Abstraktionsniveau definiert. Suls/Miller (1977) bringen folgendes Beispiel:

"Apples and oranges can be compared as fruit in terms of being more or less sweet, nutritious, hard to grow, and so on (dimensions applicable to all fruit) but less usefully as forms of life (too abstract) and not at all as lemons, animals, or types of citrus fruit (things which they are all not), and the very fact that we perceive them as different types of fruit implies their higher level similarity as fruit" (S. 37).

3.1.3.3. Das Prinzip der relativen Ähnlichkeit (Hypothese 3)

Die Einteilung von Menschen in Kategorien hängt von Vergleichen von wahrgenommenen Ähnlichkeiten und Unterschieden ab, die das Individuum in einer bestimmten Situation wahrnimmt und folgt dem Meta-Kontrast-Prinzip:

"that is, within any given frame of reference, any collection of stimuli is more likely to be
categorized as an entity to the degree that the differences between those stimuli on relevant
dimensions of comparison (intra class differences) are perceived as less than the differences
between that collection and other stimuli (inter-class differences)" (Turner, 1987, S. 46/47).

Das Meta-Kontrast-Prinzip beinhaltet also relative Ähnlichkeiten, d.h. höhere
Ähnlichkeiten (oder geringere Unterschiede) zwischen bestimmten Stimuli als zwischen
diesen und anderen. Die Vergleiche von wahrgenommenen Ähnlichkeiten und Unterschieden
könnten durch einen quantitativen Meßwert ausgedrückt werden, und zwar durch das Meta-
Kontrast-Verhältnis, das auf Campbell (1958) zurückgeht. Es wird definiert als das Verhältnis
zwischen der wahrgenommenen durchschnittlichen Differenz von Mitgliedern der eigenen
Kategorie und den anderen Kategorien (durchschnittliche Differenz zwischen den Kategorien
bzw. Inter-Kategorie-Differenz) und der wahrgenommenen durchschnittlichen Differenz
zwischen Mitgliedern der eigenen Kategorie (durchschnittliche Differenz der eigenen
Kategorie bzw. Intra-Kategorie-Differenz). Das Meta-Kontrast-Verhältnis läßt sich demzufolge
durch folgende Formel ausdrücken:

$$\text{Meta-Kontrast} = \frac{\text{ø Inter-Kategorie-Differenz}}{\text{ø Intra-Kategorie-Differenz}}$$

Je höher Individuen einer Gruppe die Unterschiede zwischen sich selbst und einer anderen
Gruppe wahrnehmen und je geringer dieselben Individuen die Unterschiede zwischen den
eigenen Gruppenmitgliedern wahrnehmen, desto höher ist das Meta-Kontrast-Verhältnis, mit
anderen Worten desto wahrscheinlicher erfolgt eine Selbstkategorisierung.

152

3.1.4. Konsequenzen von Gruppenidentifikation

Die zwei im Rahmen der Theorie der Sozialen Identität zentral diskutierten Konsequenzen der Gruppenidentifikation sind:

1. Der Vorgang der Depersonalisation;
2. Ingroup/Outgroup-Denken.

3.1.4.1. Der Vorgang der Depersonalisation

Identifiziert sich ein Individuum in einer Situation mit einer ganz bestimmten Gruppe, übernimmt es die Normen, Werte, Einstellungen, Gefühle und die bestimmten (proto)typischen Verhaltensweisen dieser Gruppe (Hogg/Abrams, 1988). Nimmt beispielsweise ein Individuum in einer bestimmten Situation seine Mitgliedschaft als deutscher Bundesbürger wahr, aktiviert er gleichzeitig Normen, Werte und Verhaltensweisen, die einem deutschen Bundesbürger eigen sind. Das bedeutet, daß in dieser Situation beispielsweise Werte, die dem Individuum in anderen Situationen äußerst wichtig sind, "über Bord geworfen werden" bzw. eine niedrigere Priorität einnehmen als sie in anderen Situationen haben, da eben das Konstrukt einer bestimmten Gruppe aktiviert ist, mit der sich das Individuum identifiziert und in der andere Werte zählen.

Dieser Vorgang wird als Depersonalisation bezeichnet. Dabei betonen Autoren wie z.B. Hogg/Abrams (1988) ausdrücklich, daß dieser Begriff nicht dieselbe Bedeutung hat wie der von Massentheoretikern (vgl. hauptsächlich LeBon, 1895; McDougall, 1921; und Freud, 1921) angewandte Begriff der Deindividuation bzw. der Deindividualisierung. Während der Vorgang der Depersonalisation im Rahmen der S.I.T. wertneutral konzipiert wird, wird der Prozeß der Deindividuation und der Deindividualisierung von den Massentheoretikern negativ im Sinne von unverantwortlich und unmoralisch bewertet. "The deindividuation process - the anonymity of crowd members and the sense of invisible power produced by being in a crowd lead to a diffusion of their feelings of personal responsibility, a loss of personal identity, which removes the controls and restraints on the anti-social impulses which exist in the individual" (LeBon, 1896, S. 115).

Depersonalisation bedeutet also, daß sich Individuen in bestimmten Kontexten nicht als einzelne (einzigartige) Individuen verhalten, sondern durch die Übernahme gruppenspezifischer Werte als Angehörige oder Repräsentanten einer sozialen Gruppe (Israel/Tajfel, 1972). Dies impliziert, daß die soziale Interaktion von Individuen in bestimmten Situationen nicht nur von ihrer individuellen Beziehung bestimmt wird, sondern von der Beziehung der jeweiligen Gruppen, der sich die Individuen angehörig erachten.

"The major characteristic of social behavior is that, in the relevant intergroup situations, individuals will not interact as individuals, on the basis of their individual characteristics or interpersonal relationships, but as members of their groups standing in certain defined relationships to members of other groups" (Tajfel/Turner, 1979, S. 35).

Hogg/Abrams (1988) bringen etwa folgendes Beispiel:

"So, for example, if one is engaged in a discussion with three other people in which one agrees with you while the other two agree with each other but disagree with you and your supporter, then sex (as two conflicting groups in society) may become salient if you and your supporter are male and the other two are female. If the relevant agreements and disagreements (similarities and differences) correspond to race, then race will be salient" (S. 26).

3.1.4.2. Ingroup/Outgroup-Denken

Parallel zum Vorgang der Depersonalisation tritt ein "Ingroup/Outgroup-Denken" auf, das sich kognitiv in einem Wir versus Ihr-Denken manifestiert (vgl. z.B. Simon, 1993). Trifft beispielsweise ein Österreicher in seinem Urlaub in Amerika einen anderen Österreicher, ist es möglich, daß sich die beiden Individuen in dieser Situation der Gruppe der Österreicher zuordnen, sich in Folge als Österreicher fühlen und zudem die für Österreicher typischen Verhaltensweisen, an den Tag legen, zum Zweck, sich (= Wir) von den anderen (= Ihr) abzugrenzen.

Dem Wir- versus Ihr-Denken gleichgesetzt wird eine Outgroup Diskriminierung und eine Ingroup Favorisierung (vgl. z.B. Wagner/Lampen/Syllwasschy, 1983). Outgroup Diskriminierung kann einer Abwertung der Outgroup gleichgesetzt werden, während Ingroup Favorisierung einer Aufwertung der eigenen Gruppe entspricht. "Gleichzeitig führen antagonistische Beziehungen zwischen Gruppen zu erhöhter Solidarität innerhalb der eigenen Gruppe und zu einer Bevorzugung der eigenen Gruppe in Vergleich zu fremden bei der Bewertung von Gruppeneigenschaften und -leistungen" (Mummendey, 1989). Diesen negativen Konsequenzen einer hohen Gruppenidentifkation wird in einem späteren Punkt der Arbeit Rechnung getragen.

3.2. Antezedenzbedingungen des Konstruktes der Gruppenidentifikation in ihrer Bedeutung für das Sportsetting

Vor dem Hintergrund der am Ende des vorherigen Kapitels dargestellten Grundlagen werden in der Folge die Antezedenzbedingungen von Gruppenidentifikation detailliert herausgearbeitet. Dabei erwies es sich als notwendig, der näheren Analyse der Antezedenzbedingungen unbedingt zu klärende Fragen voranzustellen (Kapitel 3.2.1.). Die nun folgende Diskussion der Antezedenzbedingungen orientiert sich auf die in Teil II ermittelten, auf das Konstrukt der Gruppenidentifikation einwrkenden Faktoren der "Leistung der Heimmannschaft" und der "Wettbewerbsintensität". In Kapitel 3.2.2. wird eine ausführliche Diskussion um die für das Konstrukt zentrale Antezedenzbedingung, nämlich den Status der Gruppe, geführt. Dabei wurde differenziert auf die Auswirkung des Status bei gelegentlichen und regelmäßigen Zusehern eingegangen. Im Anschluß daran erfolgt die Darstellung der Wettbewerbsintensität (Kapitel 3.2.3). Im Rahmen der Analyse der Antezedenzbedingungen der Gruppenidentifikation zeigte sich, daß neben der "Leistung der Heimmannschaft" und der "Wettbewerbsintensität" weitere Antezedenzbedingungen für Gruppenidentifikation von zentraler Wichtigkeit sind. Dabei handelt es sich um gruppenstrukturelle Faktoren, die in Kapitel 3.2.4. diskutiert werden.

3.2.1. Vorabzuklärende Fragen

3.2.1.1 Die Frage nach der Betrachtungsebene

Im Rahmen der Theorie der Sozialen Identität können (zumindest implizit) zwei unterschiedliche Betrachtungsebenen unterschieden werden. Um welche es sich dabei handelt, kann aus folgendem Zitat von Tajfel/Turner (1979) entnommen werden:

"None of the arguments outlined in this chapter must be considered as implying that the social-psychological or "subjective" type of conflict is being considered here as having priority or a more important causal function in social reality than the objective determinants of social conflict of which the basic analysis must be sought in the social, economic, political and historical structures of a society" (S. 46).

Während bestimmte Autoren stärker am Individuum, also auf sozialpsychologischer bzw. "subjektiver" Ebene anknüpfen (vgl. z.B. Turner, 1987), versuchen andere das Sozialverhalten von Individuen und die dahinterstehenden Ursachen aus abstrakterer, tendenziell soziologischer ("objektiver") Ebene zu erklären (vgl. z.B. Ellemers, 1993). Aus diesem Grund muß eine Entscheidung über eine der beiden Perspektiven, die dieser Arbeit zugrundeliegen soll, getroffen werden.

Tajfel/Turner (1979) äußern die Überzeugung, subjektiv wahrgenommene, für das Sozialverhalten von Individuen relevante Konstrukte (z.B. Gruppenidentifikation), würden sehr stark von realen im Sinne von objektiven gesellschaftlichen Strukturen (z.B. Statusstrukturen) und anderen objektiven Stimuli (z.B. Merkmale von Personen oder Gruppen) abhängen, die Subjektivität der Wahrnehmung also sehr stark von der Objektivität von Bedingungen geprägt ist und umgekehrt. Die Objektivität beispielsweise soziostruktureller Bedingungen wird im Rahmen der S.I.T. also keinesfalls verneint. Diese Überzeugung soll auch der vorliegenden Arbeit zugrunde liegen. Es wird von einer sozialpsychologischen Perspektive ausgegangen, wobei angenommen wird, daß individuelle Wahrnehmungen sehr stark von objektiven Faktoren wie beispielsweise soziostrukturellen Bedingungen geprägt sind. Das bedeutet, daß objektive Realitäten keinesfalls verneint werden bzw. daß über die Subjektivität der Wahrnehmung der Filter der Objektivität von Bedingungen gelegt wird.

Wenn beispielsweise ein Mann in einer bestimmten Situation eine Kategorisierung der Geschlechter vornimmt, so hat er aufgrund der objektiven Existenz lediglich zweier Geschlechter nur die Möglichkeit, sich der Kategorie der Männer zuzuordnen. Die ihm potentiell zur Verfügung stehenden Gruppen bzw. die subjektiven Selbstkategorisierungsalternativen werden an diesem Beispiel also sehr stark von objektiven Bedingungen geprägt.

Es wird der Arbeit also weder eine subjektive noch eine objektive Betrachtungsebene zugrundgelegt, sondern eine Perspektive, die je nach Situation beide Ebenen als potentiell realistisch betrachtet.

3.2.1.2 Die Frage nach der Gruppe

Wenn im Rahmen der Zuschauerliteratur von Gruppenidentifikation aus der Sicht der Heimmannschaft gesprochen wird, bleibt unklar, welche Gruppe konkret gemeint ist. Einige sprechen von der Gruppe der Fans (vgl. z.B. Wann/Branscombe, 1990), während andere "a more general kind of group identification" (Murrell/Dietz,. 1992) in den Vordergrund stellen und damit eine gesamte Institution als die Gruppe ansehen, mit der sich ein Zuseher identifiziert. Zudem besteht Unklarheit darüber, ob die Mitglieder des Teams Elemente der Gruppe sind oder nicht. Einige sehen dies als selbstverständlich an (vgl. z.B. Schurr et al., 1985), während es bei anderen den Anschein hat, als ob sie die Spieler - zumindest implizit - nicht in die Gruppe der Zuseher miteinbeziehen (vgl. z.B. Sloan, 1979). Da die Abgrenzung einer Gruppe von zentraler Bedeutung für die Identifikation mit dieser ist (vgl. z.B. Ellemers, 1993), muß die Unklarheit über mögliche Gruppen, mit denen sich der Zuseher einer Heimmannschaft identifizieren kann, im Rahmen der vorliegenden Arbeit bereinigt werden.

Die Gruppe, der sich ein Individuum zuordnet, hängt nach Bruner (1957) und Oakes (1983) von Charakteristiken der Situation ab. Will man deshalb die dem Individuum im Rahmen von Sportereignissen potentiell zur Verfügung stehenden Gruppen bestimmen, ist es notwendig, jene Situation näher zu betrachten, in der die möglichen psychischen Gruppen gebildet werden. Aus den Charakteristiken der Situation können Gruppen bestimmt werden, mit denen sich die Konsumenten von Sportereignissen identifizieren.

Da es im Rahmen des Sportsettings mehrere mögliche Situationen gibt, in der psychologische Gruppen gebildet werden können (etwa in der Vorankündigung eines Sportereignisses (z.B. in den Medien), vor dem Spielbeginn, während eines Spieles, nach einem Spiel usw.), wird zunächst die Situation bestimmt, in der Gruppenbildungen am wahrscheinlichsten auftreten.

Doise und Kollegen und eine Reihe weiterer Autoren (Doise/Sinclair, 1973; Doise/Weinberger, 1973; Dustin/Davis, 1970; McKillip/DiMiceli/Leubke, 1977) führten Studien durch, in denen sie das Zusammentreffen von zwei oder mehreren Mitgliedern von jeweils zwei Gruppen (kollektives Zusammentreffen) mit einem Zusammentreffen verglichen, an dem lediglich ein Mitglied der jeweiligen zwei Gruppen anwesend war (individuelles Zusammentreffen). Sie stellten fest, daß Gruppenbildungen stärker unter kollektiven als unter individuellen Bedingungen zustande kommen. Als Begründung dafür nennt Doise die Wahrnehmung von Intra-Kategorie-Ähnlichkeiten. Da diese lediglich unter kollektiven, nicht aber unter individuellen Bedingungen wahrgenommen werden können (unter kollektiven Bedingungen fungieren andere Gruppenmitglieder als Stimuli, welche die Kategorie wachrufen), werden Selbstkategorisierungen stärker unter kollektiven als unter individuellen Bedingungen aktiviert. Doise/Deschamps/Meyer (1978) untersuchten auch unterschiedliche Ausprägungen kollektiver Bedingungen und fanden, daß die Anzahl der Gruppenmitglieder Auswirkung auf die Gruppenbildungen hat. Je "kollektiver" dabei die Bedingungen, desto wahrscheinlicher entstehen Kategoriebildungen.

Eschenbach/Horak/Plasonig (1990) sind der Meinung, daß vor allem im Sportereignis selbst (also im Stadion) kollektive Bedingungen vorzufinden sind. Bei SMB`s treffen zwei Gruppen aufeinander, die eine Mitgliederanzahl von mindestens 1.000 haben, wobei durchschnittlich die Mitgliederanzahl der Gruppen sich um 10.000 bewegt. Deshalb erscheint es sinnvoll, in weiterer Folge die Situationscharakteristiken im Stadion näher zu betrachten.

Beobachtungen lassen tendenziell die in Abbildung 31 dargestellten Charakteristiken im Stadion erkennen:

158

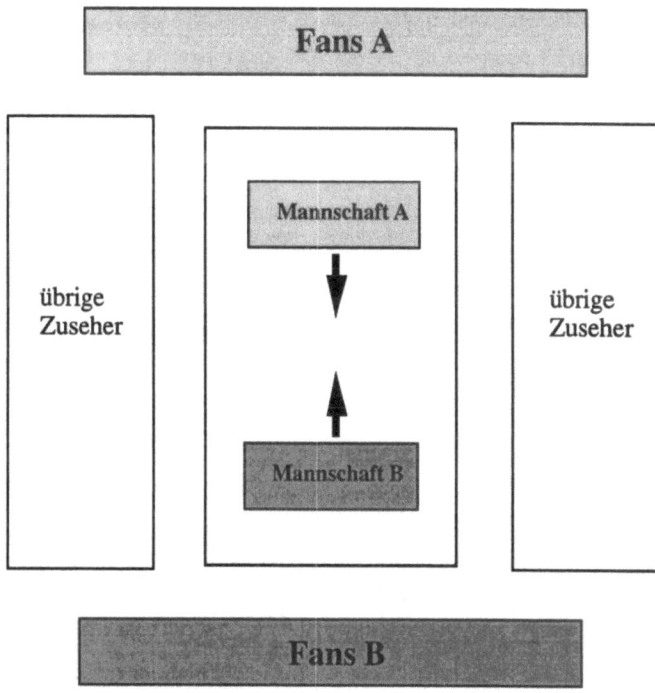

Abb. 31: Situationscharakteristiken im Stadion

Aus der Abbildung können einige zentrale Merkmale der Situation entnommen werden:

Fans konsumieren das Produkt in einem klar abgegrenzten Raum. Dieser wird umgangs-
sprachlich mit "Fanblock" bezeichnet (Herrmann, 1977). Als weiteres, sehr wesentliches
Situationsmerkmal, sind die in Abbildung 31 auffallenden, unterschiedlichen Schattierungen
zu nennen. Dabei sind die Schattierungen der beiden Fanblocks (Fans A sind heller als Fans B)
unterschiedlich und die der Fans und der zugehörigen Mannschaft (Fans A und Mannschaft A
bzw. Fans B und Mannschaft B) gleich, während die Blöcke der übrigen Zuseher überhaupt
nicht schattiert sind. Einen Hinweis für die unterschiedlichen Schattierungen gibt Grieswele
(1986):

"Permanente Anfeuerungsrufe und Gesänge sind fester Bestandteil des Lebens im Fanblock. Die Identifikation mit der Mannschaft manifestiert sich in Symbolen wie im Drapieren mit den Vereinsfarben und den rituellen Formen der Begeisterung und den Bindungen an partikulare Bezüge" (S. 77).

Kleidung, Gesänge, Sprache und Rituale verleihen dem Fanblock eine klare Gestalt, die sich sehr deutlich von der des anderen Fanblocks unterscheidet. Im anderen Fanblock sind die Merkmalsdimensionen zwar dieselben, die Ausprägungen sind aber unterschiedlich, d.h. die Gesänge sind andere, Art und Farbe der Symbole sind unterschiedlich, andere Rituale umrahmen den Block.

Die Blocks der übrigen Zuschauer sind nicht schattiert. Das ist so zu verstehen, daß die Merkmalsdimensionen, die im Fanblock vorzufinden sind, in den übrigen Zuseherblocks nicht bzw. nicht in diesem Ausmaß gegeben sind.

Dies führt zu folgendem Schluß: im Stadion herrschen - abhängig vom Standort, von dem aus die Zuseher das Sportereignis konsumieren - unterschiedliche Situationscharakteristiken vor. Während die Fanblöcke durch klar definierte Merkmalsausprägungen gekennzeichnet sind, sind diese Charakteristiken in den beiden Blöcken der übrigen Zuseher nicht gegeben.

Gleiche bzw. sehr ähnliche Kleidung, Gesänge, Sprache und Rituale sind nun nach der Theorie der Sozialen Identität Elemente prototypischer normativer Verhaltensweisen (bzw. prototypischen normativen Sozialverhaltens) von Gruppen (vgl. z.B. Oakes, 1983). Oakes (1983) bezeichnet normative Verhaltensweisen als zentrale Stimuli, die Selbstkategorisierungen auslösen.

Oben wurde gezeigt, daß aus der Sicht des einzelnen Individuums im Fanblock andere normative Verhaltensweisen auf das Individuum einwirken als in den übrigen Zuschauerblöcken. Diese Tatsache gibt Anlaß zur Annahme, der Zuseher würde im Fanblock eine andere Selbstkategorisierung aktivieren als der Zuseher im übrigen Zuschauerblock. Im Rahmen der vorliegenden Arbeit wird deshalb vermutet, das Sportereignis biete aus der Sicht einer Heimmannschaft zwei mögliche Gruppen, denen sich ein Zuseher potentiell zuordnen kann.

1. Die Gruppe des Zusehers im Fanblock

Im Fanblock der Heimmannschaft sind Stimuli (z.B. schwarz-weiße Schals, Fahnen und Mützen) zu beobachten, die eine hohe Ähnlichkeit aufweisen. Der gegenüberliegende Fanblock ist durch Stimuli charakterisiert, die sich vom Fanblock der Heimmannschaft stark unterscheiden (z.B. hellblaue Schals, Fahnen und Mützen). Nach dem Meta-Kontrast-Verhältnis aktiviert das Individuum im Fanblock die Kategorie "Fans", da die Unterschiede zwischen dem eigenen und dem gegenüberliegenden Fanblock sehr hoch und gleichzeitig die Unterschiede innerhalb des eigenen Fanblocks aufgrund der hohen Ähnlichkeit der Stimuli als sehr gering wahrgenommen werden. Alle Personen also, die im Fanblock das Sportereignis in Anspruch nehmen, sind Elemente der Gruppe der "Fans". Diese Behauptung kann durch die Untersuchung von Wann/Branscombe (1990) erhärtet werden. Sie stellten bei Fans des gleichen Teams eine enge Bindung untereinander fest.

Spätestens an diesem Punkt drängt sich die Frage auf, ob die Fan-Gruppe die Spieler der Mannschaft als Elemente der eigenen Gruppe ansieht oder nicht.

Zur Beantwortung dieser Frage wird der Ansatz sozialer Repräsentationen herangezogen, der im Rahmen der Theorie der Sozialen Identität eine nicht unwesentliche Rolle spielt (vgl. z.B. Wagner, 1995). Wagner (1995) gibt folgende Definition von sozialen Repräsentationen: "In the collective plurality view, social representation is conceived on the one hand as a communication process taking place in social groups, and on the other hand as the result of this process" (S. 126). Soziale Repräsentationen setzen sich also aus einem Kommunikationsprozeß und dem Ergebnis dieses Prozesses zusammen. Was die Ergebnisse des Prozesses betrifft, meint Bourdieu (1976): "The results of these communicative and discursive processes characterize the style of thinking of the group's members" (15). "Thinking" wird dabei von Bourdieu als erweitertes Konstrukt angesehen, das Meinungen, Einstellungen und Wissen umfaßt. Unter "social" versteht Bourdieu ein hohes Ausmaß an Ähnlichkeit von Meinungen, Einstellungen und Wissen bei allen Gruppenmitgliedern. Objekte sozialer Repräsentationen können ganz unterschiedliche sein, wie etwa andere Gruppen, Ereignisse aber auch Personen. Der Inhalt einer sozialen Repräsentation könnte somit die Meinung von Gruppenmitgliedern darüber sein, welche anderen Personen noch zur Gruppe gehören und welche nicht.

Will man also untersuchen, ob die Fan-Gruppe die Spieler der Heimmannschaft als Gruppenmitglieder ansehen, sind gemeinsam geteilte Meinungen und Einstellungen näher zu betrachten, die Mitglieder der Fan-Gruppe im Hinblick auf die Spieler der Heimmannschaft haben. Deshalb werden inhaltlich spezifizierte soziale Repräsentationen näher betrachtet, welche die Mitglieder der Fangruppe über die Spieler der eigenen Mannschaft haben.

Es läßt sich eine Reihe empirischer Untersuchungen antreffen, in denen Fans zu ihrer Meinung über ihre Beziehung zur Mannschaft befragt wurden (vgl. z.B. Heitmeyer/Peter, 1988). Dabei kam deutlich zum Ausdruck, daß Fans sich nicht als Zuseher, sondern als aktive Unterstützer der Mannschaft sehen (Strauß, 1993). Diese Rolle von Fans wird häufig mit dem Begriff "zwölfter Mann" umschrieben (Heitmeyer/Peter, 1988). Die semantische Bedeutung von "Zwölfter Mann" läßt darauf schließen, daß sich Fans auf die gleiche Ebene setzen wie Spieler der Mannschaft, die im Sportereignis um sportliche Erfolge kämpfen. Ein Fan glaubt also nicht, die Rolle eines Zusehers, sondern die eines aktiven Protagonisten einzunehmen, der einen Beitrag zur sportlichen Zielerreichung leistet.

Dies gibt Grund zur Annahme, Fans würden die Spieler als Mitglieder ihrer Gruppe ansehen. Diese Annahme wird zudem durch ähnlichen prototypischen Verhaltensweisen von Fans und von der Mannschaft verstärkt. Fans tragen beispielsweise zum Teil dieselben Symbole wie die Spieler (z.B. dieselben Vereinsfarben), zudem erfolgen im Sportereignis (aber auch außerhalb) Akte des Dankes der Spieler an ihren "zwölften Mann". Dies äußert sich etwa dadurch, daß nach Torerfolgen bzw. nach den Spielen die Spieler sich ihren Fans zuwenden, um dadurch explizit ihre Gruppenzugehörigkeit zum Ausdruck zu bringen.

Die Gruppe, die sich aus den Fans und den Spielern zusammensetzt, wird mit Fan-Team-Gruppe bezeichnet.

2. Die Gruppe des Zuseher im übrigen Zuseherblock

Es gilt als Tatsache in der Praxis, daß vor (z.B. in den Medien) und während eines Sportereignisses die Namen der beiden Teams, die gegeneinander antreten, öfters kommuniziert werden. Zentraler Bestandteil eines jeden Namens eines Teams ist die Institution, dem das Team angehört. Der Begriff "Institution" wird in der Zuschauerliteratur im Zusammenhang

◆ mit einem Stadtteil (Herrmann, 1977), wie z.B. die österreichischen Fußballmannschaften der Stadt Wien (Austria und Rapid Wien),
◆ mit einer Stadt bzw. Gemeinde (vgl. z.B. Schurr et al., 1987), z.B. die italienische Handballmannschaft SSV Brixen,
◆ mit einer Region (vgl. z.B. Schurr et al., 1987), wie beispielsweise die österreichische Fußballmannschaft FC Tirol,
◆ mit einer Nation (vgl. z.B. Wann/Branscombe, 1990), z.B. Costa Rica oder
◆ mit einer öffentlichen Körperschaft (vgl. z.B. Murrell/Dietz, 1992), z.B. eine Universität, etwa die Collegeteams in den USA,

gebracht.

Es besteht nun eine dezidierte Meinung darüber, daß kommunikativ-verbale Stimuli eine hohe Bedeutung für die Aktivierung von Identitätszuschreibungen haben (vgl. z.B. Higgins, 1986; Krappmann, 1988). Reck (1981) zeigte, daß Namen zentrale Codes für die Aktivierung der individuellen Identität sind. Hört man beispielsweise seinen eigenen Namen rufen, werden Identitätszuschreibungen aktiviert, die der individuellen Identität zuordenbar sind.

Aufgrund vielfacher Nennungen der Institution bzw. durch die permanente Betonung zweier sich konfligierender Institutionen im Rahmen von Sportereignissen und durch die gleichzeitige Berücksichtigung der hohen Bedeutung der Kommunikation für die Aktivierung von Identitätszuschreibungen, besteht Grund zur Annahme, Konsumenten im Block der übrigen Zuseher würden sich mit der Institution kategorisieren, der sie angehören. Als Gruppenmitglieder würden dabei alle Personen zählen, die der gleichen Institution angehören wie das Individuum selbst.

Die Annahme einer derartigen Kategorisierung findet Unterstützung durch die Hypothese über unterschiedliche Abstraktionsebenen der Selbstkategorisierung. Der Großteil der im Sportereignis anwesenden Personen gehört einer der beiden Institutionen an. Das bedeutet, daß die nächsthöhere Abstraktionsebene die Zugehörigkeit zu einer Institution ist und deshalb die Kategorisierung von "Institution A" und "Institution B" aktiviert wird.

Auch im Rahmen dieser psychologischen Gruppe stellt sich die Frage, ob die Spieler des Teams Elemente der Gruppe sind oder nicht. Auch diese Frage läßt sich über soziale Repräsentationen beantworten. Einige Autoren (vgl. z.B. Sloan, 1979) konnten zeigen, daß Zuseher von Sportereignissen die Meinung äußern, das Team hätte die Funktion eines Repräsentanten der Institution, der sie angehören. Dies impliziert eine gemeinsame Gruppenzugehörigkeit.

Das bedeutet, daß im Unterschied zur Fan-Team-Gruppe, in der übrige Zuseher nicht als Mitglieder der Gruppe gesehen werden, in diesem Falle Fans als Mitglieder derselben Gruppe zugeordnet werden.

Diese zweite Gruppe, die sich aus den Mitgliedern der Institution und den Spielern der Mannschaft zusammensetzt, wird als Institution-Team-Gruppe bezeichnet.

Zusammenfassend wird also im Rahmen der vorliegenden Arbeit davon ausgegangen, Konsumenten von Sportereignissen hätten die Möglichkeit, sich mit einer von zwei Gruppen zu identifizieren und zwar mit der Fan-Team-Gruppe oder mit der Institution-Team-Gruppe.

Nach der Klärung dieser beiden grundsätzlichen Fragen, werden in der Folge die Antezedenzbedingungen von Gruppenidentifikation in Sportereignissen näher analysiert.

3.2.2. Status

Wenn das Streben nach positivem Selbstwertgefühl Menschen zur Identifikation mit Gruppen motiviert, und wenn dieses Bedürfnis nur durch Identifikation mit einer Gruppe mit hohem sozialen Status befriedigt wird, muß der Status der Gruppe selbst die zentrale Antezedenzbedingung des Konstrukts sein.

Dies wird durch eine Vielzahl von Untersuchungen bestätigt. Ellemers (1993) untersuchte beispielsweise die Auswirkung unterschiedlicher Antezedenzbedingungen auf die Gruppenidentifikation und bestätigte den Status der Gruppe als ihre bedeutendeste Antezedenzbedingung.

Nach Tajfel (1979) werden diejenigen Gruppen in einer Gesellschaft als Statusgruppen angesehen, die im Besitz von knappen Ressourcen sind. Er bringt das Beispiel materieller Ressourcen, wie etwa Geld, und definiert Gruppen, die im Besitz großer Geldmengen sind, als Statusgruppen. Knappe Ressourcen stellen in Intergruppenkonflikten gleichzeitig relevante Vergleichsdimensionen dar. Will man mögliche Statusgruppen von potentiellen Teilnehmern an Sportereignissen bestimmen, können daher knappe Ressourcen definiert werden.

Ganz unterschiedliche Ressourcen könnten im Rahmen von Sportereignissen als knapp definiert werden. In den Darstellungen zu relevanten Attributen von Sportereignissen resultierte jedoch das Attribut "sportliche Leistung der Heimmannschaft" als das zentrale für aktive Sportkonsumenten. Sportliche Leistungen setzen sich aus potential-, prozeß- und ergebnisorientierten Fähigkeiten der Heimmannschaft zusammen. Auf allen Dimensionen besteht ein hoher Wettbewerb. Die beteiligten Mannschaften kämpfen um Siege, Punkte, Tore, um den Erwerb der besten Spieler oder um hohe Gagen oder um die Gunst der Zuseher im Rahmen des Spielprozesses durch außerordentliche Spielkombinationen.

Dies impliziert, daß im Rahmen von Sportereignissen jene Gruppen als Statusgruppen gelten, die auf der Ebene sportlicher Leistungen am besten abschneiden.

3.2.2.1. Der Einfluß des Gruppenstatus auf die Gruppenidentifikation im Rahmen von Sportereignissen

Im Rahmen der Theorie der Sozialen Identität besteht Einigkeit über den allgemeinen Einfluß des Gruppenstatus auf Gruppenidentifikation. Dazu meint Ellemers (1993):

"The most straightforward conclusion that can be drawn from this experiment is that group members are generally more satisfied and identify more strongly with high status groups than with low status group ..... nevertheless, all members of low status groups were equally dissatisfied about the relatively poor performance of their group. In this sense, it may be predicted from social identity theory that people are more strongly motivated to identify as a member of their group when it has high status than when the ingroup`s status position is comparatively low" (S. 35).

Dieser allgemeine Zusammenhang zwischen dem Status der Gruppe und der Gruppenidentifikation wird überblicksmäßig in Abbildung 32 zusammengefaßt:

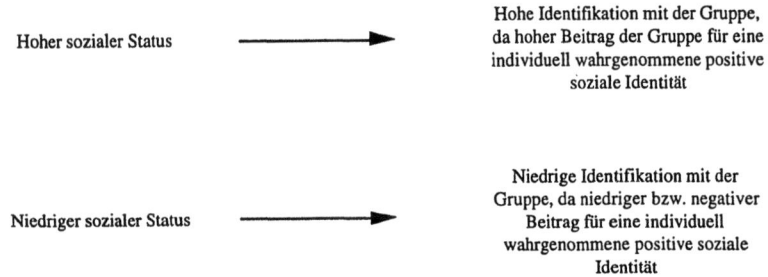

Abb. 32: Zusammenhang zwischen Gruppenstatus und Gruppenidentifikation

In der Folge wird gezeigt, daß die in Abbildung 32 postulierten Zusammenhänge über die Ausprägung des Status und die Ausprägung der Gruppenidentifikation im Rahmen von Sportereignissen nur teilweise zutreffen.

Sportliche Leistungen einer Mannschaft und somit der Status der Gruppe sind tendenziell hohen Schwankungen unterworfen. Daraus kann gefolgert werden, daß auch die Gruppe, mit der sich der Zuseher identifiziert, nicht immer, sondern nur manchmal oder auch nie eine Statusgruppe ist.

Sind die sportlichen Erfolge positiv, ist das Konstrukt aufgrund des hohen Status der Gruppe bei allen Sportkonsumenten stark ausgeprägt. Das bedeutet, daß im Positivzustand (positiver sozialer Status der Gruppe) der in Abbildung 32 postulierte Zusammenhang stimmt. In einem solchen Falle stellt sich die Frage nach gelegentlichem oder regelmäßigem Konsum von Sportereignissen nicht, da der gelegentliche Zuseher zum regelmäßigen wird. Diese Frage stellt sich erst bei einem negativen sozialen Status.

Im Negativzustand (negativer sozialer Status der Gruppe[3]) stimmt der in Abbildung 32 postulierte Zusammenhang nur teilweise. Dieser trifft für gelegentliche Zuseher zu, für regelmäßige aber nicht:

Gelegentliche Zuseher besuchen tendenziell dann das Stadion, wenn die Leistung der Heimmannschaft gut ist, denn durch diese gute Leistung nimmt der Zuseher die Gruppe, der er angehört, als Statusgruppe wahr. Diese leistet einen positiven Beitrag zu seiner sozialen Identität und deshalb identifiziert sich der gelegentliche Zuseher in hohem Ausmaß mit der Gruppe. Ist die Leistung der Heimmannschaft nicht gut bzw. schlechter als die Leistung anderer Mannschaften, nimmt der Zuseher die Gruppe nicht als Statusgruppe wahr, da sie keinen bzw. einen negativen Beitrag zu seiner sozialen Identität leistet. Deshalb nimmt die Identifikation mit der Gruppe ab. Er besucht das Sportereignis nicht.

Der Zusammenhang trifft jedoch nicht für regelmäßige Sportkonsumenten zu. Diese konsumieren nämlich das Sportereignis auch dann, wenn die sportlichen Erfolge der Mannschaft negativ sind. Mit anderen Worten: es kann davon ausgegangen werden, daß die Gruppe für regelmäßige Zuseher auch unter Negativbedingungen zu einer positiven sozialen Identität beiträgt.

---

[3] Eine Gruppe mit negativen Status wird in der Folge auch als inferiore und eine Gruppe mit positiven Status auch als superiore Gruppe bezeichnet.

Da für den Positivzustand der Zusammenhang zwischen Gruppenstatus und Gruppenidentifikation stimmt, für den Negativzustand aber nicht, wird dieser in der Folge näher betrachtet.

Bei einer näheren Betrachtung der Verhaltensweisen von Individuen und Gruppen im Negativzustand können unterschiedliche Reaktionsweisen von gelegentlichen und regelmäßigen Zusehern abgeleitet werden, die in der Folge näher betrachtet werden.

3.2.2.2. Erklärungsansatz für gelegentliches Zusehen bei negativem sozialen Status

Es wird in der Folge erklärt, zu welchen Reaktionsweisen ein negativer sozialer Status bei gelegentlichen Zusehern führt, welches also konkrete Mechanismen sind, die dem gelgentlichen Zuseher in einer Negativsituation dazu veranlassen, das Sportereignis nicht zu konsumieren.

Im Rahmen der Theorie der Sozialen Identität wird davon ausgegangen, daß Individuen, die sich von der Wahrnehmung eines negativen Selbstwertgefühls bzw. einer negativen Identität bedroht sehen, Status-Management-Strategien aktivieren (vgl. z.B. Ellemers et al., 1988). Diese verfolgen das Ziel, den negativen sozialen Status zu überwinden bzw. einen positiven Status zu erreichen (Tajfel, 1979). Ihre Besonderheit ist in der Entscheidung eines Individuums zu sehen, die Gruppe zu verlassen, um auf individuellem Weg einen positiven Status zu erreichen. Diese Strategien werden auch als individuelle Mobilitätsstrategien bzw. als Individualstrategien bezeichnet. "Individual group members may try to leave their low-status group and gain admission to a group with higher status (the "passing" or individual mobility strategy)" (Ellemers/Wilke/Van Knippenberg, 1993, S. 766).

Im Rahmen der S.I.T werden zwei Individualstrategien von sich in einer negativen Statussituation befindlichen Person diskutiert, wobei die eine als eine am Verhalten orientierte und die andere als eine kognitiv orientierte Strategie bezeichnet wird (Blanz et al., 1995).

Die zentrale, dem Individuum zur Verfügung stehende Strategie ist eine verhaltensorientierte. Sie wird als **Strategie der individuellen Mobilität** bezeichnet (vgl. Tajfel, 1978); die Bezeichnung "verhaltensorientiert" wird deshalb gewählt, da die

Entscheidung für eine neue (Out)group-Mitgliedschaft nach Tajfel (1978) Änderungen in der Selbstpräsentation, in Verhaltensnormen und in Orten, welche die Person aufsucht, mit sich zieht. "Subjects may tend, for example, to change their place of residence or to present symbols publicly which indicate their new group membership towards their previous ingroup colleagues in order to assure an unambiguos hetero-categorization" (Blanz et al., 1995, S. 6).

Diese Strategie drückt sich im Nichterscheinen des gelegentlichen Zusehers unter Negativbedingungen aus. Wenn die Leistung der Mannschaft schlecht ist, leistet die Gruppe im Sportereignis für den Konsumenten keinen Beitrag für eine positive soziale Identität. Der Sportkonsument "verläßt" die Gruppe und sucht andere Gruppen auf (beispielsweise andere Freizeitgruppen), die einen positiven Beitrag für seine soziale Identität zu leisten in der Lage sind.

Die zweite ist eine kognitive Strategie. Man bezeichnet sie als **Individualisierungsstrategie** (vgl. Tajfel, 1978). Der Begriff Individualisierung bezieht sich auf die persönliche Identität. Das Individuum hat nicht nur die Möglichkeit, lediglich auf der sozialen Dimension der Identität zu agieren, sondern grundsätzlich auch die Alternative, die andere Dimension der Identität (also die persönliche) zu aktivieren. "Members of inferior groups can shift from social to personal identity and define themselves no longer as a group member but as unique individuum which is not affected by the evaluation of any group" (Ellemers, 1993, S. 36). Diese Strategie wird deshalb als kognitiv orientierte angesehen, da Personen ihre Nichtmitgliedschaft zu einer sozialen Gruppe zwar nicht unbedingt offen zeigen (Ellemers, 1993), sich aber innerlich von der Gruppe durch die Aktivierung der Dimension der persönlichen Identität distanzieren.

Der Sportkonsument aktiviert demzufolge im allgemeinen unter Bedingungen schlechter sportlicher Leistungen der eigenen Mannschaft nicht andere Gruppen, die einen Beitrag für seine Identität stiften können, sondern andere individuelle Identitätszuschreibungen, die es ihm ermöglichen, eine positive Identität, und zwar in diesem Falle nicht eine positive soziale, sondern eine positive persönliche Identität, wahrzunehmen. Er versucht also die negative soziale Identität, die er im Rahmen des Sportereignisses erfährt, dadurch zu überwinden, daß er auf andere Zuschreibungen ausweicht, die ihm von einem Besuch des Sportereignisses abhalten.

Die beiden Strategien, die dem Sportkonsumenten im Falle einer Zugehörigkeit zu einer niedrigen Statusgruppe zur Verfügung stehen, werden abschließend in Abbildung 33 dargestellt.

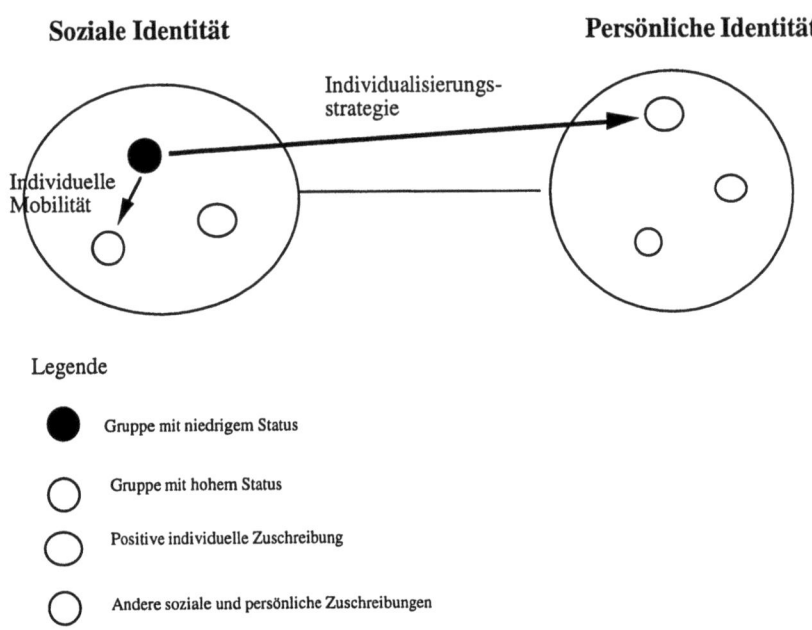

Soziale Identität   **Persönliche Identität**

Individualisierungs-
strategie

Individuelle
Mobilität

Legende

● Gruppe mit niedrigem Status

○ Gruppe mit hohem Status

○ Positive individuelle Zuschreibung

○ Andere soziale und persönliche Zuschreibungen

Abb. 33: Strategien von gelegentlichen Zusehern unter Negativbedingungen

3.2.2.3. Erklärungsansatz für regelmäßiges Zusehen bei negativer sozialer Identität

Regelmäßig zusehen impliziert, daß auch bei negativem Status die Identifikation mit der Gruppe hoch sein muß. Es drängt sich deshalb die Frage auf, wie es Individuen schaffen, auch unter Negativbedingungen eine hohe Identifikation mit der Gruppe wahrzunehmen.

Vor allem Ellemers und Kollegen (Ellemers et al., 1988; Ellemers et al., 1992; Ellemers, 1993; Ellemers/Wilke/Van Knippenberg, 1993) und Blanz und Kollegen (Blanz/Mummendey/Otten, 1995; Blanz et al., 1995) beschäftigen sich im Rahmen der S.I.T. intensiv mit hoher Gruppenidentifikation unter Negativbedingungen. Ellemers und Kollegen gehen davon aus, daß die sich auch unter Negativbedingungen mit einer Gruppe identifizierenden Personen andere als die im letzten Kapitel diskutierten Status-Management-Strategien aktivieren. Wenn dem so wäre, wäre immer noch die Frage zu beantworten, welches denn die Bedingungen sind, die es dem Individuum unter Negativbedingungen ermöglichen, eine hohe Identifikation mit der Gruppe wahrzunehmen. Auch auf diese Frage ist die Theorie der sozialen Identität in der Lage, eine Antwort zu geben. Deshalb befassen sich die folgenden Ausführungen mit alternativen Status-Management-Strategien und mit den Voraussetzungen zur Aktivierung dieser Strategien.

3.2.2.3.1. Alternative Status-Management-Strategien unter Negativbedingungen

Die Charakteristik alternativer Status-Management-Strategien besteht in der Entscheidung eines Individuums, einen positiven Status in einer Negativsituation nicht auf individuellem Wege zu erreichen, sondern den negativen Status zusammen mit der gesamten Gruppe zu überwinden. Sie werden deshalb in Anlehnung an die S.I.T. als Gruppenmobilitätsstrategien bzw. Gruppenstrategien bezeichnet. "Individual group members may try to upgrade the relative status position of their own low-status group as a whole (group mobility)" (Ellemers/Wilke/Van Knippenberg, 1993, S. 766).

Die S.I.T. stellt eine Vielzahl von alternativen Status-Management-Strategien zur Diskussion. Aus Gründen der Übersichtlichkeit wird deshalb in einem ersten Schritt eine Kategorisierung dieser Strategien vorgenommen (vgl. Blanz et al., 1995).

Nach Blanz et al. können die dem Individuum potentiell zur Auswahl stehenden Strategien in eher auf das Verhalten orientierte und in eher kognitiv orientierte eingeteilt werden. Deshalb werden die im folgenden erörterten Strategien auch nach diesem Schema kategorisiert.

Am Verhalten orientierte Strategien werden als solche bezeichnet, da sie verhaltensmäßig manifest werden (Adams, 1965). Kognitive Strategien werden als solche bezeichnet, da sie auf kognitiven Veränderungen von Vergleichsparametern bezüglich Statusdefinitionen basieren (Mummendey, 1989). Das Ziel dieser Strategien ist eine gemeinsam geteilte positive Neubewertung der Ingroup, vor allem durch Wahrnehmungsveränderungen.

1. Am Verhalten orientierte Strategien

Verhaltensorientierte Strategien werden bezeichnet als Strategien des sozialen Wandels (vgl. z.B. Tajfel, 1979). Taylor/McKirnan (1984) sprechen von einer Tendenz von Mitgliedern inferiorer Gruppen, "to engage in collective action which is primarily aimed at competing with the superior outgroup on the relevant dimension: members of an inferior group try to improve the relative position of their own group by achieving the superior position on the relevant dimension whereas the former superior group takes over the inferior position now" (Taylor/McKirnan, 1984, S. 7). Diese Strategie bezieht sich also auf Verhaltensintentionen, die auf eine Verbesserung auf der oder den relevanten Vergleichsdimensionen ausgerichtet sind. Turner (1975) unterscheidet zwischen einer **sozialen** und einer **instrumentellen bzw. realistischen Wettbewerbsstrategie.** Während die erste vor dem Hintergrund von Selbstbewertungsmotiven in Gang gesetzt wird, auf sozialen Vergleichen beruht und in einer tendenziell subtilen Form ausgeführt wird (vgl. dazu auch Tajfel/Turner, 1986), "the latter is linked to self-interest and incompatible group goals (perceived conflict referring to rare economic or material goods)" (Blanz et al., 1995, S. 7). Eine soziale Wettbewerbsstrategie äußert sich beispielsweise in Neid und unausgesprochenen Rivalitäten, eine realistische manifestiert sich in direkten verbalen und sonstigen Attacken zwischen Gruppen. Beide Strategien sind verhaltensorientiert, da sie sich in einem aktiven kompetitiven Verhalten zwischen Gruppen manifestieren.

Diese Strategien sind bei aktiven regelmäßigen Zusehern von Sportereignissen zu beobachten. Wenn die Gruppe einen niedrigen Status hat, entwickeln die Zuseher eine "Und-jetzt-erst-recht-Haltung", die zur Unterstützung von seiten der Sportkonsumenten auch unter Negativbedingungen führt. Betrachtet man die Verhaltensweisen von Zusehern in Stadien, die darauf abzielen, die andere Gruppe hauptsächlich durch verbale Verhaltensweisen zu bekämpfen, kann man im Rahmen von Sportereignissen von einem realistischen Wettbewerb ausgehen.

Eine dritte verhaltensorientierte Strategie wird von Tajfel (1978) vorgeschlagen. Sie kann als **Assimilationsstrategie** bezeichnet werden. "The inferior group tries to become more and more similar to the superior outgroup. The strategy of assimilation finally results in a merging of the inferior ingroup with the superior outgroup whose positive social identity will be adopted" (S. 93/94). So beschreibt Berry (1984) beispielsweise vier kulturelle Strategien von

Immigranten, die ihre eigene Kultur ihres Mutterlandes aufgeben und die Fremdkultur mittelfristig annehmen (siehe dazu auch Moghaddam/Taylor/Lalonde, 1987, die von ähnlichen Assimilationsstrategien sprechen).

Im Rahmen möglicher Strategien für Zuseher würde diese Strategie bedeuten, daß der Zuseher die Möglichkeit hat, im Falle eines negativen sozialen Status eine Annäherung zur anderen Gruppe, d.h. zur Gastmannschaft anzustreben. Diese Strategie scheint aus verschiedenen Gründen keine wirkliche Alternative zu sein. Die hohe Wettbewerbsintensität im Rahmen der Gruppenkonflikte, die rigiden Gruppennormen (vgl. z.B. Lenk, 1972), das manifeste Bekenntnis zur Zugehörigkeit zu einer Gruppe (z.B. das Tragen von Symbolen) bringen zum Ausdruck, daß es dem einzelnen Zuseher bzw. der Gruppe unmöglich erscheinen mag, diese Strategie in Betracht zu ziehen. Deshalb scheidet sie als mögliche Alternative aus.

2. Kognitiv orientierte Strategien

In der Literatur werden acht kognitiv orientierte Strategien angeführt. Die ersten fünf in der Folge besprochenen Strategien werden im Rahmen der S.I.T. als Kreativstrategien bezeichnet.

Inferioren Gruppen wird die Möglichkeit einer Uminterpretation relevanter, den Status definierender Vergleichsdimensionen eingeräumt (Tajfel/Turner, 1986). Dadurch schaffen sie es, einen positiven sozialen Status wahrzunehmen. Die Wahl dieser Strategie wird als soziale Kreativität bezeichnet. Einer Gruppe stehen verschiedene alternative Kreativitätsstrategien zur Verfügung.

◆ Strategien der relativen Neubewertung

Eine Möglichkeit sind Strategien der relativen Neubewertung. "They refer to tendencies of members of inferior groups to reverse the evaluation of the two poles of a relevant comparison dimension without changing the absolute positions of the two groups on the dimension" (Taylor/McKirnan, 1984, S. 296). Gilt beispielsweise Reichtum als relevante Vergleichsdimension zwischen Gruppen, so hat die reiche den höheren Status. Für die inferiore Gruppe besteht nun die Möglichkeit, zwei grundlegende Strategien zu wählen. Zum einen kann sie die relevante Vergleichsdimension "Reichtum" grundsätzlich in Frage stellen. Mit anderen Worten, kann die materielle Dimension von der inferioren Gruppe etwa nach dem

Motto "Geld ist nichts wert" entwertet werden: "the inferior group changes the value-connotations of this dimension in such way that material welfare is perceived as less desirable for the inferior than for the superior group (re-evaluation material)" (Blanz et al., 1995, S. 8). Diese Strategie kann als **Abwertung der relevanten Vergleichsdimension(en)** bezeichnet werden.

Zum anderen kann die Gruppe genau den entgegengesetzten Pol der relevanten Dimension als Wert ansehen, im Fall des gewählten Beispiels etwa den Nichtbesitz von Reichtum als Wert zu definieren (Blanz et al., 1995). Diese Strategie kann als **Umpolarisierung der relevanten Vergleichsdimension(en)** bezeichnet werden.

Die absoluten Positionen der Gruppen werden nicht geändert. Die inferiore Gruppe erhält aber die Möglichkeit, ihren Status (zumindest) kognitiv zu verbessern.

Mummendey/Schreiber (1983) stellten fest, daß Strategien der Neubewertung vom Individuum nur dann als echte Alternative in Betracht gezogen werden, wenn ein Intergruppenvergleich auf mehreren Dimensionen durchgeführt wird bzw. wenn mehrere Dimensionen im Rahmen des Inter-Gruppenvergleichs wichtig sind. Da im Rahmen von Statusbeziehungen zwischen Sportmannschaften lediglich eine einzige Dimension, nämlich die der sportlichen Erfolge, die mit Abstand bedeutendste ist, können Zuseher oder Zusehergruppen kaum Strategien der Neubewertung in Betracht ziehen. Diese stellen somit im Rahmen von Sportereignissen keine alternative Status-Management-Strategie dar.

◆ Strategien der Neu- oder Rekategorisierung

Strategien der Neu- bzw. Rekategorisierung beziehen sich auf die Ebene der Selbstkategorisierung. Zwei dieser Strategien werden im Rahmen der S.I.T. diskutiert.

Einerseits besteht die Möglichkeit, die eigene inferiore Ingroup und die Status-Outgroup zu einer einzigen Gruppe zu kategorisieren (Gaertner et al., 1993): "Together with the former superior outgroup the inferior group is now part of a higher level ingroup identity and can strive for positive social identity by social comparisons with higher level outgroups (higher level re-categorization)" (S. 157). Dies wäre beispielsweise dann der Fall, wenn ein Institut einer Universität ein anderes, besseres Institut der gleichen Universität nicht als Vergleichsgruppe, sondern beide Institute als Teilgruppen der Universität sieht. Diese Strategie kann als **Rekategorisierung auf einem höheren Niveau** bezeichnet werden.

Im Sinne dieser Strategie hätten Zuseher die Möglichkeit, sich mit der Gastmannschaft zu einer Gruppe zu kategorisieren. Aufgrund der hohen Wettbewerbsintensität zwischen den beiden Gruppen kann diese Form der Kategorisierung aber nicht zustande kommen.

Ähnlich dem Muster der Rekategorisierung auf einem höheren Niveau schlagen Gaertner et al. eine weitere potentiell zur Verfügung stehende Strategie vor: "Accordingly, members of inferior groups can also show tendencies towards a lower level re-categorization: they improve their self-evaluation by splitting their former ingroup into two or more sub-groups with the former superior comparison group being not relevant any more. Rather, now comparisons to other sub-groups become informative with regard to the evaluation of the new ingroup" (S. 158). Die eigene Ingroup kann also in Subgruppen gegliedert werden. Dadurch verliert die superiore Outgroup an Bedeutung. Folgendes Beispiel könnte angeführt werden: Universitäten werden sehr oft in Rankings gereiht. Ein einzelnes Institut einer Universität, das als Gruppe auf einem niedrigeren Abstraktionslevel angesiedelt ist, hätte nun bei einer schlechteren Bewertung der Universität (also der Gruppe auf dem höheren Abstraktionslevel) die Möglichkeit, sich mit anderen Instituten der Universität zu vergleichen. Somit werden andere Universitäten als Vergleichsgruppen irrelevant. Diese Strategie kann als **Rekategorisierung auf einem niedrigeren Niveau** bezeichnet werden.

Die Gesamtzusehergruppe einer Mannschaft kann - wie eingangs erwähnt - in zwei Subgruppen untergliedert werden, nämlich in die Fan-Team-Gruppe und in die Institution - Team-Gruppe. Heitmeyer/Peter (1988) stellten fest, daß es zwischen den beiden Gruppen Rivalitäten gibt, die zu jeweiligen Abwertungen bzw. zu Outgroup-Diskriminierungen führen. Es kann angenommen werden, daß die Outgroupdiskriminierungen innerhalb der Gruppen der Gesamtzusehergruppe besonders unter Negativ-Bedingungen aktiviert werden. Die gegenseitige Abwertung ermöglicht es den Gruppen auf niedrigerem Abstraktionslevel die andere Gruppe und nicht mehr die Gastmannschaft als Vergleichsgruppe heranzuziehen und somit einen positiven Status wahrnehmen zu können.

◆ Strategie zeitpunktbezogener Vergleiche

Eine weitere Kreativitätsstrategie bezieht sich auf Änderungen der zeitlichen Parameter des Vergleichssettings. Sie kann bezeichnet werden als die **Strategie zeitpunktbezogener Vergleiche**. "Members of inferior groups can reject any comparisons with other social groups, but prefer ipsative comparisons over time: if their current position on a relevant dimension is better than in the past they can achieve a positive temporal comparison outcome while avoiding a negative intergroup evaluation with a superior outgroup" (Albert, 1977, S. 487).

Diese Strategie besteht darin, nur unter Bedingungen Vergleiche zu machen, in denen die eigene Gruppe auf den relevanten Vergleichsdimensionen besser abschneidet als die andere Gruppe. Da im Bereich von Sportereignissen der Status der eigenen Gruppe sehr instabil ist, kann diese Strategie als potentielle Alternative angesehen werden. Die Zuseher können nämlich ihre Wahrnehmung nur auf Vergleichssituationen richten, in denen die eigene Gruppe auf relevanten Vergleichsdimensionen besser abschneidet als die Outgroup.

◆ Strategie der Änderung der relevanten Vergleichsdimension

Eine weitere Strategie bezieht sich auf die **Änderung der relevanten Vergleichsdimenion**. Mitglieder niedriger Statusgruppen haben die Möglichkeit, auf Vergleiche auf relevanten und für sie nicht geeigneten Dimensionen zu verzichten und stattdessen Vergleiche auf Dimensionen durchzuführen, auf denen sie besser abschneiden als die Outgroup (Tajfel, 1978).

Zuseher, deren Gruppe bzw. Mannschaft keinen Beitrag für ihre positive soziale Identität geleistet hat, ziehen oft "die Fairness der Mannschaft" oder "die Freundlichkeit der eigenen Spieler" (Heitmeyer/Peter, 1988) an Stelle des sportlichen Erfolgs als Vergleichsmaßstäbe heran.

◆ Strategien der Änderung der Vergleichsobjekte

Weitere Strategien dienen der Möglichkeit, andere/neue Objekte zum Vergleich heranzuziehen.

"While for inferior groups the superior outgroup constitutes the comparison object, members of inferior groups can select a new comparison group which holds an inferior position relative to the existing ingroup. In selecting a new inferior outgroup - i.e. a downward comparison is made - the evaluation of the own group can be improved collectively" (Wills, 1981, S. 250). Ein anderes Objekt kann also einerseits eine andere Gruppe sein; dabei kommen hauptsächlich Gruppen in Frage, die auf relevanten Vergleichsdimensionen schlechter abschneiden als die eigene Gruppe. Diese Strategie kann als **Gruppenvergleich nach unten** bezeichnet werden.

Da in den Medien und in den Sportereignissen selbst der Status jeder Gruppe, beispielsweise durch Berichterstattungen bzw. Information über die Tabellenposition der Mannschaften, deutlich ersichtlich ist, wird dem Zuseher gleichzeitig auch bewußt gemacht, daß Gruppenvergleiche nach unten möglich sind. Aus diesem Grund kann diese Alternative durchaus zur Anwendung gelangen.

Andere bzw. neue Objekte des Vergleichs können nicht nur andere Gruppen, sondern auch andere Vergleichsstandards sein. Diese Strategie kann als **Strategie neuer Vergleichstandards** bezeichnet werden. Mitglieder inferiorer Gruppen können auf soziale Vergleiche verzichten und stattdessen Vergleiche mit gesellschaftlich oder gruppenspezifisch anerkannten Normen und Werten durchführen. "If the outcome of a comparison with standards is positive, i.e. when there is a satisfying approximation to relevant goals by members of the inferior group, they are able to evaluate the ingroup positively regardless of the unsatisfying relation to the specific outgroup" (Tajfel/Turner, 1986, S. 22). Diese Strategie ist der Strategie der Änderung der Vergleichsdimensionen sehr ähnlich. Sie unterscheidet sich lediglich darin, daß sich der Inhalt der Vergleichsdimensionen nicht auf relevante Dimensionen des InterGruppenvergleichs bezieht; Vergleichsdimensionen betreffen im Falle dieser Strategie allgemeine gesellschaftliche Normen und Werte, hinsichtlich derer die Gruppe bestrebt ist, gut abzuschneiden. Dadurch wird dem Gruppenmitglied die Wahrnehmung einer positiven sozialen Identität ermöglicht.

Die Strategie neuer Vergleichstandards wurde von Tajfel/Turner (1986) vor dem Hintergrund gesamtgesellschaftlicher Konflikte, in denen die Statusbeziehungen stabil waren und für die Gruppe keine Möglichkeit bestand, auf relevanten Vergleichsdimensionen positiv abzuschneiden, als mögliche Alternative zur Erreichung eines positiven sozialen Status diskutiert. Diese kognitive Strategie wird dann gewählt, wenn sich die Gruppe langfristig in eine Richtung bewegen will, die, unter gesamtgesellschaftlichen Kriterien betrachtet, erwünscht ist. Die Aktivierung der Strategie neuer Vergleichstandards scheint im Rahmen von Sportereignissen unbedeutend zu sein, da der Sport durch sehr ausgeprägte Werthaltungen wie etwa Fairness, Kampf, Leistung oder Erfolg charakterisiert werden kann (vgl. z.B. Lenk, 1972). In dieser "Sportkultur" haben andere Vergleichstandards kaum Bedeutung.

Zusammenfassend läßt sich feststellen, daß von den elf einem Individuum potentiell zur Verfügung stehenden Strategien in einer negativen Statussituation im Rahmen des aktiven regelmäßigen Zusehens fünf davon von Sportkonsumenten herangezogen werden:

Verhaltensorientierte Strategie:

◆ Realisitischer Konflikt

Kognitive Strategien:

◆ Rekategorisierung auf einem niedrigeren Niveau
◆ Strategie zeitpunktbezogener Vergleiche
◆ Gruppenvergleich nach unten
◆ Änderung der relevanten Vergleichsdimension(en).

Allerdings sind folgende Kritikpunkte anzumerken:

◆ Die S.I.T. macht keine Aussagen darüber, welcher Konsument wann welche Strategie aktiviert, mit anderen Worten welche subjektiven Voraussetzungen für die Wahl welcher Strategien bestehen müssen. Diese Zusammenhänge sind nicht nur von wissenschaftlichen, sondern vor allem auch von praktischem Interesse, da den Konsumenten eventuell die Aktivierung von Strategien durch den Einsatz von bestimmten Marketing-Maßnahmen erleichtert werden könnte.

◆ Zudem werden im Rahmen der S.I.T. keine Aussagen über einen möglichen Zusammenhang der Strategien untereinander, vor allem aber über den Zusammenhang verhaltensorientierter und kognitiver Strategien gemacht. Letztere werden auf gleicher Kausalitätsebene diskutiert, obwohl die Vermutung, bestimmte kognitive Strategien könnten als Antezedenzbedingungen verhaltensorientierter Strategien fungieren, durchaus berechtigt erscheint. So könnte z.B. angenommen werden, daß ein Gruppenvergleich nach unten die soziale Identität der Gruppe stärkt und somit Kraft für einen realistischen Konflikt gesammelt werden kann.

◆ Schließlich muß betont werden, daß unklar bleibt, ob von regelmäßigen Konsumenten eine, mehrere oder alle Strategien in Betracht gezogen werden bzw. ob bestimmte Strategien in Kombination auftreten und wenn ja, welche. Beispielsweise ist die Vermutung naheliegend, daß zeitpunktbezogene Strategien und etwa die Strategie neuer Vergleichsdimensionen gemeinsam auftreten. So wäre es möglich, daß Konsumenten bei sportlichen Erfolgen der Mannschaft zeitpunktbezogene Strategien und bei Mißerfolgen die Strategie neuer Vergleichsdimensionen heranziehen. .

3.2.2.3.2. Bedingungen zur Aktivierung alternativer Status-Management-Strategien

Im Rahmen der Theorie der Sozialen Identität wird davon ausgegangen, daß die Möglichkeit der Aktivierung von Gruppenstrategien abhängig ist von bestimmten soziostrukturellen Variablen. "An important part of Social Identity Theory deals with characteristics of the intergroup situation that affect group members` preference to work either at individual or at collective status improvement" (Ellemers/Wilke/Van Knippenberg, 1993, S. 766). Deshalb werden die für die Aktivierung alternativer Status-Management-Strategien bestimmenden soziostrukturellen Faktoren in der Folge näher analysiert.

3.2.2.3.2.1. Soziostrukturelle Bedingungen

Tajfel (1978) und Tajfel/Turner (1979) machten sich zum ersten Mal Gedanken über den Zusammenhang von soziostrukturellen Bedingungen (bzw. Statusstrukturen) und die Auswahl von Strategien (individuelle Strategien vs. Gruppenstrategien) zur Überwindung eines negativen sozialen Status durch Individuen und Gruppen. Ellemers und Kollegen (Ellemers et al., 1988; Ellemers/Wilke/Van Knippenberg, 1993; Ellemers, 1993) griffen die Diskussion Ende der achtziger Jahre neu auf.

Dieses Kapitel widmet sich der Aufgabe zu untersuchen, ob im Umfeld von Sportereignissen soziostrukturelle Bedingungen vorherrschen, in denen Gruppenstrategien unter Negativbedingungen aktiviert werden können.

Zu diesem Zweck werden zu Beginn die Variablen erörtert, anhand derer Statusstrukturen beschrieben werden können. Gleichzeitig wird die Statusstruktur beschrieben, die in

Negativsituationen die Aktivierung von Gruppenstrategien fördert. In weiterer Folge wird gezeigt, daß bei Sportereignissen soziostrukturelle Bedingungen vorherrschen, die als Voraussetzungen für die Aktivierung von Gruppenstrategien gelten.

1. Strukturbestimmende Variablen

"Status structures can be characterized with a limited number of variables..... The main variables in this respect seem to be:

a. the permeability of group boundaries,
b. the stability of group status and
c. the legitimacy of group status" (Ellemers, 1993, S.27).

Das Individuum entscheidet sich je nach Situation bzw. je nach Ausprägung der Variablen für eine Gruppenstrategie oder für eine individuelle Strategie. "Thus, in the final instance, group members seem to pursue those status enhancement strategies that are most likely to succeed in the context of the specific situation" (Ellemers, 1993, S. 50). Bei einer bestimmten Ausprägung der Variablen führt eine Gruppenstrategie, bei einer anderen Ausprägung eine individuelle Strategie eher zu einem positiven Status. Die für die Erreichung eines positiven Status erfolgsversprechendere Strategie wird gewählt.

a. Die Durchlässigkeit von Gruppengrenzen

Die Durchlässigkeit von Gruppengrenzen wird definiert als Möglichkeit oder Unmöglichkeit, als Individuum die bestehende Gruppe zu verlassen und Mitglied einer anderen Gruppe zu werden (Cook/Crosby/Hennigan, 1977). Tajfel (1979) umschreibt Gruppengrenzen folgendermaßen:

"Permeability of group boundaries is based on the general assumption that the society in which the individual lives is a flexible and permeable one, so that if they are not satisfied, for whatever reason, with the conditions imposed upon their lives by membership in social groups or social categories to which they belong, it is possible for them (be it through talent, hard work, good luck, or whatever other means) to move individually into another group which suits them better" (S.35).

Diese Aussage von Tajfel weist darauf hin, daß Gruppengrenzen durch den Grad ihrer Durchlässigkeit definiert sind. Tajfel (1979) und Hirschmann (1970) bringen zwei gesellschaftsstrukturelle Beispiele zur praktischen Verdeutlichung durchlässiger und undurchlässiger Gruppengrenzen.

Als Beispiel extrem undurchlässiger Gruppengrenzen bringt Tajfel (1979) Kastenstrukturen. "A caste system, based on race or any other criteria perceived as immutable, is an obvious example. The structure of the relations between social groups in the society is perceived as characterized by marked stratification, making it impossible or very difficult for individuals, as individuals, to change the group" (S.35).

Als Beispiel durchlässiger Gruppengrenzen bringt Hirschmann (1970) das amerikanische Gesellschaftssystem. "The traditional American idea of success confirms the hold which exit has had on the national immagination. Success - or, what amounts to the same thing, upward social mobility - has long been conceived in terms of evolutionary individualism. The successful individual who starts out at a low rung of the social ladder, neccessarily leaves his own group as he rises; he "passes" into, or is "accepted" by, the next higher group. He takes his immediate family along, but hardly anyone else" (S. 108-109).

Die bisherigen Darstellungen über die Durchlässigkeit von Gruppengrenzen weisen bereits auf den Zusammenhang zwischen der Ausprägung der Gruppengrenzen und der Auswahl der Strategie hin, die das Individuum in einer Negativsituation wählen wird.

"For subjects in low status groups with permeable boundaries, membership of a higher status group would seem feasible. As a result, they were less satisfied about their present group membership and expressed less identification with their group than subjects in low status groups with impermeable boundaries" (Ellemers, 1993, S. 35).

Im Falle durchlässiger Gruppengrenzen hat das Individuum die Möglichkeit, die derzeitige Gruppe, mit der es unzufrieden ist, zu verlassen. Es wird die Strategie der individuellen Mobilität wählen. Im Falle undurchlässiger Gruppengrenzen hat das Individuum keine Möglichkeit, die derzeitige Gruppe zu verlassen. Es wird versuchen, den Status der Gruppe, der es zur Zeit angehört, zu verbessern. Es wird also eine Gruppenstrategie wählen, die trotz negativem sozialen Status zu einer hohen Identifikation mit der Gruppe führt.

b. Die Stabilität des Gruppenstatus

Ellemers/Wilke/Van Knippenberg (1993) definieren die Stabilität des Gruppenstatus folgendermaßen: "Stability of group status refers to the extent to which an alternative status position for the group as a whole is likely to be realized" (S. 766). Die Variable der Stabilität bezieht sich also auf die Wahrscheinlichkeit der Erreichung eines höheren Status der gesamten Gruppe. Die Gemeinsamkeit mit der erstgenannten Variable (Durchlässigkeit der Gruppengrenzen) ist darin zu sehen, daß sich beide Variablen auf die Möglichkeit der Erhöhung des Status beziehen, während der Unterschied zwischen den beiden Variablen darin liegt, daß die letztgenannte Variable die Möglichkeit zur Erhöhung des Status aus der Sicht der gesamten Gruppe und die erstgenannte diese Möglichkeit aus der Sicht des Individuums betrachtet.

Zur Bedeutung des Faktors "Stabilität" meint Ellemers (1993): "However, when investigating differential preferences of group members for individual or collective identity enhancement strategies, the stability of group status may be of as much interest as an independent variable as the permeability of group boundaries" (Ellemers, 1993, S.43).

Die Stabilität der Statusstrukturen wird analog zur Durchlässigkeit der Gruppengrenzen durch ein Kontinuum mit den Polen "stabil" und "unstabil" gekennzeichnet (Tajfel, 1979). Ein Beispiel von unstabilen Statusstrukturen wären Vergnügungsspiele, in denen unterschiedliche Gruppen um Punkte kämpfen. Ein Beispiel von (eher) stabilen Strukturen wären dieselben Spiele, in denen etwa zwei Gruppen aufeinandertreffen, wobei eine Gruppe aufgrund der hochqualitativen Besetzung seiner Mitglieder die klar bessere ist.

Ein Individuum, das einer negativen Statusgruppe angehört, wird unter stabilen Bedingungen nicht versuchen, seinen Status zusammen mit der Gruppe zu verbessern, da die Wahrscheinlichkeit, durch eine solche Strategie zum Erfolg zu kommen, vom Individuum als gering eingestuft werden wird. Umgekehrt verhält es sich unter unstabilen Bedingungen. "It may be assumed that when status differences between groups are perceived as unstable, attempts will be made to change the status quo" (Tajfel, 1978a, S. 12). Der Grund liegt in der Unzufriedenheit mit dem Status quo. Diese Unzufriedenheit ist die Folge, daß aufgrund der unstabilen Statusstrukturen eine Verbesserung der eigenen Gruppe möglich erscheint.

"Conversely, unstable group status relative to stable group status resulted in decreased satisfaction with the status position of the ingroup, and a stronger desire to work at the improvement of the group`s status position" (Ellemers, 1993, S. 44).

Unter der Bedingung unstabiler Statusbeziehungen werden also Individuen in Negativsituationen Gruppenstrategien aktivieren.

c. Legitimität des Gruppenstatus

Legitimität des Gruppenstatus wird definiert als relative Statusunterschiede zwischen Gruppen aufgrund korrespondierender relativer Kompetenzunterschiede zwischen den Gruppen (Turner/Brown, 1978; Commins/Lockwood, 1979a; Caddick, 1980, 1982; Taylor et al., 1987; Ellemers, 1993). Hat beispielsweise eine Gruppe in einem Spiel gegen eine andere Gruppe nur durch unfaire Mittel gewonnen, wird der höhere Status aus der Sicht der Mitglieder der Gruppe, die verloren hat, als illegitim bezeichnet. Die Ausprägungen der Legitimität von Statusbeziehungen befinden sich auf einem Kontinuum mit den Polen legitim und illegitim.

Was den Zusammenhang zwischen der Ausprägung der Legitimität und der Auswahl der vom Individuum gewählten Strategie betrifft, meint Ellemers (1993) im Anschluß an ihre Untersuchungen: "Thus, we may conclude from these experiments that, indeed, the conviction that one`s status position is the legitimate outcome of a just procedure may render low status more acceptable" (S.48). Unter legitimen Bedingungen ist es dem Individuum eher möglich, seine derzeitig negative Situation zu akzeptieren, oder anders ausgedrückt, den höheren Status der anderen Gruppe und den niedrigeren Status der eigenen Gruppe anzuerkennen.

Spätestens an dieser Stelle muß jedoch eine Einschränkung gemacht werden. Nicht immer akzeptiert das Individuum im Legitimitätszustand den niedrigen sozialen Status. Ellemers (1993) und Ellemers/Wilke/Van Knippenberg (1993) weisen deutlich darauf hin, daß in einer Legitimitätssituation unter Negativbedingugnen das Individuum zwar den negativen Status der Gruppe akzeptieren kann, trotzdem aber - unabhängig vom Gruppenstatus - die Möglichkeit hat, seinen individuellen Status innerhalb der Gruppe als höher im Vergleich zu anderen Gruppenmitgliedern einzustufen. In einer solchen Situation entscheidet sich das Individuum für eine Individualitätsstrategie. "When individuals are legitimately allocated to a group with low status, they will probably accept their association with that low-status group. Individuals who are assigned to a low status group on unjust grounds, however, will most likely contest their membership in that group" (Ellemers/Wilke/Van Knippenberg, 1993, S. 767).

Umgekehrt verhält es sich in einer Negativsituation, die aufgrund illegitimer Vorgänge zustandegekommen ist. "Conversely, the conviction that the ingroup has unjustly been accorded low status, is likely to cause group members to regard collective status improvement as the most appropriate strategy" (Ellemers, 1993, S.48). In dieser Situation akzeptiert das Individuum die gegenwärtigen Statusbeziehungen nicht. Es entscheidet sich, eine Gruppenstrategie in Gang zu setzen, da "members of a group with an illegitimately low status position will identify relatively strongly with their group and will be primarily concerned with opportunities for collective status improvement" (Ellemers/Wilke/Van Knippenberg, 1993, S. 767).

Als Ursache für die Aktivierung von Gruppenstrategien unter illegitimen Statusbeziehungen wird in der einschlägigen Literatur ein in diesen Situationen plötzlich auftretendes Phänomen genannt. Es handelt sich dabei um das sogenannte "Gemeinsames Schicksal-Phänomen" (= common fate). Dieses führt unter illegitimen Negativsituationen zu hoher Gruppenidentifikation und ist der Aktivierung von Gruppenstrategien förderlich. "When low status is the result of a collective injustice, it results in feelings of a common fate, in-group identification is especially strong when the collective disadvantage can be resolved by working at the enhancement of group status" (Ellemers, 1993a, S. 777).

Zusammenfassend kann also festgehalten werden, daß Individuen in illegitimen Negativsituationen, bei unstabiler Statusstruktur und undurchlässigen Gruppengrenzen dazu neigen, Gruppenstrategien in Gang zu setzen.

Tajfel/Turner (1979) erachten die kombinierte Existenz von unstabilen und illegitimen Intergruppenbeziehungen als die gewichtigste Ursache für die Aktivierung von Gruppenstrategien.

2. Übertragung der soziostrukturellen Faktoren auf Sportereignisse

a. Undurchlässige Gruppengrenzen

Um die Durchlässigkeit der Gruppengrenzen im Rahmen von Sportereignissen bestimmen zu können, muß zunächst definiert werden, welche Gruppen dem Individuum denn prinzipiell als mögliche Alternativen zur Auswahl stehen. Dabei muß darauf Bedacht genommen werden, daß diese Gruppen eine höhere Statusposition im Vergleich zur Gruppe, dem das Individuum zur Zeit angehört, haben müssen.

Solche Gruppen könnten zum einen andere Teams bzw. Anhängergruppen anderer Teams sein, die zu diesem Zeitpunkt einen höheren Status haben. Rein theoretisch könnte ein Anhänger eines Teams also zum Anhänger eines anderen Teams werden. Eine Entscheidung für diese Alternative scheint aber - den weiteren Ausführungen folgend - nicht so einfach möglich zu sein.

Einige Autoren im Rahmen der Theorie der Sozialen Identität behaupten, daß die Art eines Konfliktes Auswirkung auf die individuelle Wahrnehmung der Durchlässigkeit der Gruppengrenzen hat (vgl. z.B. Tajfel, 1979). Weiß man also, um welchen Konflikt es sich im Rahmen von Sportereignissen handelt, kann man daraus Schlußfolgerungen für die individuelle Wahrnehmung der Durchlässigkeit der Gruppengrenzen in bezug auf ein (gegnerisches) Team, das einen höheren Status hat, ziehen. Deshalb wird in einem nächsten Schritt die Art des Konflikts, den die Sportteams untereinander austragen, analysiert.

Tajfel (1979) versucht, eine Kategorisierung von möglichen Gruppenkonflikten zu geben. Er unterscheidet dabei zwischen subjektiven und objektiven Konflikten. Objektive Konflikte definiert er als "based on real or perceived conflict of "objective" interests between the groups" und subjektive Konflikte als "discrimination based on attempts to establish a positively-valued distinctiveness for one`s own group" (S.46). Man kann die Gruppenkonflikte im Rahmen von Sportereignissen auf Basis dieser Definitionen als objektive Konflikte bezeichnen, da es in Sportereignissen um Punkte und Tore geht, die in einem real stattfindenden Konflikt ausgetragen werden. Objektive Konflikte wiederum können - Tajfel folgend - unterteilt werden in explizite und implizite Konflikte. Tajfel spricht von expliziten Konflikten, wenn es sich um einen institutionalisierten und durch Normen und Regeln legitimierten Konflikt handelt, die von den involvierten Gruppen akzeptiert werden. "This is the case in any football match and in countless other social activities" (Tajfel, 1979, S. 47). Explizite Konflikte können letztlich unterteilt werden in instrumentelle und nichtinstrumentelle Konflikte. "The instrumental category consists of all those actions whose explicit aim can be directly related to causing the group to win the competition" (Tajfel, 1979, S. 47). Diese Bedingung ist im Rahmen von Sportereignissen durchaus gegeben. Konflikte im Rahmen von Sportereignissen sind also objektiv-explizit-instrumentelle Konflikte. Tajfel verwendet dafür auch den Begriff "intense intergroup conflict of interests".

In solchen Konflikten ist es für ein Individuum äußerst schwierig, die eigene Gruppe zu verlassen und zu einer anderen Gruppe zu wechseln. Tajfel (1979) meint dazu: "This is precisely the situation in an intense intergroup conflict of interests, in which it is extremely difficult for an individual to conceive of the possibility of "betraying" his or her own group by moving on the opposing group. Although this does happen on occasion, sanction for such a move are, on the whole, powerful, and the value system (at least in our cultures) are in flagrant opposition to it" (S. 35/36). Die Begründung eines nicht leicht auszuführenden Wechsels zu einer anderen Gruppe liegt nach Tajfel also darin, daß der soziale Druck für das Individuum zu hoch ist. Ein Gruppenwechsel erscheint beinahe unmöglich. Die Gruppengrenzen können also im Hinblick auf diese Gruppen als undurchlässig bezeichnet werden.

Andere, potentiell zur Auswahl stehende Gruppen, bei denen das Individuum eine Mitgliedschaft anstreben könnte, wären sich außerhalb des Sportereignisses befindliche Gruppen, die einen hohen Status haben. Dabei könnte es sich beispielsweise um superiore Freizeitgruppen handeln, wie etwa Snowboardgruppen oder Golfer, aber auch um Berufsgruppen, die ihre Freizeit gemeinsam verbringen.

Statusgruppen zeichnen sich allgemein durch hohe Fähigkeiten ihrer Mitglieder aus (vgl. z.B. Ellemers, 1988). Individuen, die sich unter Negativbedingungen mit Gruppen identifizieren, werden oft durch geringe bzw. noch nicht entwickelte Fähigkeiten charakterisiert ((vgl. z.B. Ellemers, 1988). Es ist deshalb anzunehmen, daß diese Personen auf hohe Schwierigkeiten stoßen, würden sie sich für einen derartigen Gruppenwechsel entscheiden.

Die einem Zuseher potentiell zur Verfügung stehenden Gruppen scheinen also Grenzen zu haben, die unter den gegebenen Bedingungen nicht sehr einfach zu durchdringen sind. Gruppengrenzen im Rahmen von Sportereignissen können als tendenziell undurchlässig angesehen werden.

b. Unstabile Statusstruktur

Der Status der Gruppen im Sportereignis wird durch die sportliche Leistung der Mannschaften bestimmt, die auf dem Fähigkeitspotential, dem Spielprozeß und den sportlichen Erfolgen der Mannschaft beruht.

Das Fähigkeitspotential kann deshalb als unstabil bezeichnet werden, da Mannschaften die Möglichkeit haben, Fähigkeiten beispielsweise in Form von Spieler- oder Trainereinkäufen vom einem auf den anderen Moment zu verbessern, sofern nur die notwendigen finanziellen Mittel vorhanden sind oder beschafft werden können.

Der Spielprozeß und das Spielergebnis bzw. die sportlichen Erfolge hängen sehr eng zusammen, da beide Dimensionen stark vom Zufall und von hoher Unsicherheit geprägt sind. Prozeß wie auch Ergebnis können von beiden Mannschaften nur teilweise beeinflußt werden (vgl. z.B. Sloan, 1979). Demzufolge kann sich der Status einer Mannschaft innerhalb kürzester Zeit verbessern oder auch verschlechtern, je nachdem, ob sich Zufall oder Unsicherheit positiv oder negativ auf den Prozeß oder auf das Ergebnis der eigenen Mannschaft auswirken.

c. Illegitime Statusstruktur im Sportsetting

Von Legitimität kann lediglich dann gesprochen werden, wenn der relative Status und die relative Kompetenz in gerechtem Verhältnis zueinander stehen.

Der Status einer Gruppe wird durch die Kompetenz der Gruppe zum Ausdruck gebracht. Die Kompetenz der im Sportereignis aufeinandertreffenden Gruppen wird wiederum mit der sportlichen Leistung gemessen, deren wichtigste Dimension die sportlichen Erfolge eines Teams sind. Diese werden ihrerseits sehr wesentlich vom Spielprozeß beeinflußt.

Es wird nun versucht, die Objektivität des Spielprozesses bzw. der Kompetenzunterschiede der beiden in ein Spiel involvierten Mannschaften durch ein klar definiertes Regelwerk zu gewährleisten. Die Einhaltung des Regelwerks, in dessen Rahmen der Spielprozeß eingebettet ist, soll von einer dritten Distanz, dem Schiedsrichter, sichergestellt werden. Dieser hat also die konkrete Aufgabe, die Objektivität der relativen Kompetenzunterschiede der Mannschaften auf der Grundlage des Regelwerks sicherzustellen. Dies ist aus unterschiedlichen Gründen unmöglich. So werden beispielsweise vom Schiedsrichter unterschiedliche, nicht in das Regelwerk fallende Aktionen von Spielern nicht geahndet oder offensive Outputs, wie etwa Tore, Punkte und/oder Freistöße werden fälschlicherweise zu- oder aberkannt.

Zur eben geschilderten Unmöglichkeit, die Objektivität der Kompetenzunterschiede durch den Schiedsrichter zu gewährleisten, tritt ein weiteres "subjektives Phänomen" hinzu.

Im Rahmen der Attributionsforschung wird behauptet, Zuseher würden dazu tendieren, sportliche Mißerfolge externen Faktoren zuzuschreiben. Ob also ein externer Faktor der Grund für den sportlichen Mißerfolg ist oder nicht, es wird ihm in jeden Fall der sportliche Mißerfolg zugeschrieben (und zwar, wie Grove (1992) feststellt, von den vom sportlichen Mißerfolg betroffenen Spielern, Trainern wie auch Zusehern).

Auf die Objektivität des Schiedsrichters übertragen bedeuten die Aussagen der Attributionsforschung, daß im Falle sportlicher Niederlagen die "Unobjektivität" des Schiedsrichters als Ursache für die Niederlage herangezogen wird. Immer wieder kann nach Niederlagen aus Interviews von Trainern, Spielern und Zusehern "die Schuld des Schiedsrichters für die Niederlage" explizit oder implizit entnommen werden. Eine Niederlage bzw. ein negativer sozialer Status wird also im Rahmen von Sportereignissen in den wenigsten Fällen als legitim erachtet.

Somit konnte gezeigt werden, daß in Sportereignissen genau jene soziostrukturellen Bedingungen vorherrschen, die der Ingangsetzung von Gruppenstrategien förderlich sind.

3. Kritische Würdigung der soziostrukturellen Faktoren:

Ellemers (1993) scheint der Meinung zu sein, daß der Sozialstruktur die größte Bedeutung für die Aktivierung von Status-Management-Strategien zugeordnet werden muß. Sie behauptet, daß "The main causal factor, determining how efforts at achieving a favourable social identity take shape, presumably is the social structure (or rather, people`s belief systems regarding the properties of the social structure)" (Ellemers, 1993, S.31).

Trotzdem könnte den bisherigen Ausführungen über die Begründungen der hohen Gruppenidentifikation regelmäßiger Zuseher unter Negativbedingungen entgegengehalten werden, daß dieselben soziostrukturellen Faktoren auch für gelegentliche Zuseher zutreffen. Dieses Argument könnte beispielsweise durch eine unterschiedliche Wahrnehmung der soziostrukturellen Faktoren von regelmäßigen oder gelegentlichen Zusehern abgetan werden. Trotzdem würde sich die Frage aufdrängen, warum dies der Fall sein sollte.

Da die unterschiedliche Wahrnehmung gleicher Stimuli von unterschiedlichen Individuen auf unterschiedliche subjektive Faktoren, wie etwa individuelle Prädispositionen von Menschen, zurückzuführen ist (vgl. z.B. Zimbardo, 1992), liegt die Vermutung nahe, regelmäßige Zuseher würden sich von gelegentlichen in ganz bestimmten subjektiven Faktoren unterscheiden. Deshalb wird in der Folge nach subjektiven Faktoren gesucht, die dafür verantwortlich sind, warum sich regelmäßige Zuseher auch unter Negativbedingungen mit der Gruppe identifizieren.

3.2.2.3.2.2. Subjektive Faktoren als Voraussetzung der Aktivierung von Ausweichstrategien

Aufgrund eines der Theorie tendenziell zugrundeliegenden behavioristischen Ansatzes hat die S.I.T. auf die Diskussion subjektiver Faktoren weniger Wert als auf die Untersuchung von soziostrukturellen Faktoren gelegt. Aus diesem Grund sind Arbeiten, die explizit den Zusammenhang von subjektiven Faktoren und Status-Management-Strategien bzw. der Gruppenidentifikation unter Negativbedingungen untersuchen, kaum auffindbar. Diese theoretische Lücke im Rahmen der S.I.T. hat zur Folge, daß der Großteil der in diesem Kapitel behaupteten Zusammenhänge nicht empirisch überprüft ist und somit die in diesem Teil der Arbeit getroffenen Aussagen spekulativen Charakter haben. Die Ausführungen im Rahmen dieses Kapitels haben also nicht denselben theoretischen Gehalt wie die im vorhergehenden Kapitel abgehandelten Überlegungen zu soziostrukturellen Faktoren in ihrer Bedeutung für die Aktivierung von Status-Management-Strategien.

Die aus einer eingehenden Analyse der bestehenden S.I.T.- Literatur resultierenden, für die Aktivierung von alternativen Status-Management-Strategien bedeutenden subjektiven Faktoren sind folgende individuelle Prädispositionen von Individuen:

◆ individuelle Fähigkeiten (vgl. z.b. Ellemers, 1988),
◆ individuell wahrgenommener Selbstwert durch die Person (vgl. z.b. Baumeister/Tice/Hutton, 1989),
◆ Einstellung des Individuums der Gruppe gegenüber (vgl. z.b. Luhtanen/Crocker, 1992).

◆ **Individuelle Fähigkeiten**

Ellemers (1988) stellte fest, daß sich durch niedrige individuelle Fähigkeiten auszeichnende Individuen auch mit inferioren Statusgruppen identifizieren, zumal es ihnen aufgrund der niedrigen individuellen Fähigkeiten beinahe unmöglich erscheint, eine Mobilitätsstrategie oder eine Individualisierungsstrategie in Betracht zu ziehen. Eine Mobilitätsstrategie scheint deshalb keine Alternative zu sein, da eine neue Statusgruppe möglicherweise von ihren Mitgliedern Fähigkeiten erwartet, denen das Individuum nicht gerecht werden kann (Ellemers, 1988). Eine Individualisierungsstrategie ist aus ähnlichen Gründen nicht möglich. Das Individuum besitzt auf der persönlichen Dimension der Identität keine bzw. nur unbefriedigende potentielle positive Zuschreibungen, auf die es in Negativsituationen ausweichen könnte. Deshalb hat die Person keine andere Möglichkeit, als eine der oben erwähnten Strategien zu aktivieren, die zu einer hohen Identifikation mit der Gruppe führen. Anders ausgedrückt, das Individuum befindet sich in einer solchen Situation in einem Identitätszustand, der keine Identitätsalternativen anbietet (Abbildung 34).

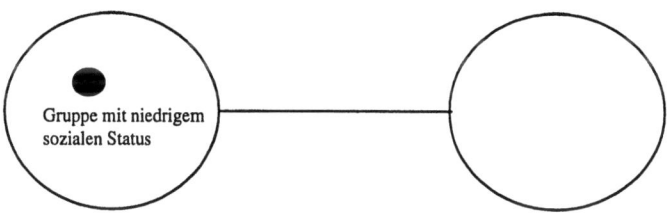

Soziale Identität   **Persönliche Identität**

Gruppe mit niedrigem
sozialen Status

Abb. 34: Keine Identitätsalternativen für Personen mit niedrigen individuellen Fähigkeiten

◆ **individuell wahrgenommener Selbstwert durch die Person (vgl. z.B.**
Baumeister/Tice/Hutton, 1989)

Eng in Zusammenhang mit den Fähigkeiten von Individuen steht ihr Selbstwertgefühl. Dieses wird in der Literatur aus der Sicht zweier möglicher Ebenen konzipiert. Einige Autoren definieren und messen den Selbstwert einer Person als globales Konstrukt (Rosenberg, 1965), während andere von domänenspezifischen Selbstwertausprägungen sprechen (Janis/Field, 1959; Fitts, 1964; Coopersmith, 1967), wobei in den Meßskalen beider Ansätze zum Großteil Items verwendet werden, welche die individuellen Fähigkeiten der Individuen zum Ausdruck bringen. Dies läßt einen engen Zusammenhang der Fähigkeiten einer Person mit ihrem Selbstwertgefühl vermuten.

Es gilt als Grundbedürfnis des Menschen, seinen Selbstwert positiv zu halten (vgl. z.B. Maslow, 1972). Um diesem Bedürfnis nachzukommen, stehen dem Individuum unterschiedliche, grundsätzliche Strategien zur Verfügung. Als Strategien kommen entweder der Versuch der permanenten Beibehaltung (= maintain), des permanenten Schutzes (= protect) oder der Versuch der ständigen Erhöhung (= enhancement) des Selbstwertes (Jones, 1973; Greenwald, 1980; Wills, 1981; Tesser/Campbell, 1983; Taylor/Brown, 1988) in Frage.

Enhancement- und Maintainence-Strategien bedeuten, daß Individuen dazu neigen, immer wieder neue, unterschiedliche Objekte, Personen und Ereignisse heranzuziehen, um ihren Selbstwert zu managen. Beispielsweise bezeichnet sich ein Individuum je nach sportlichen Erfolgen einmal als Fan der Mannschaft A, ein andermal als Fan der Mannschaft B oder ein drittes Mal als Nicht-Fan beider Mannschaften. Protect-Strategien bedeuten, daß Individuen eine oder mehrere Domänen auswählen, die einen Beitrag zu ihrem positiven Selbstwert leisten und an diesen Domänen festhalten, indem die Individuen sie beispielsweise um jeden Preis verteidigen, falls die Domänen in Gefahr geraten. Gerät der Status der Mannschaft, zu der es sich als Anhänger bekennt, in Gefahr, ergreift das Individuum deshalb aufgrund seiner Selbstwertstrategie trotzdem Partei für diese Mannschaft.

Die Wahl der Strategie zum Management des Selbstwertes hängt nun von der Ausprägung desselben ab. Während Individuen mit hohem individuellen Selbstwert Maintainence- und Enhancement-Strategien wählen, agieren Individuen mit niedrigem Selbstwert umgekehrt. "Low self esteem individuals, in contrast, have been argued to be more self protective" (Baumeister/Tice/Hutton, 1989, S. 576).

Aus diesen Verhaltenstendenzen folgt, daß Individuen mit niedrigem Selbstwertgefühl dazu neigen, in Negativsituationen Gruppenstrategien zu aktivieren, die es ermöglichen, trotz des niedrigen "objektiven" Status eine hohe Identifikation mit der Gruppe wahrzunehmen.

◆ **Einstellung des Individuums der Gruppe gegenüber**

Cialdini et al. (1976) stellten fest, daß eine grundsätzlich positive Einstellung eines Individuums einer Gruppe gegenüber dazu führt, daß das Individuum sich auch nach von der Gruppe verschuldeten Fehlern mit dieser identifiziert. Bezeichnet man das Begehen von Fehlern einer Gruppe als Statusverlust einer Gruppe - eine Gleichsetzung, die nach Gergen (1971) und Turner et al. (1987) durchaus gerechtfertigt erscheint - würde dies implizieren, daß eine positive Einstellung der Gruppe gegenüber auch in Negativsituationen zu einer hohen Gruppenidentifikation führt.

Eine in diesem Zusammenhang interessant erscheinende Frage ist die nach der Entstehung einer grundsätzlich positiven Einstellung eines Individuum einer Gruppe gegenüber. Drei Aspekte könnten dafür verantwortlich sein:

a. die emotionale Bedeutung der Gruppe für das Individuum (vgl. z.B. Luhtanen/Crocker, 1992);

b. die Internalisierung der Gruppe (vgl. z.B. Turner et al., 1987);

c. die Rolle des Individuums in der Gruppe (vgl. z.B. Crocker/Luhtanen, 1990).

zu a. Emotionale Bedeutung der Gruppe für das Individuum: das Prinzip der Ähnlichkeit

Der vielleicht zentrale Erklärungsgrund für die Entstehung einer grundsätzlich positiven Einstellung einer Gruppe gegenüber ist die emotionale Bedeutung, die eine Gruppe für ein Individuum hat. Luhtanen/Crocker (1992) meinen dazu: ".... that individuals must be subjectively identified with their in-groups (i.e., the in-groups must have some emotional significance to the individuals) for the groups to contribute to the individuals` self-concept" (S. 304). Ist diese Bedingung gegeben, vermeiden Personen nach Crocker/Luhtanen Mobilitätsstrategien und ziehen Gruppenstrategien vor.

Es bleibt jedoch unklar, was Crocker/Luhtanen mit "emotionaler Bedeutung" meinen. Da die Autoren nirgendwo in ihren Darstellungen emotionale Bedeutung präzisieren, werden im Folgenden die Items näher betrachtet, die sie zur Messung der emotionalen Bedeutung verwenden. Diese lauten:

◆ "Overall, my group memberships have very little to do with how I feel about myself.

◆ The social groups I belong to are an important reflection of who I am.

◆ The social groups I belong to are unimportant to my sense of what kind of a person I am.

◆ In general, belonging to social groups is an important part of my self image" (S.307).

Sie verfolgen mit den Items das Ziel, "to assess the importance of one`s social group memberships to one`s self concept (Crocker/Luhtanen, S. 305). Da Turner et al. (1987) betonen, daß solche Gruppen eine hohe Bedeutung für das Selbstkonzept eines Individuums haben, die hohe Ähnlichkeiten mit den Meinungen, Einstellungen, Werten, Gefühlen, aber auch mit physischen Charakteristiken haben, kann folgende Annahme getroffen werden: je ähnlicher die Gruppe dem Individuum ist (oder umgekehrt: je ähnlicher das Individuum der Gruppe ist), desto stärker ist die emotionale Bedeutung der Gruppe für das Individuum und desto wahrscheinlicher erfolgt in letzter Konsequenz auch eine Aktivierung von Ausweichstrategien unter Negativbedingungen.

Das Konzept der Ähnlichkeit, etwa in bezug auf Einstellungen, Werte und Überzeugungssysteme oder auf Statuspositionen ist zudem zentraler Bestandteil einer Reihe von Theorien im Rahmen der Sozialpsychologie. Sowohl kognitive Theorien wie z.B. die Theorie der Überzeugungskongruenz (Rokeach, 1960) als auch Verhaltenstheorien, wie die Verstärkungstheorie von Byrne (1969, 1971), postulieren einen positiven Zusammenhang zwischen Ähnlichkeit und Attraktivität. Ähnliche Individuen finden einander sympathischer und gehen freundlicher miteinander um als einander unähnliche Individuen. Diese allgemeinen Annahmen zu Ähnlichkeiten können durchaus auf das in dieser Arbeit zugrundeliegende Konzept der Gruppe ausgedehnt werden. Nehmen Individuen eine hohe Ähnlichkeit zwischen sich und einer Gruppe wahr, entsteht eine grundsätzlich hohe Identifikation mit der Gruppe.

Um eine Kategorisierung vorzunehmen, auf welchen Ebenen eine grundsätzliche Wahrnehmung von Ähnlichkeiten zwischen dem Individuum und der Gruppe möglich ist, werden die Ausführungen von Widmeyer/Brawley/Carron (1985) herangezogen, die auf Basis einer umfassenden Literaturrecherche folgende Ebenen unterscheiden:

◆ "Similarity of personalities (e.g. Preston et al., 1952)
◆ Similarity of attitudes (e.g. Terborg/Castore/DeNinno, 1976)
◆ Similarity of social backgrounds (e.g. Eitzen, 1973)
◆ Similarity of performances (e.g. Biondo/Pirritano, 1985)" (S. 3)

Zu ergänzen wäre diese Einteilung mit

◆ Similarity of physical characteristics (Hogg/Abrams, 1988).

zu b. Internalisierung der Gruppe

Turner et al. (1987) unterscheiden internalisierte von spontanen Gruppenidentifikationen. Internalisierte Gruppen werden definiert als "some preformed, culturally available categorizations" (Turner et al., 1987, S. 51), während spontane Gruppenbildungen Identifikationen sind, die in spezifischen Situationen aufgrund bestimmter Stimuli entstehen können, "i.e. the problem of on the spot perceptual formation of social categories from stimuli (as when, for example, simple proximity turns people into a group)" (Turner et al., 1987, S. 51).

Internalisierte Gruppen sind also sehr stabile, das Selbstkonzept stark beeinflussende bzw. bestimmende Gruppen, denen das Individuum eine hohe Bedeutung beimißt. Aus diesem Grunde haben Individuen internalisierten Gruppen gegenüber eine relativ stabile positive Einstellung. Spontane Gruppen sind Selbstkategorisierungen, die eher zufällig in bestimmten Situationen entstehen. Sie entstehen dann, wenn das Individuum sich einen unmittelbaren Vorteil durch die Identifikation mit der Gruppe erwarten kann. Eine solche Situation wäre beispielsweise dann gegeben, wenn eine Gruppe einen momentanen positiven sozialen Status hat und somit dem Individuum einen positiven Beitrag zu seiner sozialen Identität leisten kann. Diesen Gruppen gegenüber hat das Individuum keine grundsätzliche, sondern lediglich eine situative positive Einstellung.

Das Problem in diesem Zusammenhang ist, daß im Rahmen der S.I.T. keine Überlegungen angestellt werden, welche Faktoren für die Internalisierung von Gruppen verantwortlich sind. Ob und inwiefern beispielsweise die vorhergehenden Ausführungen über Ähnlichkeiten oder die nachfolgenden über die "Rolle" als Erklärungsfaktoren herangezogen werden, oder ob andere Faktoren bestimmend sein könnten, bleibt unklar.

c. Die Rolle des Individuums in der Gruppe

Unter Rolle verstehen Crocker/Luhtanen (1990) die Art und den Inhalt der Beziehung zwischen dem Individuum und der Gruppe. Es gilt ganz allgemein als belegt, daß die Identifikation eines Individuums mit einer Gruppe zunimmt, wenn dem Individuum von der Gruppe eine klar definierte Rolle zugeteilt wird und diese von den übrigen Migliedern der Gruppe akzeptiert und geschätzt wird (vgl. z.B. Breckler/Greenwald/Wiggins, 1986). Sich mit der Rolle des Individuums in der Gruppe beschäftigende Autoren vernachlässigten aber lange Zeit die Frage, ob die Identifikation mit der Gruppe auch unter Negativbedingungen erhalten bliebe. Dieser Frage wandten sich Turner et al. (1987) zu. Sie behaupten vor dem Hintergrund mehrerer empirischer Untersuchungen: "there is much evidence, that groups which experience failure or defeat and therefore mediate negative outcomes for members can under certain circumstances become more cohesive" (S.53).

Turner et al. gehen zudem auf die Bedingungen ein, die gegeben sein müssen, damit unter Negativbedingungen die Identifikation mit der Gruppe erhalten bleibt (bzw. sich sogar noch intensiviert). Diese stehen in engem Zusammenhang mit der Rolle des Individuums in der Gruppe.

"Turner et al. hypothesized that under conditions of group failure and defeat and high personal responsibility for one's actions (i.e. where the self is strongly invested in the action and the action is internally attributed to the self members will identify more with their group (define themselfes more as group members) in order to explain and justify their actions (i.e. behavior leading to negative outcomes).... Specifically they predicted that under conditions of high personal responsibility ingroup identification would be enhanced, but that the opposite would be found under conditions of low personal responsibility (here the subjects would simply tend to identify more with a positively valued group)" (S. 53).

Diese Behauptung Turners bedeutet, daß sich unter der Voraussetzung der einem Individuum innerhalb einer Gruppe klar zugeteilten Rolle die Identifikation mit der Gruppe unter Negativbedingungen nicht verringert. Im Gegenteil, sie wird intensiviert. Notwendige Bedingung dabei ist, daß die Rolle zwei Merkmale hat, wobei - wie aus obiger Aussage deutlich wird - Turner dem ersten mehr Bedeutung beimißt.

Zum einen muß dem Individuum eine hohe Verantwortung übertragen werden. Dabei ist zu berücksichtigen, daß lediglich die Ausführung einer bestimmten Funktion im Rahmen der Gruppe unter Negativbedingungen nicht zu einer hohen Gruppenidentifikation führt. Es muß sich im Rahmen der Funktion um eine eigenverantwortliche Aufgabe handeln. Je höher die Verantwortung, desto höher auch die Identifikation mit der Gruppe unter Negativbedingungen.

Zum anderen steigt die Identifikation mit der Gruppe unter Negativbedingungen, wenn es sich bei den dem Individuum übertragenen Aufgaben um solche handelt, die öffentlicher Natur sind bzw. die starken öffentlichen Charakter haben, wenn also das Individuum eine Gruppe in einem sozialen Umfeld vertreten muß.

Turner (1987) bietet auch eine Begründung für die Erhöhung der Gruppenidentifikation unter diesen Rollenbedingungen an. Wenn eine Person mit hohem Engagement öffentlich erkennbar in aktiver und intensiver Art die Interessen der Gruppe vertritt, ist das Individuum unter Negativbedingungen aufgrund seines Verhaltens geradezu gezwungen, sich mit der Gruppe zu identifizieren, um dieses Verhalten nicht nur öffentlich, sondern vor allem vor sich selbst (bzw. in bezug auf individuelle Identitätszuschreibungen) rechtfertigen zu können. Würde es sich nicht mit der Gruppe identifizieren, würde der individuell wahrgenommene Selbstwert sinken.

3.2.2.3.3. Theoretischer Rahmen für die Gruppenidentifikation unter Negativbedingungen

Die Darstellungen für regelmäßiges Zusehen bei negativem sozialen Status werden abschließend zusammengefaßt und in einen gesamtheitlichen theoretischen Rahmen integriert. Es wurde im Rahmen der Diskussion über den Gruppenstatus davon ausgegangen, daß eine hohe Gruppenidentifikation unter Negativbedingungen in der Lage ist, regelmäßiges aktives Zusehen zu erklären. Dabei wurde festgestellt, daß alternative Status-Management-Strategien zu einer hohen Gruppenidentifikation unter Negativbedingungen führt. Die Aktivierung dieser Strategien wird einerseits durch bestimmte soziostrukturelle Bedingungen und andererseits durch bestimmte subjektive Faktoren ermöglicht. Die Zusammenhänge werden in Abbildung 35 zu einem theoretischen Rahmen verknüpft.

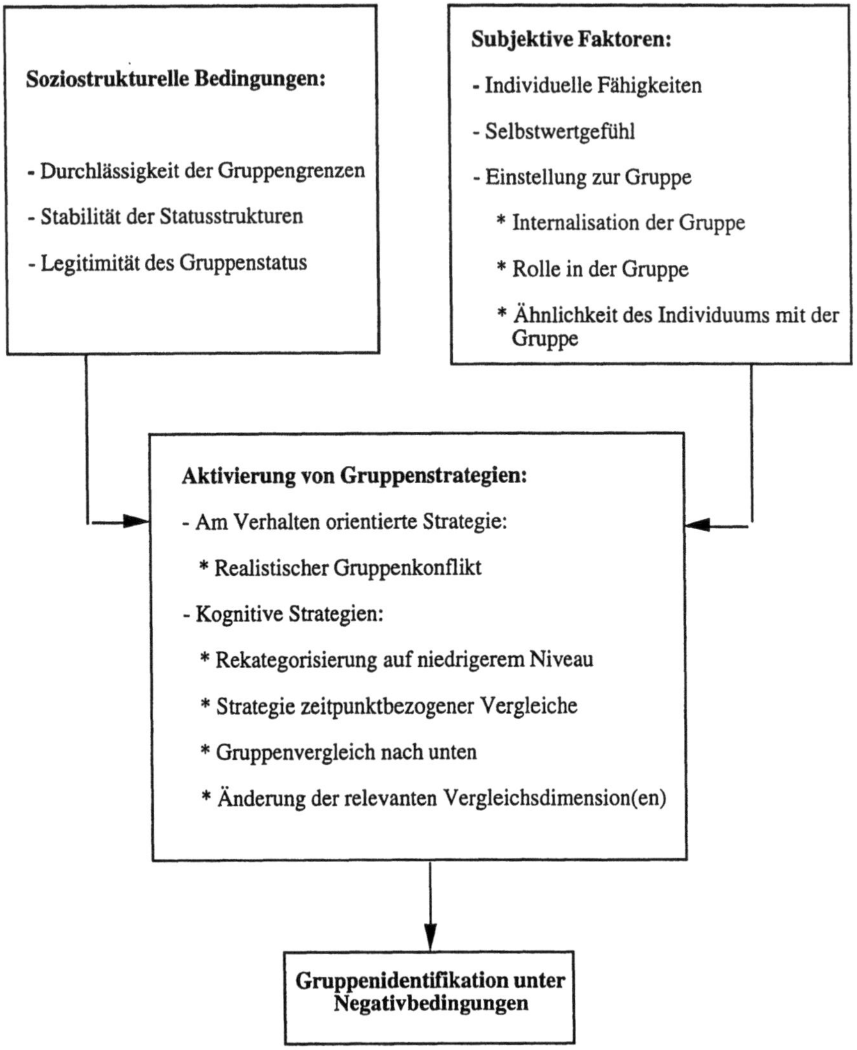

```
┌─────────────────────────────────┐   ┌──────────────────────────────────────┐
│                                 │   │  Subjektive Faktoren:                │
│  Soziostrukturelle Bedingungen: │   │  - Individuelle Fähigkeiten          │
│                                 │   │  - Selbstwertgefühl                  │
│  - Durchlässigkeit der Gruppengrenzen │ - Einstellung zur Gruppe          │
│  - Stabilität der Statusstrukturen │    * Internalisation der Gruppe      │
│  - Legitimität des Gruppenstatus │      * Rolle in der Gruppe            │
│                                 │       * Ähnlichkeit des Individuums mit der │
│                                 │         Gruppe                        │
└─────────────────────────────────┘   └──────────────────────────────────────┘
```

Aktivierung von Gruppenstrategien:

- Am Verhalten orientierte Strategie:

  * Realistischer Gruppenkonflikt

- Kognitive Strategien:

  * Rekategorisierung auf niedrigerem Niveau

  * Strategie zeitpunktbezogener Vergleiche

  * Gruppenvergleich nach unten

  * Änderung der relevanten Vergleichsdimension(en)

**Gruppenidentifikation unter
Negativbedingungen**

Abb.35: Theoretischer Rahmen für die Erklärung der Gruppenidentifikation unter
Negativbedingung bei Sportereignissen

3.2.2.3.4. Subjektive Faktoren als Erklärungsansatz "mysteriöser" Zuschauerphänomene

Im Rahmen der Zuseheransätze werden Phänomene des regelmäßigen Konsums von Sportereignissen beobachtet (vgl. z.B. Hortleder, 1976), die entweder einerseits als mysteriös bzw. als unerklärlich beschrieben werden oder die andererseits nur in sehr oberflächlicher Form in den bestehenden Zuseheransätzen zu erklären versucht werden. "However, the literature does not explain situations in which team experience a winning season yet fan attendance is low, nor does it explain the converse, teams with loosing records and high attendance" (Murrell/Dietz, 1992, S. 28). Immer wieder stellen sich Theorie und Praxis Fragen wie:

◆ Wie ist es möglich, daß bei bestimmten Mannschaften, wie etwa Collegemannschaften in den U.S.A., Saisontickets Jahre vorher bereits ausverkauft sind?

◆ Wie ist es möglich, daß bei Schalke 04 - unabhängig in welcher Liga die Mannschaft spielt - das Segment regelmäßiger Zuseher grundsätzlich höher ist als bei anderen Vereinen der deutschen Fußballbundesliga?

Es besteht tendenziell zwar einiges Wissen darüber, wer die Leute (im Sinne ihrer demographischen Merkmale) sind, die regelmäßig zusehen, warum aber bestimmte Personen regelmäßig Zusehen bleibt relativ unklar. Die demographischen Merkmale, denen eine hohe Erklärungsfähigkeit des regelmäßigen Konsums von Sportereignissen nachgesagt wird, sind das Alter, die soziale Klasse, das Geschlecht und die Rasse.

Dieses Kapitel widmet sich dem Versuch, diese "mysteriösen" Zusammenhänge durch die zu einer grundsätzlich hohen Gruppenidentifikation führenden subjektiven Faktoren zu erklären.

Die für die Erklärung des regelmäßigen Konsums relevanten demographischen Variablen werden einzeln diskutiert, wobei betont werden muß, daß mögliche Korrelationen zwischen den demographischen Merkmalen unberücksichtigt bleiben.

1. Alter

Ein zentrales demographisches Merkmal von Sportkonsumenten ist das Alter (Herrmann, 1977; Schurr et al., 1985, 1987). Dabei konnte nachgewiesen werden, daß hauptsächlich zwei Altersklassen Sportereignisse regelmäßig konsumieren. Besonders junge Menschen im Pubertätsalter und im frühen Erwachsenenalter sind "treue Anhänger einer Mannschaft" (vgl. z.B. Herrmann, 1977). Diese Erkenntnis stammt vor allem aus Untersuchungen, die im Bereich des europäischen Fußballs durchgeführt wurden. Andere (vgl. z.B. Schurr et al., 1987) stellten fest, daß hauptsächlich Studenten und Jungakademiker regelmäßige Sportkonsumenten wären. Diese Aussage wurde auf Basis von Untersuchungen amerikanischer Collegemannschaften getroffen. In der Folge wird versucht, den regelmäßigen Konsum beider Altersgruppen durch subjektive Faktoren zu erklären.

Jugendliche betreffend wird die Überzeugung geäußert, sie würden durch den regelmäßigen Konsum von Sportereignissen einen wesentlichen Beitrag zu ihrer (wie auch immer definierten) Identitätsentwicklung bzw. Identitätssuche erhalten. Psychologie und Soziologie haben im Rahmen der Thematik "Identitätsentwicklung von heranwachsenden Jugendlichen" (vgl. z.B. Tenbruck, 1969; Döbert/Nunner-Winkler, 1975) besonderes Augenmerk auf die Bedeutung gesellschaftsstruktureller Änderungen für die Identität eines Individuums in der Übergangsphase zwischen dem Kindes- und dem Jugendlichenalter gelegt (Baake, 1972). Man nimmt an, geänderte gesellschaftsstrukturelle Bedingungen würden psychische Konsequenzen nach sich ziehen, denen sich der Jugendliche durch geänderte Orientierungsmuster stellen müsse. Während im Kindesalter die (Primär)gruppe die Familie ist, welche die Identität des Individuums formt, ändert sich diese Struktur in der Übergangsphase in die Pubertät. Andere Subsysteme bzw. andere gesellschaftliche Gruppen ("Peers"), wie etwa Freunde in der Schule oder im Verein gewinnen an Bedeutung. Im angehenden Jugendalter nimmt die Bedeutung der Familie für die Identitätsentwicklung permanent ab, während Peers immer wichtiger werden (Flacks, 1967).

Während im Kindesalter Identitätszuschreibungen aufgrund eindeutiger Normen und Werte klar definiert wurden, wird der Jugendliche in den Übergangsphasen mit unterschiedlichen Orientierungsmustern konfrontiert. Parsons (1967) spricht dabei von diskrepanten Orientierungsmustern des familialen und des gesamtgesellschaftlichen Systems (Parsons,

1967). Döbert/Nunner-Winkler (1975) gehen näher auf den Inhalt der unterschiedlichen Orientierungsmuster ein:

"Die Familie fußt auf zugeschriebenen, partikularistischen, diffus-affektiv und kollektiv-solidarisch strukturierten Beziehungen, während in den politischen und ökonomischen Subsystemen universalistische, spezifische, affektiv-neutrale und individualistische Orientierungen vorherrschen ......" (S. 16).

Für Döbert/Nunner-Winkler wird der Übergang als ein Wechsel einer klar spezifizierten Rollenidentiät zu einer langsam heranreifenden Ich-Identität definiert. Die Rollenidentität des Kindes ist stabilisiert; die einzelnen Lebensbereiche des Kindes sind in der Regel gut integriert, das Set von Rollen ist eindeutig hierarchisiert, da die Rolle als Familienmitglied dominiert und prinzipiell die Familie für alle Belange des Kindes in letzter Instanz verantwortlich ist. Diese Klarheit der Identität ist in der Übergangsphase zwischen Rollenidentität und Ich-Identität nicht gegeben: in unterschiedlichen gesellschaftlichen Subsystemen herrschen unterschiedliche Werthaltungen und Einstellungen vor, nach denen sich der Jugendliche neu orientieren muß. Das Persönlichkeitssystem ist nicht mehr über eine eindeutige Hierarchisierung strukturiert, zudem ist es nicht mehr möglich, die Definition der Identität so einfach anderen "Agenten" anzulasten. Die Erfüllung anderer Werte und Einstellungen in den diversen gesellschaftlichen Subsystemen haben nach Döbert/Nunner-Winkler jedoch eines gemeinsam: Während in der Familie der Status des Individuums durch die Familienmitgliedschaft erworben wird, muß er in anderen Subsystemen durch "Leistung erkämpft" werden.

Da sich Jugendliche überfordert fühlen, ihren Status alleine erkämpfen zu müssen, schließen sie sich Gruppen an. Somit kann vermieden werden, sich im Alleingang der Identitätsentwicklung auszusetzen. Baake (1972) definiert die Übergangsphase deshalb auch als "kollektiv organisierte Statuspassage". Der Jugendliche orientiert sich in der Phase der Identitätsentwicklung also grundsätzlich stärker an Gruppen als an seine eigene Person. Er bevorzugt dabei jene Gruppen, die einen hohen Status haben (vgl. z.B. Baake, 1972). Dazu zieht er unterschiedliche, ihm potentiell zur Verfügung stehende Gruppen heran, und vergleicht deren Status. Da einerseits der Sport generell und bestimmte Sportmannschaften im besonderen einen hohen gesellschaftlichen Status genießen (vgl. z.B. Weiß, 1990) und andererseits der Zutritt zu diesen Gruppen in der Rolle eines Anhängers ohne größere

Schwierigkeiten erfolgen kann (vgl. z.B. Heitmeyer/Peter, 1988), fällt die Wahl der Gruppe sehr oft auf Sportmannschaften.

Im Sinne des Selbstkonzepts der Theorie der Sozialen Identität bedeutet dieser Vorgang, daß zur Erreichung einer positiv wahrgenommenen Identität für den Jugendlichen die soziale Identität eine wichtigere Rolle einnimmt als die persönliche Identität.

Personen, die versuchen, eine positive Identität vor allem durch Gruppenidentifikationen zu erreichen, sind nach Ellmers (1988) vor allem solche, die individuelle Identitätszuschreibungen nur in geringem Maße "verfügbar haben". Individuelle Identitätszuschreibungen stehen dem Individuum hauptsächlich durch die Entwicklung individueller Kompetenzen bzw. Fähigkeiten zur Verfügung. Da bei Jugendlichen aufgrund ihres Alters individuelle Kompetenzen häufig nur in geringem Maße ausgereift sind (Döbert/Nunner-Winkler, 1975), kann angenommen werden, daß der subjektive Faktor "geringe individuelle Fähigkeiten" von zentraler Bedeutung für die grundsätzlich hohe Gruppenidentifikation ist.

Für regelmäßiges aktives Zusehen von Studenten und Jungakademikern müssen aufgrund ihres fortgeschrittenen Alters andere Erklärungsfaktoren herangezogen werden. Zu diesem Zweck muß etwas näher auf das spezifische Setting, in dem dieses Phänomen beobachtet wurde, eingegangen werden.

Das Phänomen wurde im Rahmen amerikanischer Collegemannschaften festgestellt (vgl. z.B. Schurr et al., 1985, 1987). Universitäten haben in den U.S.A. einen besonders hohen Stellenwert. Den Studenten der Universitäten ist es wichtig, ihre Zugehörigkeit zu einer Universität beispielsweise durch Symbole wie T-Shirts offiziell zum Ausdruck zu bringen (vgl. z.B. Cialdini, 1976). Es scheint, als ob jedem Studenten implizit von der Institution (also von der Universität) der Auftrag erteilt wird, die Universität bzw. deren Status nach außen hin zu vertreten. Auch Absolventen der Universitäten fühlen sich nach Abschluß des Studiums verantwortlich, den Namen der Universität zu pflegen. Überträgt man dieses hohe Verantwortungsbewußtsein von Studenten und Absolventen einer Universität auf Sportereignisse, so kann davon ausgegangen werden, daß sie sich verpflichtet fühlen, durch ihre Anwesenheit den Namen und das Image der Universität, der sie angehören, zu unterstützen. Anders ausgedrückt wird den Studenten und den Absolventen einer Universität von der Institution eine klar definierte Rolle zugeteilt, welche die für eine hohe Identifikation mit der Gruppe notwendigen Kriterien der hohen individuellen Verantwortung in öffentlichen Situationen erfüllt.

2. Soziale Klasse

Die Zugehörigkeit zu einer sozialen Klasse kann über die Kriterien Beruf, Bildungsniveau und Einkommen (vgl. z.B. Morel, 1988) eines Individuums bestimmt werden. Da in der Zuseherliteratur hauptsächlich das demographische Merkmal Beruf als Kriterium der Zuordnung eines Individuums zu einer sozialen Klasse herangezogen wird, wird auch in der vorliegenden Arbeit von dieser vereinfachenden Zuordnung ausgegangen. Dabei wird zwischen niedriger, mittlerer und hoher sozialer Klasse unterschieden. Zur niedrigen wird die Arbeiterklasse gezählt, zur mittleren Angestellte und zur hohen Geschäftsleute.

Legt man ein solches Konzept der sozialen Klasse zugrunde, sind Untersuchungsergebnisse über soziale Klassen, die den Großteil regelmäßiger Zuseher ausmachen, geteilt. Es können zwei Phänomene beobachtet werden. Eine Reihe von Autoren stellten fest, regelmäßige Zuschauer seien hauptsächlich Personen aus höheren sozialen Klassen (vgl. z.B. Edwards, 1973; McPherson, 1975), während andere genau das Gegenteil beobachteten (vgl. z.B. Hortleder, 1974; Grieswele, 1978).

So sprechen Grieswele (1978) und Hortleder (1974) von einer positiven Korrelation zwischen der Zahl des Stammpublikums und der Konzentration von Arbeitnehmern (niedrige soziale Klasse) in einer streng eingegrenzten Region. Diese Feststellung wurde auf der Basis von Beobachtungen europäischer Fußballsettings getroffen. Hortleder (1974) meint, daß ".... nahezu regelmäßig gut besuchte Stadien in Regionen liegen, in denen der Anteil abhängiger Arbeitnehmer besonders hoch ist und diese darüber hinaus auf besonders engem Raum zusammmenleben. Dort also, wo sich ein proletaroides Milieu am längsten hat behaupten können. Süditalien, das Ruhrgebiet, die britischen Industriestädte, Barcelona und Madrid, sowie brasilianische Vereine[4] sind als Beispiele zu nennen" (S. 58).

Es besteht eine dezidierte Meinung darüber, daß Angehörige niedriger sozialer Klassen ein im Vergleich zu anderen Klassen niedrigeres allgemeines Selbstwertgefühl haben (vgl. z.B. Adler, 1983). Deshalb kann die Annahme getroffen werden, Angehörige niedriger sozialer

---

[4] Anmerkung des Autors: Hortleder bezieht sich dabei auf Sportunternehmungen wie den SSC Neapel, Schalke 04 und Borussia Dortmund, Manchester City und Manchester United, Rio, Sao Paolo und Belo Horizonte.

Klassen würden durch den regelmäßigen Konsum von Sportereignissen in Form einer sozialen Zuschreibung wie etwa "ich bin Anhänger der Mannschaft X" ihr Selbstwertgefühl zu schützen versuchen.

Als weiterer Faktor für den regelmäßigen Konsum von Sportereignissen von Mitgliedern niedriger sozialer Klassen könnte dieselbe soziale Herkunft der Sportkonsumenten und gewisser Spieler bzw. Stars einer Mannschaft vermutet werden. In einem solchen Fall wäre der regelmäßige Konsum durch die Ähnlichkeit der sozialen Herkunft (z.b. Eitzen, 1973) zu erklären.

Edwards (1973) und McPherson (1975) glauben, hauptsächlich junge mittel- bis höherklassige Geschäftsleute und Manager seien regelmäßige Sportkonsumenten. Diese Annahme leiten sie aus empirischen Untersuchungen von American Football-Teams in den U.S.A. ab. Der Grund sei in ähnlichen Charaktereigenschaften zwischen den Zusehern und den Spielern zu sehen. Spieler seien dem grenzenlosen Wettbewerb ausgesetzt bzw. extrem abhängig von der individuellen Leistung, um erfolgreich zu sein. Diese Bedingungen des Erfolges wären im Geschäftsleben dieselben. Deshalb ist anzunehmen, daß aufgrund von wahrgenommenen Ähnlichkeiten von Managern und Geschäftsleuten mit Aktivsportlern die Gruppe für den Manager eine hohe emotionale Bedeutung hat, wobei es sich hauptsächlich um Ähnlichkeiten der Leistungen handelt (Biondo/Pirritano, 1985).

3. Geschlecht

Alle Untersuchungsergebnisse weisen darauf hin, daß eher Männer als Frauen Sportereignisse regelmäßig besuchen (Taylor, 1971 a und b; Edwards, 1973; Mc Pherson, 1975; Clarke, 1978; Critcher, 1979; Doyle/Lewis/Malmisur, 1980; Dunning, 1981; Taylor, 1982; Moorehouse, 1984; Schurr et al., 1985, 1988). Es werden unterschiedliche Erklärungsansätze dafür angeboten.

Schurr et al. (1988) meinen, hauptsächlich aktionsorientierte Männer würden das Stadion besuchen. Aktionsorientierung wurde dabei mit der Berufsorientierung von Studenten gemessen. Studenten, die im Begriffe sind, abwechslungsreiche und verantwortungsvolle Jobs in ihrem Leben auszuführen, besuchen öfter das Stadion als solche, die das nicht vorhaben. Der wichtigste Grund, warum mehr Männer als Frauen regelmäßig zusehen, scheint nach

Meinung anderer aber im Wesen der Sportarten zu liegen (z.B. Lenk, 1972; Hortleder, 1974 und 1986). In Sportereignissen stehen sich hauptsächlich Mannschaften mit männlichen Spielern gegenüber (Schurr et al., 1988), die in tendenziell aggressiver Form interagieren. Aggressive Verhaltensmuster haben für Männer eine höhere Bedeutung als für Frauen. So betonen beispielsweise Clarke (1978) oder Critcher (1979) den Ausdruck von Männlichkeit durch das Sportereignis (ohne aber näher auf die nähere Bedeutung von "Männlichkeit" einzugehen). Die psychoanalytische Sichtweise von Sportereignissen geht diesbezüglich noch weiter (Veccia, 1976; Dundes, 1978; Suarez-Orozco, 1984). Für diese ist das Sportereignis Symbol eines sexuellen Aktes, bei dem der Mann seine Männlichkeit zu beweisen hat.

. Eine Reihe von Sportsoziologen (Lenk, 1972; v. Krockov, 1972; Hortleder, 1974; Grieswelle, 1978) glauben, der Leistungssport und somit auch SMB`s spiegeln die zentralen Wertprinzipien der Industriegesellschaft, nämlich Leistung, Gleichheit und Konkurrenz besser wider als diese selbst. Diese Ähnlichkeit zwischen Charakteristiken des männlichen Alltagsleben und dem Sportereignis (Edwards, 1973) sei für Männer deshalb so interessant, da man im Sportereignis aufgrund der dort anzutreffenden Bedingungen die Möglichkeit erhält, das tägliche, mühsame Arbeitsleben als Traum, Utopie und intensives Gefühlsleben wahrzunehmen (Grieswele, 1978).

Alle möglichen Begründungen hinsichtlich der hohen grundsätzlichen Gruppenidentifikation von Männern scheinen ihren Ursprung in Ähnlichkeiten der Persönlichkeit und in Ähnlichkeiten der Einstellungen zu haben.

4. Rasse

Untersuchungen über den Einfluß der Rasse auf aktives Zuschauen wurden lediglich in den U.S.A. aufgrund der dortigen gesellschaftlichen Struktur durchgeführt. Bekanntlich leben in den U.S.A. zwei Rassen, Schwarze und Weiße, nebeneinander. So auch im Sport. Der Großteil der Akteure von Sportmannschaften setzt sich aus weißen und aus schwarzen Spielern zusammen.

Es besteht vor allem in der amerikanischen Sportpraxis die Überzeugung, daß die Zusammensetzung der Mannschaft einen Einfluß auf die Struktur der Zuseher hat. Anders ausgedrückt: eine Mannschaft, deren Spieler hauptsächlich schwarzer Hautfarbe sind, hat vorwiegend scharze Zuseher, und umgekehrt, bei einer Mannschaft, die vor allem weiße Spieler in ihren Reihen hat, besuchen vor allem Weiße die Sportereignisse.

Eine Reihe von Untersuchungen (Edwards, 1982; Schurr/Rubble/Ellen, 1985; Schollaert/Smith, 1987; Schurr/Wittig/Rubble, 1987) im Rahmen des amerikanischen Basketballs bestätigten die Beobachtungen der Sportpraxis. Man stellte fest, daß in der Sportart Basketball, in der der Großteil der Spieler Schwarze sind, hauptsächlich Schwarze das Sportereignis konsumieren. Schurr et al. (1985) und Schurr et al. (1987) fanden in zwei aufeinanderfolgenden Studien, daß Schwarze regelmäßig zu Basketballspielen gehen, wobei sie andere Sportereignisse nicht konsumieren.

Als Begründungen wurden ganz unterschiedliche genannt. Relativ undifferenziert stellt dabei Edwards (1973) seine Überlegungen an. Er nimmt ein prinzipiell höheres Interesse an Sportereignissen von Schwarzen an, "... because of the special significance of sports in black society" (S. 248). Dabei mangelt es aber in seinen Ausführungen an theoretischer Rechtfertigung für diese Behauptung. Zudem widerlegten Schuhan/DuPree (1976) und Doyle/Lewis/Malmisur (1980) seine Aussage.

Eine Untersuchung über weiße Sportkonsumenten schloß mit der etwas unscharfen Behauptung, daß Weiße weiße Helden brauchen (Vecsey, 1980). Zusätzlich meint Cady (1979), die hohen Gehälter, die schwarzen Spielern gezahlt werden, würden weiße Fans von einem Stadionbesuch abhalten.

Es kann diesen Ausführungen zufolge und vor dem Hintergrund der Überlegungen der subjektiven Faktoren angenommen werden, daß Schwarze und Weiße aufgrund hoher Ähnlichkeiten ihrer sozialen Herkunft (z.B. Eitzen, 1973) und hoher physischer Ähnlichkeiten (Hogg/Abrams, 1988) eine vom Status unabhängige hohe Identifikation mit ihrer Gruppe wahrnehmen.

Abbildung 36 faßt die spekulativen Zusammenhänge zwischen demographischen Merkmalen und subjektiven Faktoren zusammen.

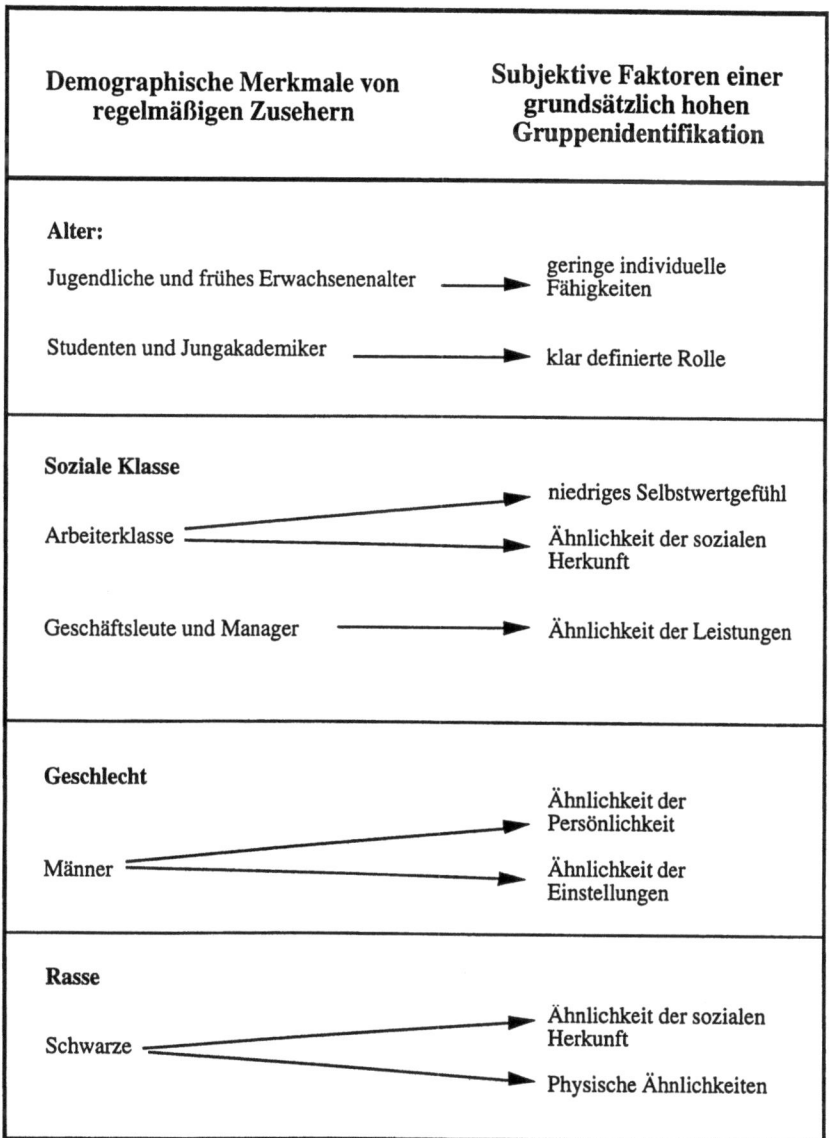

Demographische Merkmale von regelmäßigen Zusehern	Subjektive Faktoren einer grundsätzlich hohen Gruppenidentifikation
Alter: Jugendliche und frühes Erwachsenenalter $\longrightarrow$ Studenten und Jungakademiker $\longrightarrow$	geringe individuelle Fähigkeiten klar definierte Rolle
Soziale Klasse Arbeiterklasse Geschäftsleute und Manager $\longrightarrow$	niedriges Selbstwertgefühl Ähnlichkeit der sozialen Herkunft Ähnlichkeit der Leistungen
Geschlecht Männer	Ähnlichkeit der Persönlichkeit Ähnlichkeit der Einstellungen
Rasse Schwarze	Ähnlichkeit der sozialen Herkunft Physische Ähnlichkeiten

Abb. 36: Zusammenhang zwischen demographischen Variablen und subjektiven, eine grundsätzlich hohe Identifikation mit der Gruppe bewirkenden Faktoren

3.2.3. Wettbewerbsintensität

Wettbewerbsintensität kann definiert werden als das Ausmaß eines Interessenkonfliktes um knappe Ressourcen zwischen Gruppen. Je intensiver der Konflikt zwischen den Gruppen ausgetragen wird, desto höher ist die Wettbewerbsintensität zwischen den Gruppen (Mummendey, 1989).

Nach Sherif (1966) tragen Individuen bereits unter minimalen Gruppenbedingungen einen Wettbewerb zwischen der ihren und anderen Gruppen aus. Im Rahmen von Sportereignissen handelt es sich um einen offenen intensiven Konflikt um knappe Ressourcen zwischen den Mannschaften. Dies ist ein Konflikt, in dem die Wettbewerbsintensität grundsätzlich hoch ist.

S.I.T.-Theoretiker gehen davon aus, daß die Wettbewerbsintensität eine Auswirkung auf die Gruppenidentifikation hat. Je intensiver ein Wettbewerb zwischen Gruppen ist, desto höher ist die Identifikation der den jeweiligen Gruppen zugehörigen Individuen mit ihrer Gruppe (vgl. z.B. Bartsch/Judd, 1993).

Dies würde bedeuten, daß Zuseher bei jedem Sportereignis eine hohe Wettbewerbsintensität und somit eine hohe Identifikation mit der eigenen Gruppe wahrnehmen. Allein schon die Tatsache, daß bestimmte Zuseher das Sportereignis nur gelegentlich konsumieren, läßt vermuten, daß bei gelegentlichen Zusehern die Wahrnehmung der Wettbewerbsintensität unterschiedlich hoch ist.

Im Rahmen der Theorie der Sozialen Identität gilt es als belegt, daß die Wahrnehmung der Wettbewerbsintensität von der Statusrelation zwischen den sich konfligierenden Gruppen abhängt (vgl. z.B. Tajfel, 1978).

Deshalb wird in der Folge untersucht, wie regelmäßige und wie gelegentliche Zuseher Statusrelationen zwischen der ihren und gegnerischen Gruppen wahrnehmen.

3.2.3.1. Regelmäßige Zuseher

Regelmäßige Zuseher haben unabhängig vom Status der Gruppe eine hohe Identifikation mit dieser. Wenn Individuen sich stark mit Gruppen identifizieren, wird parallel dazu ein psychisches Konstrukt aktiviert, nämlich die Outgroup-Diskriminierung[5] (vgl. z.B. Simon, 1992). Das bedeutet, daß unter der Voraussetzng einer grundsätzlich hohen Gruppenidentifikation tendenziell eine Neigung entsteht, gleichzeitig andere Gruppen abzuwerten und die eigene Gruppe zu favorisieren. Outgroup-Diskriminierung wiederum korreliert positiv mit der Wettbewerbsintensität (Kirchler/Palmonari/Pombeni, 1994). Daraus kann gefolgert werden, daß regelmäßige Zuseher unter allen Statusrelationen zwischen ihrer und anderen Mannschaften eine hohe Wettbewerbsintensität wahrnehmen.

3.2.3.2. Gelegentliche Zuseher

Gelegentliche Zuseher identifizieren sich grundsätzlich nicht so stark mit der Gruppe wie regelmäßige, zumal die Gruppenidentifikation lediglich unter bestimmten Bedingungen hoch ist. Das bedeutet, daß gelegentliche Zuseher die Wettbewerbsintensität trotz des intensiven offenen Konfliktes zwischen ihrer und anderen Gruppen nicht als permanent gleich hoch wahrnehmen. Sie wird lediglich unter bestimmten Statusrelationen als intensiv wahrgenommen, und zwar unter den zwei folgenden:

1. Der Status der eigenen Gruppe wird von einer anderen Gruppe gefährdet. Man spricht dabei von einer "Common Threat-Situation" (vgl. z.B. Mullen/Brown/Smith, 1992).

2. Die andere Gruppe stellt eine Chance dar, den Status der eigenen Gruppe zu heben (vgl. z.B. Crano, 1994).

---

[5] Dies bedeutet, daß zwar das Selbstwertgefühl von Individuen durch die Identifikation mit Gruppen steigt, daß aber gleichzeitig Gruppendiskriminierungen und im weiteren Sinne Aggressionen die Konsequenz einer hohen Gruppenidentifikation sein können. Es sei an diesem Punkt aber darauf hingewiesen, daß sich eine große Bandbreite von Autoren im Rahmen der Theorie der Sozialen Identität und anderer Theorien, die sich mit Aggressionen zwischen Gruppen auseinandersetzen, damit beschäftigt, die Bedingungen zu erforschen, unter denen Outgroup-Diskriminierungen vor dem Hintergrund einer hohen Gruppenidentifikation nicht zum Tragen kommen (vgl. z.B. Mummendey, 1995).

zu 1.

Ellemers et al. (1992) zeigten, daß Mitglieder einer Gruppe, deren Status durch die Bedrohung anderer Gruppen gefährdet erscheint, gleichförmig eine Gefahr wahrnehmen und sich diese Wahrnehmung in einer erhöhten Identifikation mit der eigenen Gruppe niederschlägt.

Im Rahmen der S.I.T. werden Merkmale anderer Gruppen diskutiert, die eine Gefahr für die eigene Gruppe signalisieren. Dabei handelt es sich beispielsweise um Kompetenzen anderer Gruppen, welche die der eigenen Gruppe übertreffen oder sich zumindest auf gleich hohem Niveau befinden (vgl. z.B. Sachdev/Bourhis, 1985). Auf Sportereignisse übertragen, kann angenommen werden, es handle sich bei den Merkmalen um diejenigen, welche die Attraktivität der Beziehung der im Sportereignis aufeinandertreffenden Mannschaften bestimmt. Dabei handelt es sich um Mannschaften,

a. dessen Status aufgrund hoher sportlicher Leistungen hoch ist,

b. die einen gleich hohen Status haben wie die eigene,

c. mit denen eine Traditionsbeziehung besteht und

d. bei denen es sich um ein Derby handelt.

zu 2.

Diese Statusrelation wird in der S.I.T. implizit im Rahmen der Überlegungen zu Minoritätsgruppen diskutiert. Zur Definition von Minoritätsgruppen meint Mucchi-Faina (1994) "that is possible to find different ways of defining a minority: in terms of (small) numerical size of the group, in terms of limited relative power and (low) social status, in terms of dissent and of conflictuality/counternormativeness" (S.679). Die beiden ersten Definitionen von Minoritätsgruppen sind für die vorliegende Arbeit relevant.

Grundsätzlich konnten einige Autoren feststellen, daß die Mitglieder von Minoritätsgruppen eine hohe Wettbewerbsintensität wahrnehmen (Kruglanski/Mackie, 1990; Crano, 1994; Mucchi-Faina, 1994).

Auf den Status bezogen bedeutet Minoritätsgruppe, daß die Gruppe im Vergleich zu einer bestimmten anderen Gruppe einen wesentlich geringeren Status hat. In einem solchen Fall ist die Identifikation mit der eigenen Minoritätsgruppe höher, zumal die Gruppe mit dem wesentlich höheren Status aus der Sicht der inferioren Gruppe als Chance angesehen wird, den eigenen Status durch eine erfolgreiche Bewältigung des Konfliktes zu heben. Von einer Chance kann deshalb gesprochen werden, da im Falle eines Mißerfolges dieser als logische Folge des bereits bestehenden Statusunterschiedes der eigenen im Vergleich zur anderen Gruppe interpretiert werden kann (Crano, 1994).

Dieser Zusammenhang ist wahrscheinlich nicht unbedeutend für die Erklärung der hohen Zuschauerzahlen, die häufig bei Heimspielen von sportlich erfolglosen gegen sportlich erfolgreiche Mannschaften zu beobachten sind. Beispielsweise sind die Zuschauerzahlen beim deutschen Fußballbundesligisten Hamburger SV, der in den letzten Jahren sportlich erfolglos blieb, immer dann sehr hoch, wenn dieser Dortmund oder Bayern, zwei in den letzten Jahren sehr erfolgreiche Mannschaften, zu Gast hat.

Die Bedeutung der numerischen Anzahl als Merkmal einer Minoritätsgruppe bezieht sich auf die zahlenmäßige Unterlegenheit einer Gruppe im Vergleich zu einer anderen. Konzipiert man die Gruppe im Bereich von Sportereignissen als Institution, die von einer Mannschaft repräsentiert wird, stehen häufig sehr kleine Institutionen sehr großen gegenüber. In einem solchen Falle tritt ein David-Goliath-Syndrom auf, in dem Zuschauer tendenziell Partei für den kleineren David ergreifen. Es besteht also aufgrund der zahlenmäßigen Unterlegenheit der Minoritätsgruppe eine hohe Identifikation der der kleineren Gruppe zugehörigen Individuen. Für eine zahlenmäßig unterlegene Minoritätsgruppe besteht also in jedem Sportereignis die Möglichkeit, den Status zu erhöhen.

Dieser Zusammenhang leistet einen Erklärungsbeitrag für einen häufig beobachtbaren hohen Zuschauerdurchschnitt von kleinen Vereinen. Beispielsweise hat Ried, eine in der österreichischen Fußballbundesliga spielende Mannschaft einen höheren Zuschauerdurchschnitt als einige der sogenannten "Großvereine".

3.2.4. Gruppenstrukturelle Bedingungen

Während sich die bis an diesem Punkt der Arbeit diskutierten Antezedenzbedingungen der Gruppenidentifikation, nämlich Status und Wettbewerbsintensität zwischen Gruppen, stärker auf Gruppenrelationen beziehen, handeln die folgenden Antezedenzbedingungen von Faktoren bzw. Strukturen, welche die eigene Gruppe betreffen. Sie werden daher gruppenstrukturelle Faktoren genannt. Obwohl diese Faktoren im Rahmen von Teil II der Arbeit nicht diskutiert werden, sind sie allgemein von hoher Wichtigkeit für die Ausprägung des Konstruktes (Hogg/Turner, 1985c; Oakes/Davidson, 1986, u.a.) und scheinen besonders im Sportsetting hohe Relevanz zu haben. Die Faktoren werden in der Folge inhaltlich spezifiziert. Anschließend wird untersucht, wie sich die beiden Faktoren in der Fan-Team-Gruppe und in der Institution-Team-Gruppe darstellen.

Zwei zentrale gruppenstrukturelle Faktoren sind nach Turner (1987)

1. die Abstraktionsebene der Gruppe, mit der sich ein Individuum identifiziert und
2. die Zugänglichkeit und der Fit der Stimuli innerhalb der Gruppe.

Ein weiterer Faktor, der zwar in der Theorie der Sozialen Identität nicht explizit diskutiert wird, der aber nach Canetti (1994) im Rahmen des Sportsettings eine zentrale Rolle zu spielen scheint, ist

3. die Dichte der in einem bestimmten Ereignis aufeinandertreffenden Personen.

3.2.4.1. Abstraktionsebene

Die Abstraktionsebene einer Gruppe drückt sich in ihrer Inklusivität aus. Je inklusiver die Gruppe, desto höher die Abstraktionsebene. Beispielsweise inkludiert die Gruppe der Europäer die Gruppe der Deutschen, die Gruppe der Deutschen die Gruppe der Bayern usw. Die Gruppe der Europäer inkludiert alle die auf einer niedrigeren Abstraktionsebene liegenden Gruppen wie die der Deutschen, der Bayern usw.

Simon/Kulla/Zobel (1995) meinen nun, daß "the social groups with which people identify vary, amongst other dimensions, on the dimension of inclusiveness" (S. 326). Es wird behauptet, daß die Mitgliedschaft eines Individuums zu weniger inklusiven Gruppen zu einer höheren Identifikation führt als die Mitgliedschaft zu Gruppen auf höheren Abstraktionsebenen (Gerard/Hoyt, 1974; McGuire/McGuire, 1988; Mullen, 1991; Simon, 1992).

Da die Institution-Team-Gruppe auf einer höheren Abstraktionsebene liegt als die Fan-Team-Gruppe, kann gefolgert werden, daß Zuseher, die sich der Fan-Team-Gruppe zuordnen, eine höhere Identifikation aufweisen als Zuseher, die sich der Institution-Team-Gruppe zuordnen.

3.2.4.2. Zugänglichkeit und Fit der Stimuli

Dieser gruppenstrukturelle Faktor bezieht sich auf Bruners (1957) sogenannte "accessibility*fit-Hypothese", die sich auf kognitive Kategorisierungsvorgänge von Individuen in bezug auf Objekte bezieht und die von Turner (1987) auf den Prozeß der Selbstkategorisierung übertragen wurde. Turner (1987) meint, "that identification with a group in a specific situation is a function of an interaction between the "relative accessibility" of that categorization for the perceiver and the "fit" between the stimulus input and category specifications" (S. 54). Die Zugänglichkeit (=accessibility) und der Fit der auf ein Individuum in einer bestimmten Situation eintreffenden Stimuli sind demnach zentrale Determinanten für das Ausmaß der Identifikation eines Individuums mit einer Gruppe.

Zugänglichkeit definiert Turner mit "the readiness with which a stimulus input with given properties will be coded or identified in terms of a category" (S. 55). Zugänglichkeit bezieht sich also auf die Möglichkeit aus der Sicht des Individuums, einen Stimulus als einen für eine Gruppe charakteristischen wahrzunehmen. Ein solcher kann ein Gegenstand, eine Verhaltensweise oder auch eine Person sein. Ist es eine Person, spricht man von einem Prototyp (Hogg/Hardy/Reynolds, 1995). Ein Prototyp ist eine Person, die durch ihre individuellen Merkmale typische Eigenschaften einer Gruppe besonders gut repräsentiert.

Grieswele (1987) meint, daß sich in den Fanblöcken der Mannschaften eine hohe Anzahl von Prototypen befinden, die beispielsweise durch bestimmte Kleidung oder Gesängen erkennbar sind. Prototypen dieser Art wären in den übrigen Zuschauerblöcken nicht erkennbar.

Was das Fit-Phänomen betrifft meint Turner (1987), daß "the idea of fit simply refers to the degree to which reality actually matches the criteria which define the category" (S.55). Der Fit der Stimuli bezieht sich also auf das Ausmaß, wie gut in einer Situation die vorhandenen Stimuli die Kriterien widerspiegeln, anhand derer sich eine Gruppe definiert. Die Fit-Hypothese ist nach Turner gleichzusetzen mit dem Meta-Kontrast-Prinzip. Es wurde bereits gezeigt, daß im Fanblock von einer höheren Meta-Kontrast-Ratio ausgegangen werden kann als im übrigen Zuschauerblock.

Da in der Fan-Team-Gruppe die Zugänglichkeit und der Fit der Stimuli stärker ausgeprägt sind als in der Institution-Team-Gruppe, identifizieren sich Fan-Team-Gruppenmitglieder stärker mit ihrer Gruppe als Institution-Team-Gruppenmitglieder.

3.2.4.3. Gruppendichte

Unter Gruppendichte wird die physische Nähe verstanden, mit der sich Menschen in einer bestimmten Situation gegenüberstehen. Je näher bzw. je geringer der Abstand zwischen den Personen im Rahmen von Sportereignissen ist, desto höher ist die Gruppenidentifikation (vgl. z.B. Canetti, 1994).

Es kann nun beobachtet werden, daß Zuseher im Fanblock auf engem Raum dicht aneinanderstehen (beispielsweise nur schon aufgrund der in Fanblöcken anzutreffenden Stehplätze), während dieses Phänomen bei Zusehern in den übrigen Blocks nicht in diesem Ausmaß beobachtet werden kann (aufgrund der tendenziell vorhandenen Sitzplätze). Deshalb läßt auch der Faktor "Dichte" vermuten, daß Mitglieder der Fan-Team-Gruppe eine höhere Identifikation mit der Gruppe haben als Mitglieder der Institution-Team-Gruppe.

Da alle drei genannten gruppenstrukturellen Faktoren in der Fan-Team-Gruppe stärker ausgeprägt sind als in der Institution-Team-Gruppe, kann der Schluß gezogen werden, daß die Gruppenidentifikation in erster höher ist als in letzter.

3.3. Zusammenfassung

Die zentralen Erkenntnisse von Teil drei lassen sich folgendermaßen zusammenfassen:

◆ Es wurde davon ausgegangen, daß ein regelmäßiger oder ein gelegentlicher Zuseher einer Heimmannschaft sich entweder mit der Fan-Team-Gruppe oder mit der Institution Team-Gruppe identifiziert.

◆ Der Status der Gruppe, die Wettbewerbsintensität zwischen den Mannschaften und gruppenstrukturelle Faktoren sind die zentralen Antezedenzedingungen der Gruppenidentifikation.

a. Da der Status der Gruppe den größten Einfluß auf die Identifikation eines Individuums mit einer Gruppe hat, wurde ihm im Rahmen von Teil III die größte Aufmerksamkeit gewidmet. Er wird im Rahmen von Sportereignissen durch die sportliche Leistung der Heimmannschaft definiert. Da die sportliche Leistung der Mannschaft in den meisten Fällen unstabil ist, variiert auch der Status der Gruppe. Bei einem positiven Status ist die Identifikation aller Zuseher mit der Gruppe hoch. Bei einem negativen Status ist die Identifikation mit der Gruppe unterschiedlich: bei gelegentlichen Zusehern ist sie niedrig, bei regelmäßigen ist sie hoch. Dabei wurde gezeigt, daß in Negativsituationen bei gelegentlichen und regelmäßigen Zusehern unterschiedliche psychische Prozesse ablaufen, die im Rahmen der Theorie der Sozialen Identität als Status-Management-Strategien bezeichnet werden und die als die wesentlichen Erklärungsgründe für gelegentliches oder regelmäßiges Zusehen angesehen werden können. Während gelegentliche Zuseher unter Negativbedingungen Individualitätsstrategien aktivieren, die zu einer höheren Distanz zwischen dem Zuseher und der Gruppe führen, setzen regelmäßige Zuseher Gruppenstrategien in Gang, welche die Distanz zur Gruppe wenn nicht geradezu verringern, so doch sicherlich nicht erhöhen. Schließlich wurden im Rahmen der Statusdiskussion die Ursachen genannt, welche die Aktivierung von Gruppenstrategien bedingen, wobei es sich dabei um subjektive (Fähigkeiten, grundsätzliches individuelles Selbstwertgefühl, Einstellung zur Gruppe: emotionale

Bedeutung (Ähnlichkeit), Internalisation, Rolle) und soziostrukturelle (Durchlässigkeit der Gruppengrenzen, Stabilität, Legitimität) Faktoren handelt. Die Variablen, die eine hohe Gruppenidentifikation unter Negativbedingungen erklären, wurden zu einem theoretischen Rahmen verknüpft. Letztlich wurde gezeigt, daß subjektive Faktoren einen Beitrag leisten, in der Zuschauerliteratur und in der Praxis bezeichnete mysteriöse Zuschauerphänomene zu erklären.

◆ Im Rahmen der Diskussion zur Wettbewerbsintensität wurden Begründungen der permanenten Wahrnehmung einer hohen Wettbewerbsintensität von regelmäßigen Zusehern diskutiert. Es wurde gezeigt, daß im Gegensatz dazu gelegentliche Zuseher nur unter bestimmten Statusrelationen eine hohe Wettbewerbsintensität wahrnehmen. Dabei handelt es sich um die Ausprägung der Dimensionen, welche die Beziehungsattraktivität zwischen der Heimmannschaft und der Gastmannschaft bestimmen.

◆ Im Rahmen gruppenstruktureller Faktoren handelt es sich nicht um eine, sondern um mehrere Bedingungen, die sich weniger auf Intergruppenaspekte sondern eher auf gruppeninterne Aspekte beziehen. Bei den Faktoren handelt es sich um die Abstraktionsebene der Gruppe, mit der sich ein Individuum identifiziert, die Zugänglichkeit und der Fit der Stimuli innerhalb der Gruppe und um die Gruppendichte. Diese Faktoren wurden für die Fan-Team-Gruppe und für die Institution-Team-Gruppe differenziert analysiert. Dabei stellte sich heraus, daß alle Faktoren in der Fan-Team-Gruppe stärker ausgeprägt sind, und somit in dieser die Identifikation mit der Gruppe grundsätzlich höher ist als in der Institution-Team-Gruppe.

Teil IV

Praktische Implikationen und Grenzen der Arbeit

In Teil IV der Arbeit werden abschließend aus dem in Teil III entwickelten Ansatz Implikationen für konkrete Maßnahmen abgeleitet, um der praktischen Relevanz der Forschungsfrage Rechnung zu tragen (Kapitel 4.1.). Da den postulierten Implikationen aufgrund möglicher, negativer Konsequenzen der Gruppenidentifikation ethische Bedenken entgegengehalten werden könnten, wird in Kapitel 4.2. ausdrücklich zur ethischen Frage im Hinblick auf die Beeinflussung des Konstrukts der Gruppenidentifikation Stellung genommen. Am Schluß der Arbeit werden ihre Grenzen aufgezeigt und auf Basis dieser ein Ausblick für zukünftige Forschungsaktivitäten gegeben (Kapitel 4.3.).

4.1. Implikationen

Am Beginn der Arbeit wurde die hohe Bedeutung einer Vergrößerung des Segments der regelmäßigen Zuseher aus der Sicht eines Sportunternehmens zu seiner finanziellen Sicherheit betont. Deshalb wird der in Teil III der Arbeit entwickelte Ansatz unter dem Aspekt der Möglichkeit einer Vergrößerung des Segments der regelmäßigen Zuseher betrachtet. Zu diesem Zweck werden grundsätzlich zwei Ansatzpunkte vorgeschlagen:

1. Bestimmung grundsätzlich attraktiver Segmente und
2. Gezielte Beeinflussung des Konstrukts der Gruppenidentifikation.

4.1.1. Bestimmung grundsätzlich attraktiver Segmente

In der vorliegenden Arbeit wurde davon ausgegangen, daß vor dem Hintergrund der Untersuchungen von Schurr et al. (1987) und einer Reihe weiterer Autoren (vgl. z.B. Wann/Branscobe, 1990) jede Sportmannschaft eine unterschiedlich hohe Anzahl regelmäßiger Zuseher hat. Diese Tatsache kann aus der Sicht des Marketings folgendermaßen interpretiert werden: regelmäßige Zuseher ziehen grundsätzlich einen hohen Nutzen aus jedem der vom Verein angebotenen Sportereignisse. Würde dies nicht der Fall sein, würde der Sport-konsument das Sportereignis auch nicht regelmäßig konsumieren. Der Nutzen kann der Gruppenidentifikation gleichgesetzt werden.

Die Existenz eines Segments regelmäßiger Zuseher bedeutet also, daß es Personen gibt, die ohne gezielte Beeinflussung treue Kunden sind. Dies impliziert, daß Investitionen, diese Kunden an das Unternehmen zu binden, von geringem Ausmaß sind.

Ein Manager einer Sportmannschaft würde die Frage stellen, wer denn diese Personen sind, die einen grundsätzlich hohen Nutzen aus Sportereignissen ziehen. Diese Frage kann vor dem Hintergrund der Abhandlung mysteriöser Zuschauererscheinungen, die durch die Verknüpfung subjektiver Faktoren und demographischer Merkmale erklärt wurden, beantwortet werden.

Es wurde festgestellt, daß aufgrund noch nicht entwickelter bzw. noch nicht ausgereifter Fähigkeiten und somit geringer Identitätsalternativen tendenziell junge Leute dazu geneigt sind, sich grundsätzlich mit einer Gruppe zu identifizieren. Dabei ist anzunehmen, daß sich diese Zielgruppe vor allem mit der Fan-Team-Gruppe identifiziert, da beobachtet werden kann, daß junge Leute vor allem in Fanblöcken zu finden sind.

Es ist aus der Sicht eines Sportunternehmens so gesehen sinnvoll, junge Leute gezielt anzusprechen. Eine mögliche Alternative wäre beispielsweise, die in einer bestimmten regionalen Einheit vorhandenen Schulen als Zielgruppe zu definieren und ein eigenes Programm für dieses Segment zu entwickeln. Der FC Tirol Milch Innsbruck versucht bereits ansatzweise, Schulen direkt durch die Spieler anzusprechen.

Auf einen sehr wichtigen Aspekt sei im Zusammenhang mit dem Segment junger Sportkonsumenten aber hingewiesen. Es wurde im Rahmen der Arbeit behauptet, eine hohe Gruppenidentifikation Jugendlicher könne vor allem durch fehlende Identitätsalternativen erklärt werden. Anders ausgedrückt könne der Verein als Plattform der zentralen Identitätszuschreibung für den Jugendlichen fungieren. Es muß aber angenommen werden, daß in Phasen, in denen sich bei Jugendlichen im Zeitablauf neue Zuschreibungen bilden, die Identifikation mit der Fan-Team-Gruppe geringer wird. Dies kann auch in der Praxis beobachtet werden. Jugendliche im frühen Erwachsenenalter distanzieren sich nicht nur von der Fan-Team-Gruppe, sondern vom grundsätzlichen Konsum von SMB`s (Heitmeyer/Peter, 1988). Der Grund dafür könnte darin liegen, daß Jugendliche aufgrund mangelnder Identitätsalternativen im Pubertätsalter "gezwungen" sind, sich mit der Gruppe zu identifizieren.

Diesem Aspekt sollte von seiten eines Vereins entgegengewirkt werden, um dadurch die Jugendlichen bzw. jungen Erwachsenen länger, aber vor allem auch stärker an die Gruppe zu binden. In Kapitel 4.1.2. werden Möglichkeiten diskutiert, in welcher Form dies geschehen kann.

Als weiteres attrakives Segment werden Studenten und Jungakademiker genannt. Die Attraktivität dieses Segments wird dabei vor allem durch die hohe Wichtigkeit der Mitgliedschaft des Sportkonsumenten zur Institution, die durch das Team repräsentiert wird, erklärt. Dieses Segment wurde vor allem in den Collegemannschaften in den U.S.A. beobachtet. Ein Manager, beispielsweise eines europäischen Vereins, könnte argumentieren, daß in den Colleges der U.S.A. Ausgangsbedingungen vorherrschen, die bei anderen Sportmannschaften nicht gegeben sind. Dabei handelt es sich beispielsweise um die hohe Bedeutung, welche die Universitäten für die Studierenden und Jungakademiker haben. Diese würden ohne gezielte Aktivitäten von seiten der Sportmannschaft die hohe Identifikation mit der Gruppe bewirken. Dieses Argument kann dadurch entschärft werden, daß jeder Institution Individuen angehören, die eine grundsätzlich hohe Identifikation mit der das Team repräsentierenden Gruppe haben.

Das in verschiedenen Collegemannschaften der U.S.A. beobachtbare Phänomen impliziert, daß es Aufgabe einer Sportmannschaft sein muß, Personen bzw. Personengruppen "ausfindig" zu machen, die eine grundsätzlich hohe Identifikation mit der von der Mannschaft repräsentierenden Institution haben. Ist die Institution beispielsweise eine regionale Einheit, könnten zu diesem Zweck die Studien von Treinen (1965a, b) herangezogen werden. Dieser untersuchte Merkmale von Individuen, die eine hohe Identifikation mit der "Heimat" haben. Dabei stellte er fest, daß "Heimatliebende" Personen sind, die innerhalb der regionalen Einheit öffentliche Aufgaben erfüllen, wobei er Mitglieder gemeinnütziger Vereine als Beispiel erwähnte.

Als weitere interessante Zielgruppen wurden zwei soziale Klassen genannt. Zum einen handelt es sich dabei um Arbeiterklassen, zum anderen um Manager und Geschäftsleute. Während erste aufgrund eines tendenziell niedrigen Selbstwertgefühls und aufgrund möglicher Ähnlichkeiten der sozialen Herkunft eine attraktive Zielgruppe darstellt, ist letzte aufgrund von Ähnlichkeiten der Leistungen ein interessantes Segment. Soziale Klassen gezielt anzusprechen ist aber aus einigen Gründen mit Vorsicht zu betrachten.

Zum einen muß - was die Arbeiterklasse betrifft - klarerweise festgehalten werden, daß diese in unterschiedlichen regionalen Einheiten unterschiedlich stark ausgeprägt ist. Damit die Arbeiterklasse als attraktives Segment definiert werden kann, muß sie nach Hortleder (1974) zudem eine Nebenbedingung erüllen. Es muß sich um Arbeiterklassen handeln, die auf engem Raum zusammenwohnen[1].

---

[1] Weshalb diese Nebenbedingung erfüllt sein muß, kann durch das gruppenstrukturelle Kriterium der Dichte erklärt werden. Personen, dessen physische Nähe zueinander gering ist, tendieren grundsätzlich stärker dazu, sich mit Gruppen zu identifizieren.

Diese Bedingungen sind in sehr vielen Institutionen nicht gegeben. Zudem muß auf negative soziale Auswirkungen Bedacht genommen werden: Personen mit niedrigem Selbstwertgefühl haben tendenziell ein hohes Aggressionsniveau, was nicht zuletzt der Auslöser zahlreicher Ausschreitungen im Rahmen von Sportereignissen ist (Smith, 1974). Eine gezielte Ansprache dieses Segments erhöht somit die Wahrscheinlichkeit von Ausschreitungen bei Sportereignissen.

Zum anderen läuft die Konzipierung von Managern und Geschäftsleuten als attraktive Zielgruppe Gefahr, daß sich ein Verein in eine starke Leistungsabhängigkeit begibt. Es war aus den Untersuchungen über diese Zielgruppe nicht klar ersichtlich, in welchen Dimensionen der sportlichen Leistung Manager und Geschäftsleute Ähnlichkeiten wahrnehmen. Es kann vermutet werden, daß diese Zielpersonen Ähnlichkeiten vor allem in den sportlichen Erfolgen einer Mannschaft suchen. In diesem Falle würde man sich in eine starke Leistungsabhängigkeit begeben. Es ist aber genau die Intention dieses Kapitels, Überlegungen anzustellen, diese zu umgehen.

Was Männer als attraktive Zielgruppe betrifft, muß betont werden, daß es aus Effizienz-kriterien nicht viel Sinn macht, diese als attraktives Segment zu definieren. Die Zielgruppe "Männer" ist so heterogen, daß eine gezielte Ansprache nicht sinnvoll erscheint. Dieses demographische Merkmal kann aber in der Kombination mit anderen, in diesem Kapitel behandelten demographischen Merkmalen (z.B. Alter) zur Anwendung gelangen. Zu berücksichtigen sind dabei die Faktoren "Ähnlichkeit der Persönlichkeit" und "Ähnlichkeit der Einstellungen".

Bezüglich "Rasse" können ähnliche Aussagen getroffen werden wie im Rahmen der Arbeiterklasse. Auch dieses Merkmal ist einerseits von für einen Verein unbeeinflußbaren Bedingungen abhängig und andererseits aufgrund der Wahrscheinlichkeit der Erhöhung von ethnischen Konflikten nicht als Merkmal attraktiver Segmente vorzuschlagen.

4.1.2. Erhöhung der Gruppenidentifikation

Ein Großteil von Sportexperten behauptet: "Spielt man gut und ist ein attraktiver Gegner zu Gast, kommen die Zuseher in die Stadien. Ist dies nicht der Fall, sieht sich nur ein geringer

Teil von Zusehern das Spiel an. Da man nicht selbst bestimmen kann, wen man zum Gegner haben möchte, kann man als Verein lediglich versuchen, gute Spieler und Trainer einzukaufen und versuchen, mit ihnen sportlich erfolgreich zu sein". Vor dem Hintergrund des in dieser Arbeit entwickelten Ansatzes bedeutet diese Aussage: unter Bedingungen, in denen ein Sportunternehmen hohe sportliche Leistungen erbringt und bei hoher Wettbewerbsintensität zwischen der Heimmannschaft und der Gastmannschaft ist die Gruppenidentifikation bei potentiellen Zusehern stark ausgeprägt. Da die Wettbewerbsintensität nicht beeinflußt werden kann, kann das Konstrukt lediglich auf der Ebene der sportlichen Leistungen beeinflußt werden.

In Teil III der Arbeit wurde nun gezeigt, daß diese Aussage tatsächlich ihre Richtigkeit hat. Die Ausführungen in Teil III können aber auch als Rahmen dafür gesehen werden, Ansatzpunkte zu definieren, die der Abhängigkeit der Zuschaueranzahl eines Sportunternehmens von diesen beiden, nur zum Teil beeinflußbaren Faktoren entgegenwirken.

Deshalb wird als zweite Strategie die gezielte Beeinflussung des Konstruktes vorgeschlagen. Drei grundsätzliche Ansatzpunkte stehen einem Sportunternehmen dazu zur Verfügung: der Status, die Wettbewerbsintensität und gruppenstrukturelle Faktoren. Da es sich als notwendig erwies, gruppenstrukturelle Faktoren in Beeinflussungsmöglichkeiten des Status zu integrieren, werden die folgenden Inhalte lediglich in den Kapiteln "Status" und "Wettbewerbsintensität" gegliedert.

4.1.2.1. Entwicklung eines normativen Modells zur Beeinflussung des Gruppenstatus

Ziel eines Sportunternehmens muß es sein, daß Zuseher unabhängig von der sportlichen Leistung der Mannschaft den Status der Gruppe positiv wahrnehmen. Zu diesem Zweck erscheint das in dieser Arbeit entwickelte Modell einer hohen Gruppenidentifikation unter Negativbedingungen als optimaler Ansatzpunkt. Aus diesem Modell resultieren subjektive Faktoren, soziostrukturelle Faktoren und alternative Status-Managment-Strategien bzw. Gruppenstrategien als Anknüpfungspunkte zur Beeinflussung des Status unter Negativbedingungen. Vor dem Hintergrund dieser drei Ansatzpunkte und der Integration gruppenstruktureller Faktoren in die Diskussion wird im Rahmen dieses Kapitels versucht, ein normatives Modell zu entwickeln, das zum Ziel hat, einen negativen objektiven Status so zu beeinflussen, daß er auch unter Negativbedingungen als positiv wahrgenommen wird.

Ausgangspunkt der Entwicklung eines normativen Modells bilden die subjektiven Faktoren einer grundsätzlich hohen Gruppenidentifikation. Da Fähigkeiten und der grundsätzliche Selbstwert einer Person kaum beeinflußt werden können (vgl. z.B. Ellemers, 1988), konzentriert sich die folgende Diskussion lediglich auf die Beeinflussung der Einstellung eines Individuums zur Gruppe. Die Einstellung hängt ab von wahrgenommenen Ähnlichkeiten eines Individuums zwischen sich und der Gruppe, von der Rolle, die das Indivduum in der Gruppe einnimmt und von dem Grad der Internalisation der Gruppe. Da die Vermutung geäußert wurde, die Internalisierung der Gruppe wäre wahrscheinlich eine Konsequenz von Ähnlichkeiten zwischen dem Individuum und der Gruppe, wird in der Folge lediglich auf die Möglichkeit der Beeinflussung der subjektiven Faktoren "Rolle" und "Ähnlichkeiten" näher eingegangen.

Diese beiden subjektiven Faktoren könnten als Nutzenerwartungen interpretiert werden. Wenn sich beispielsweise eine Person dann grundsätzlich (also unabhängig vom Status der Gruppe oder anderen soziostrukturellen und situativen Faktoren) mit einer Gruppe identifiziert, wenn sie innerhalb der Gruppe eine klar definierte und/oder von den übrigen Gruppenmitgliedern akzeptierte Rolle innehat, kann letzteres umgekehrt als Nutzenerwartung eines Individuums an die Gruppe interpretiert werden. Schafft es ein Sportunternehmen, diesen Nutzenerwartungen zu entsprechen, entwickelt sich auf Seiten der Zuseher eine grundsätzlich positive Einstellung zur Gruppe.

Es kann nun angenommen werden, daß gelegentliche Zuseher keine grundsätzlich positive Einstellung zur Gruppe haben, da das Sportunternehmen den Nutzenerwartungen "Rolle" und "Ähnlichkeit" nicht gerecht wird. Ist ein Sportunternehmen also in der Lage, dem von gelegentlichen Konsumenten geforderten Nutzen zu entsprechen, könnten sich gelegentliche Zuseher zu regelmäßigen entwickeln.

Ziel muß es also sein, die Faktoren "Rolle" und "Ähnlichkeit" zu beeinflussen, anders ausgedrückt Rolle zuzuteilen und die Ähnlichkeit zu erhöhen. Ausgangspunkt der Entwicklung eines normativen Modells zur Beeinflussung eines negativen sozialen Status muß also die Befriedigung zweier grundsätzlicher Bedürfnisse der Zuseher der Gruppe gegenüber sein.

4.1.2.1.1. "Rolle" als Nutzenerwartung und Instrumente zu ihrer Beeinflussung

Die Nutzenerwartung "Rolle" wird dann erfüllt, wenn Sportkonsumenten bestimmte Aufgaben übertragen werden, die eigenverantwortlich und öffentlich ausgeführt werden müssen. Um zu wissen, welche Aufgaben ein Verein den Zusehern übertragen soll oder kann, muß das Sportunternehmen eine Ahnung davon haben, welche Rolle die Zuseher für die Mannschaft einnehmen könnten.

In empirischen Untersuchungen konnte wiederholt gezeigt werden, daß Anhänger von Sportmannschaften sich dann von der Mannschaft akzeptiert fühlten, wenn sie das Gefühl hatten, für den sportlichen Erfolg mitverantwortlich zu sein (Sloan, 1979). Unter solchen Bedingungen bezeichnen sich die Sportkonsumenten als sogenannter "Zwölfter Mann". Die Rolle, die Anhängern vom Verein also übertragen werden könnte, könnte mit "Aktive Unterstützer für den sportlichen Erfolg" bezeichnet werden. Würde ein Verein die Rolle der Anhänger ernst nehmen, würden die Zuseher eben ähnliche Rollen einnehmen wie Aktivsportler, Trainer, Ärzte, Hilfspersonal, Management, Vorstand usw. So gesehen würden Anhänger als ein Element des gesamten Mitarbeiterstabes einer Mannschaft konzipiert werden können. Anders, etwas paradox interpretiert, könnte man die Rollenübertragung auch folgendermaßen betrachten: Anhänger eines Vereines sind Mitarbeiter einer Organisation, die bezahlen, damit sie mitarbeiten dürfen (in welchen anderen Organisationen findet man eine derartige Situation vor, in der Mitarbeiter bezahlen, damit sie mitarbeiten dürfen!), mehr noch, sie würden vielleicht umso mehr bezahlen, je mehr sie mitarbeiten dürfen.

Um gezielte Aktivitäten zu setzen, dem Zuseher die Rolle eines "aktiven Unterstützers für den sportlichen Erfolg" zu übertragen, muß der Verein eine konkrete Ahnung davon haben, in welcher Form Anhänger den sportlichen Erfolg ihrer Mannschaft unterstützen. Heitmeyer/Peter (1988) stellten fest, daß Zuseher der Unterstützung der Mannschaft hauptsächlich durch Symbole, Rituale und sportliche Ratschläge Ausdruck verleihen. Das bedeutet, daß die Übertragung der Organisation und der Umsetzung von Symbolen, Ritualen und sportlichen Ratschlägen als "internes Marketinginstrument" bezeichnet werden kann, mit dem das Bedürfnis der Wahrnehmung einer akzeptierten Rolle von Anhängern befriedigt werden kann. Auf dieses "Marketinginstrument" wird etwas näher eingegangen, indem die drei Elemente differenziert diskutiert werden.

◆ Symbole werden auch als Fanartikel bzw. Merchandising-Ware bezeichnet. Darunter fallen Kleidungsstücke, Fahnen, Maskottchen usw. Produktion und Verkauf von Fanartikeln wird sehr oft an Lieferanten und/oder Absatzmittlern wie etwa Werbeagenturen oder Unternehmungen, welche die Produktion und den Vertrieb von Fanartikeln als Tätigkeitsbereich definieren, übertragen.

An diesem Punkt wird vorgeschlagen, die Organisation und die Umsetzung der Fanartikel nicht "outzusourcen", sondern an die eigenen "Mitarbeiter", d.h. an die Zuseher zu delegieren. Beispielsweise könnten unterschiedliche Anhängergruppen wie etwa Fanclubs diesbezüglich verschiedene Aufgaben übernehmen. Dadurch werden den Anhängern klare Aufgabenbereiche übertragen und es wird ihnen in der Folge möglich, eine klare Rolle innerhalb der Gesamtgruppe wahrnehmen zu können. Beispielsweise hat der FC Tirol Milch Innsbruck, ein österreichisches Fußballunternehmen die Entwicklung eines Vereinsmaskottchens den Anhängern seines Vereins übertragen.

◆ Als Rituale können Mimiken, Gestiken (z.B. die Art, wie sportliche Erfolge gefeiert werden), Gesänge, Tänze (ein Tanz der beispielsweise in letzter Zeit von Anhängern sehr häufig vorgeführt wird, ist der aus Spanien stammende Makkarena-Tanz) und andere für Anhänger stereotypische Verhaltensweisen (z.B. die "Welle" in den Stadien) bezeichnet werden. Obwohl Rituale meist von den Anhängern selbst entwickelt werden, können sie auch gesteuert werden. Beispielsweise ist ein übliches Ritual bei der Eröffnung von Sportgroßveranstaltungen wie etwa Olympischen Spielen, Weltmeisterschaften usw. die Darstellung von in Zuseherblöcken positionierten Schriften und Symbolen, die durch die unterschiedliche Kleidung der Zuseher erkennbar sind. Ein Verein könnte versuchen, dieses Ritual in den von ihm "distribuierten" Sportereignissen zu implementieren. Dadurch würden gesamte Zuseherblöcke mit klaren Aufgaben versehen, wobei die Rollenwahrnehmung im Rahmen des Sportereignisses sehr ausgeprägt wäre, da es einer koordinierten Zusammenarbeit bedarf, um derartige Rituale tatsächlich umzusetzen.

◆ Anhänger erteilen vor, während und nach Sportereignissen Trainern und Spielern Ratschläge bezüglich positiver und negativer Ereignisse des Spielverlaufs (Dombrowski, 1975). Diese Verhaltensweisen könnten organisationstheoretisch interpretiert werden als Vorschlagswesen für Verbesserungen des Produktionsprozesses. Da die Vorschläge der Verbesserungen von seiten der Anhänger auf freiwilliger Basis erfolgen, müßten diese aus der Sicht des Vereins nur mehr institutionalisiert werden. So könnte man versuchen, bei wichtigen Entscheidungen über den Produktionsablauf bzw. über Spielstrategie und Spieltaktik, Anhänger in die Entscheidungen miteinzubinden. Konkret, im Rahmen der Entscheidung, welche Spieler bzw. welche Trainer gekauft werden sollen, oder mit welcher Taktik gegen einen bestimmten Gegner zu spielen ist, könnten Meinungen von Anhängern mitberücksichtigt werden. Beispielsweise werden von deutschen Sportunternehmungen, die in der Fußballbundesliga "tätig" sind, die Meinungen und Wünsche der Anhänger zu Spielereinkäufen teilweise mitberücksichtigt.

4.1.2.1.2. "Ähnlichkeiten" als Nutzenerwartung und Instrumente zu ihrer Beeinflussung

Den theoretischen Hintergrund für die nun folgenden Ausführungen bilden die Überlegungen zu alternativen Status-Management-Strategien, zur "emotionalen Bedeutung" der Gruppe für das Individuum und zu gruppenstrukturellen Faktoren.

Aufgabe des Managements eines Vereines ist es, während und um das Sportereignis den Gruppen, die das Sportereignis konsumieren, einen "Spiegel ihrer selbst" vorzuhalten, der die Ähnlichkeit der Gesamtgruppe so deutlich als möglich zum Ausdruck bringt. Zu diesem Zweck muß sich der Verein einerseits im klaren darüber sein, welche Gruppen er konkret ansprechen könnte und er muß sich andererseits klar deklarieren, für welche der möglichen Gruppen er sich letzlich als zentral anzusprechende entscheidet.

Ein Sportkonsument identifiziert sich im Rahmen des Sportereignisses entweder mit der Fan-Team-Gruppe oder mit der Institution-Team-Gruppe. Da sich letzte auf höherem Abstraktionsniveau als erste befindet, ist es aus der Sicht eines Vereines sinnvoll, sich für die die Mannschaft repräsentierende Institution zu deklarieren bzw. zu positionieren.

Aufgabe des Marketing-Managements des Vereins ist es, zentrale Werte, Normen, Einstellungen, Meinungen und Gefühle, die einem hohen Anteil der Gesamtgruppe entsprechen, zu identifizieren und in und um Sportereignissen zum Ausdruck zu bringen, sodaß das Sportereignis zu einem "Fest der Gruppe" wird. Eine derartige Strategie führt aufgrund einer hohen Selbstähnlichkeit zu einer positiven Einstellung des Individuums zur Gruppe. Die positive Einstellung macht es möglich, daß das Individuum unter

Negativbedingungen alternative Status-Management-Strategien aktiviert, die nicht zuletzt zu einer hohen grundsätzlichen Gruppenidentifikation führen. Anders ausgedrückt: das Marketing eines Vereins muß sich darum bemühen, den Verein als gesamtes auf anderen Wertdimensionen als auf der den "objektiven" Status bestimmenden Wertdimension der sportlichen Leistung zu positionieren. Die Gruppenstrategie, die in einem solchem Falle aktiviert würde, wäre die "Strategie alternativer Wertdimensionen".

Wie bereits erwähnt, zielen bei sehr vielen Vereinen ein Großteil der Marketingaktivitäten auf den Status der Gruppe im Sinne ihrer sportlichen Leistung ab. Spieler werden lediglich unter diesem Kriterium eingekauft und vermarktet, Medienberichterstattungen beinhalten zum Großteil Aussagen über sportliche Leistungen. Die Positionierung auf der Wertdimension der sportlichen Leistung ist insofern von Nachteil, als die sportlichen Leistungen schwanken und der Sportkonsument in Konsequenz daraus ständige Auf- und Abwertungen in bezug auf die Gruppe wahrnimmt. Dies zieht Individualitätsstrategien mit sich, die zu gelegentlichem Konsum führen.

Der Aktivierung dieser Strategien von gelegentlichen Zusehern kann durch die Positionierung auf anderen Wertdimensionen entgegengewirkt werden. Mummendey/Schreiber (1983) stellten beispielsweise im Rahmen der Untersuchungen politischer Parteien fest, daß durch die Betonung von spezifischen, für eine bestimmte Gruppe geltenden Werte, die Identifikation einzelner Individuen mit der Gruppe höher ist als durch die Betonung von Wertdimensionen, die den (objektiven) Status der Gruppe bestimmen und an denen die Gruppe schlechter abschneidet als andere Gruppen. Das bedeutet: unabhängig vom sozialen Status ist die Gruppenidentifikation immer dann höher, wenn alternative Werte betont werden, die für die Gruppe wichtig sind. Bei niedrigem Status hat der Zuseher somit die Möglichkeit, auf andere Wertdimensionen auszuweichen. Aufgabe des Managements ist es, dem Zuseher diese Möglichkeit aktiv anzubieten bzw. den Gebrauch dieser Möglichkeit zu erleichtern.

Der Frage, der im folgenden nachgegangen werden muß, ist nun, welche Instrumente Vereinen zur Verfügung stehen, spezifischen Gruppenwerten und -normen Ausdruck zu verleihen.

4.1.2.1.2.1. Spieler und Trainer der Mannschaft als Prototypen der Gruppe

Gruppenwerte werden vor allem durch Prototypen zum Ausdruck gebracht (vgl. z.B. Haslam et al., 1995). "We use the term prototype in the sense of being representative of the category" (Haslam et al., 1995, S. 510). Prototypen sind Personen, die zwei Merkmale erfüllen: sie bringen zum einen aufgrund ihrer individuellen Charakteristiken die Werte der Gruppe sehr klar zum Ausdruck. Da beispielsweise für die politische Partei der Grünen das Umweltbewußtsein von zentraler Bedeutung ist, werden solche Personen innerhalb dieser Partei geschätzt, die am klarsten danach leben und denken.

Zum anderen sind es Personen, die einen grundsätzlich hohen Status genießen. Dazu zählen etwa Personen mit hohen Kompetenzen und hoher Bekanntheit.

Für die Gruppenidentifikation ist es also wichtig, daß in Gruppen Prototypen beide Merkmale erfüllen. Ein Verein muß also Prototypen erkennen und Bedacht darauf nehmen, Merkmale von Prototypen zu pflegen bzw. zu managen.

Im Zentrum der Institution-Team-Gruppe stehen Spieler und Trainer selbst. Sie nehmen innerhalb der Gruppe den höchsten Status ein. Somit sind es Spieler und Trainer, die als Prototypen der Gruppe fungieren und als Orientierungspunkte für die Gruppenmitglieder gelten. Die Spieler sind so gesehen ein zentrales Element zur Manifestation der durch das Team zum Ausdruck gebrachten Werte der Institution. Deshalb ist es vor dem Hintergrund des in der vorliegenden Arbeit entwickelten Ansatzes äußerst relevant, solche Spieler und Trainer in das Team einzubauen, die aufgrund ihrer Charakteristiken am besten die Werte der Institution verkörpern. Ein Beispiel ist etwa der Trainer des FC Tirol Milch, Dietmar Constantini, der durch sein Verhalten die Mentalität der Tiroler verkörpert. Ein gutes Beispiel für einen Spieler wäre Toto Schillaci, ein süditalienischer Fußballspieler, der durch seine Person und sein Aussehen eine hohe Ähnlichkeit mit dem süditalienischen Durchschnittsbürger aufweist. Diese Personen werden von den Zusehern "geliebt" oder "ins Herz geschlossen".

Diese Forderung steht im krassen Gegensatz mit derzeitigen in der Praxis gehandhabten, für den Einbau oder den Kauf von Spielern und Trainern zugrundeliegenden Entscheidungskriterien. Man legt nämlich lediglich auf eines der beiden Kriterien wert, die ein Prototyp erfüllen muß, nämlich auf den Status der Person. Dieser wird an den sportlichen

Fähigkeiten des Spielers (oder - falls der Verein "marktorientiert" ist - durch den sogenannten Marktwert von Spielern) gemessen (vgl. z.B. Gärtner/Pommerehne, 1978). Beispielsweise unterschrieb der amerikanische Basketballspieler Sheik O'Neal im Jahre 1996 bei den Los Angeles Lakers einen Siebenjahresvertrag um (unglaubliche) 121 Millionen Dollar. Es wird vom Verfasser keinesfalls behauptet, diese Entscheidungskriterien für den Einkauf von Trainer- und Dienstpersonal wären unsinnig, es wird lediglich propagiert, weitere, bisher unberücksichtigt gebliebene Kriterien bei der Entscheidungsfindung miteinzubeziehen.

Als negatives Beispiel (neben vielen anderen) seien vor diesem Hintergrund bestimmte Spieler- und Trainereinkäufe des FC Tirol Milch Innsbruck zu nennen, der in der Saison 1994/95 als Trainer die österreichische Fußballegende Hans Krankl und zudem einen Spieler mit hohen sportlichen Fähigkeiten, nämlich Peter Stöger einkaufte. Es sind dies beides Personen, die nach den Kriterien "sportliche Leistung" und "Marktwert" die besten Voraussetzungen erfüllten, der Anforderung eines individuellen hohen Status also durchaus gerecht wurden. Leider hatte man nicht berücksichtigt, daß die beiden aus Wien stammenden Personen sich durch ihre Normen und Werte stark von den Tirolern unterscheiden.

Dies zog folgende Konsequenzen nach sich: Solange die beiden "Stars" erfolgreich arbeiteten, zogen sie viele Zuseher in die Sportereignisse, da sie durch ihre anfänglich sehr guten Leistungen durchaus zum positiven Status der Gruppe beitrugen. Als der Beitrag der Spieler zum positiven Status aber im Laufe der Saison immer geringer wurde, konsumierten auch immer weniger Zuseher die Sportereignisse des FC Tirol Milch Innsbruck. Die zentrale Begründung dafür liegt aus der Sicht der zugrundeliegenden Theorie eben nicht zuletzt in der Unmöglichkeit für die Zuseher, auf andere Wertdimensionen umzusteigen, da sich der Trainer und der Spieler nicht durch die für die Institution Tirol charakteristischen Persönlichkeitsmerkmale auszeichneten.

Als positives Beispiel kann etwa die Einkaufspolitik des baskischen Klubs Atletico Bilbao genannt werden. Es gilt bei Atletico Bilbao als vereinspolitischer Grundsatz, daß nur Basken im Team spielen dürfen. Da davon ausgegangen werden kann, daß baskische Spieler die Werte der Basken besser zum Ausdruck bringen als Nicht-Basken, kann gewährleistet werden, daß im und um die Sportereignisse die Werte der Gruppe durch die Spieler, die aus derselben Region kommen sehr gut zum Ausdruck gebracht werden und es damit den Zusehern ermöglicht wird, im Falle sportlicher Niederlagen auf anderen Wertdimensionen auszuweichen. Die Zuschauerzahlen geben der Sportmannschaft recht. Der Großteil der Spiele ist ausverkauft.

Implizit kam bereits zum Ausdruck, daß die Spieler als Prototypen auch außerhalb des Spielfeldes eine äußerst wichtige Marketing-Funktion haben. Sie haben die Aufgabe, in öffentlichen Veranstaltungen oder in sonstigen Sozialereignissen die Ähnlichkeit zwischen sich und den (potentiellen) Sportkonsumenten zum Ausdruck zu bringen.

Abschließend sei erwähnt, daß es nach Meinung des Verfassers nicht ein Muß-Kriterium ist, daß Spieler Ansässige der Institution (die vom Team repräsentiert wird) sind. Es wird nur propagiert, daß es Sinn macht, entweder Spielern aus der eigenen Institution oder aus kulturell ähnlichen Institutionen den Vorzug zu geben, wobei keinesfalls behauptet werden soll, daß Spieler oder Trainer, die aus anderen als den postulierten Kulturkreisen stammen, nicht die geforderten Charakteristiken erfüllen.

4.1.2.1.2.2. Rituale und Symbole als zentrale Elemente der Selbstähnlichkeit

Im Bereich der Unternehmenskulturforschung fand man, daß zentrale Elemente, durch die Mitarbeiter Werte und Normen der Organisation erkennen bzw. verstehen, Rituale und Symbole sind (vgl. z.B. Neuberger/Kompa, 1987). Dies impliziert, daß aus der Sicht eines Sportunternehmens Rituale und Symbole geeignete Instrumente sind, die Werte der Institution auszudrücken.

Dabei ist zu betonen, daß Rituale und Symbole - wie bereits im Rahmen der Überlegungen zur Rolle erwähnt - zum Großteil von Anhängern selbst, also ohne Mitwirkung des Vereins, entwickelt werden (außer Merchandising-Waren). Dieses Phänomen könnte vom Verein aber genutzt werden, steuernd einzugreifen mit dem Ziel, das Meta-Kontrast-Verhältnis zu erhöhen.

Während sich bisherige Erörterungen über Rituale und Symbole hauptsächlich auf deren organisatorischen Aspekt (Delegation der Organisation und Umsetzung von Ritualen und Symbolen) beziehen, betreffen die Ausführungen an diesem Punkt hauptsächlich ihren inhaltlichen Aspekt. Drei Kriterien gilt es im Rahmen des Ritual- und Symbolmanagements zu berücksichtigen, um das Meta-Kontrast-Verhältnis zu erhöhen:

◆ Rituale und Symbole müssen das Kriterium der Einzigartigkeit erfüllen, m.a.W. es dürfen keinesfalls solche Rituale und Symbole manifestiert werden, die von anderen Sportmannschaften in ähnlicher oder gleicher Weise zum Ausdruck gebracht werden, da das Meta-Kontrast-Verhältnis in einem solchen Falle geringer wäre.

Als positives Bespiel wäre die Rapidviertelstunde zu nennen. Anhänger des österreichischen Fußballbundesligisten SK Rapid beginnen eine Viertelstunde vor Spielende in einem bestimmten Rhytmus in die Hände zu klatschen, um ihre Mannschaft in der Schlußphase des Spiels nochmals anzufeuern. Die Rapidviertelstunde ist ein einzigartiges Phänomen und ein (unter vielen anderen) Faktor, der erklären kann, warum Rapid Wien in der österreichischen Fußballbundesliga den (weitaus) höchsten Zuseherdurchschnitt hat. Als weiteres - sehr interessantes Beispiel - sind die Rituale der Anhänger des American-Football Teams der New York Jets zu nennen, die bei Offensivsituationen der eigenen Mannschaft (z.B. beim Schlagen weiter Pässe) nach einem bestimmten Rhytmus in die Hände klatschen.

Es muß an diesem Punkt aber aufgrund von Beobachtungen erwähnt werden, daß dieses Kriterium über weite Strecken von den Vereinen erfüllt wird. Der Grund liegt allein schon darin, daß der Großteil der Symbole (z.B. Fahnen) die Vereinsfarben enthält, die sich bei verschiedenen Sportmannschaften deutlich voneinander unterscheiden.

◆ Die von den Zusehern zum Ausdruck gebrachten Symbole und Rituale müssen von den Prototypen der Gruppe, also von Spielern und Trainern, nicht nur mitgetragen werden, sondern im Gegenteil, vor allem von diesen manifestiert werden, da somit die Selbstähnlichkeit steigt. Da dieses Kriterium im Rahmen der Manifestation von Symbolen und Ritualen nur in wenigsten Fällen mitberücksichtigt wird, ist diesbezüglich aus der Sicht des Vereins Aufholbedarf von nöten. Beispielsweise sieht man selten Spieler oder Trainer der Mannschaft, die bestimmte Merchandising-Waren oder andere Symbole vor Spielbeginn "verwenden". So könnten z.B. die Spieler mit einem von den Anhängern produzierten Spruchband eine Runde um das Spielfeld laufen. Was die Rituale betrifft kann propagiert werden, daß bestimmte Rituale von den Spielern z.B. während des Spiels vorgelebt werden sollten, die von der Zusehergruppe nachgeahmt werden können. Betrachtet man z.B. die Jubelszenen nach Torerfolgen, muß beobachtet werden, daß die Spieler Rituale wie etwa "Hampelmänner" zeigen, die von Zusehern nur sehr schwer, um nicht zu sagen gar nicht, nachgeahmt werden können.

Als positives Beispiel könnte an diesem Punkt ein ganz bestimmtes von den Zusehern nachgeahmtes Handzeichen erwähnt werden, das vom österreichischen Tennisteam[2] im Rahmen des Davis-Cups im Jahre 1992 (gegen Schweden) nach erfolgreichen Schlägen zum Ausdruck gebracht wurde.

◆ Die zum Ausdruck gebrachten Rituale und Symbole müssen die Werte der Gruppe widerspiegeln. Obwohl es als das wichtigste erscheint, bleibt dieses Kriterium fast gänzlich unberücksichtigt. Das aus zwei Gründen: einerseits werden - wie bereits implizit angesprochen - Rituale und Symbole mit Ausnahme der Merchandising-Ware kaum bewußt und aktiv gemanaged, andererseits kennt man die Gruppe nicht, für die sich der Verein deklariert, geschweige denn ihre Werte.

Als positives Beispiel könnten aber die zur Anwendung kommenden Kuhglocken beim Schweizer Fußballunternehmen FC Basel genannt werden. Beim FC Basel gehen ein bestimmter Bestandteil des Publikums mit Kuhglocken ins Stadion. Es kann angenommen werden, daß das Symbol der Kuhglocken bestimmte Grundwerte von Schweizern ausdrücken wie vielleicht "gesunde Natur" oder Ähnliches.

Rituale und Symbole, die alle drei Kriterien erfüllen, tragen am stärksten zu einer hohen Meta-Kontrast-Ratio bei. Deshalb gilt es, Rituale und Symbole, welche bewußt vom Verein zur Steigerung des Meta-Kontrast-Verhältnisses eingesetzt werden (z.B. neue Merchandising Ware), anhand dieser drei Kriterien zu bewerten.

Letztlich soll vor dem Hintergrund dieser Überlegungen die Grundhaltung von Vereinen gegenüber Merchandising-Waren (also Symbole) explizit angesprochen werden, um dadurch die Unterschiede des in dieser Arbeit entwickelten Ansatzes zu derzeitigen Überzeugungen in der Sportpraxis weiters zu verdeutlichen. Merchandising-Waren werden nämlich vom Management von Sportmannschaften grundsätzlich als Verkaufs- oder Geschenksartikel betrachtet, grundlegend also als Bestandteil des Produktmix, der neben Zuseher-, Sponsorerlösen u.a. als weitere Einnahmequelle konzipiert. Diese Grundhaltung ist einer Umsetzung der in dieser Arbeit postulierten Theorie eher hinderlich, da Merchandising-Ware als Marketing-Instrument des Vereines betrachtet werden soll, das zum Ziel hat, das Meta-

---

[2] Obwohl Tennisereignisse nicht Gegenstand der Arbeit sind, ist es im Rahmen der Implikationen sicherlich gerechtfertigt, positive Beispiele aus anderen Sportarten zu nennen.

Kontrast-Verhältnis zu erhöhen. So gesehen ist das "Merchandising-Geschäft" nicht Bestandteil des Produkt-Mix, sondern ein strategisches Marketinginstrument mit kommunikativen Charakter zum Aufbau einer hohen Meta-Kontrast-Ratio. Merchanising-Waren haben also nicht Produkt-, sondern Kommunikationscharakter.

Diese Forderung darf nicht so verstanden werden, als ob mit Merchandising-Waren kein Geld verdient werden soll oder kann, sondern, daß Merchandising-Ware primär ein Kommunikationsinstrument ist, mit dem durchaus bezweckt werden kann, Erlöse zu erzielen.

4.1.2.1.3. Kommunikation als unterstützendes Instrument einer hohen Gruppen-identifikation unter Negativbedingungen

Die Kommunikation hat die Aufgabe, den Nutzen, den Sportkonsumenten aus der Befriedigung der Bedürfnisse der "Rolle" und der "Ähnlichkeit" ziehen, hervorzuheben. Im folgenden wird erörtert, in welcher Art und Weise dies geschehen kann. Zudem wird die Bedeutung der Kommunikation in ihrer Beeinflussung auf die Wahrnehmung soziostruktureller Faktoren erörtert. Zu Beginn wird aber auf das aus der Sicht dieser Arbeit etwas problematische Verständnis von Sportmanagern über die Aufgabe der Medien (als das zentrale "Kommunikationsinstrument" von Sportmannschaften) hingewiesen.

4.1.2.1.3.1. Die Medien in der Sportpraxis

Medien aller Art (hauptsächlich TV, Print und Radio) haben hohes Interesse an Sportereignissen, da der Sport allgemein aufgrund seines hohen gesellschaftlichen Stellenwerts zum Muß-Kriterium für die inhaltliche Gestaltung eines Mediums geworden ist (vgl. z.B. Hackforth, 1988). Da den Medien, vor allem den TV-Medien die Übertragungen von Sportereignissen nur gegen Entgeld gewährleistet werden, haben die Medien aus der Sicht eines Vereins eine Doppelrolle: sie sind einerseits Kunde des Vereins und andererseits ein Kommunikationsinstrument des Vereins. Während der ersteren Rolle hohe Bedeutung beigemessen wird, scheint man die zentrale Rolle der Medien als Kommunikationsinstrument von seiten der Sportunternehmen nicht erkannt zu haben. Diesen Vorwurf müssen sich Sportmanager aus zwei Gründen gefallen lassen:

Medien werden von Managern bezeichnet als Sportberichterstatter. Dies impliziert, daß sie aus der Sicht des Vereins die Aufgabe haben, rein über den sportlichen Ablauf eines Sportereignisses in möglichst objektiver Form zu berichten (Giesinger, 1996). Da aber die Konsumenten der Medien Kunden oder potentielle Kunden der von einer Mannschaft distribuierten Sportereignisse sind und diese Bedürfnisse haben, die über die reine sportliche Berichterstattung hinausgehen, erkennen Manager von Sportmannschaften nicht, daß über die Medien durch die Betonung anderer Botschaften der Verein als Marke mit all seinen Facetten kommuniziert werden könnte.

Der andere Aspekt betrifft den Inhalt der Sportberichterstattung. Lucerna et al. (1996) stellten in einer Fallstudie[3] fest, daß in den Medien viele negative Aussagen über einen Verein zum Kunden oder potentiellen Kunden vordringen. Da negative Aussagen über eine Marke den Wert dieser stark beeinträchtigen und von seiten eines Sportunternehmens gleichzeitig sehr selten versucht wird, dieser Art der Sportberichterstattung entgegenzuwirken, hat die Annahme, Vereine würden Medien nicht als Kommunikationsinstrument konzipieren, durchaus seine Berechtigung.

Überspitzt ausgedrückt nehmen die Medien also eine ähnliche Rolle ein als die Anhänger eines Sportunternehmens: dem Verein bieten sich Medien an, die bezahlen, damit sie über den Verein berichten dürfen (vgl. dazu auch Hackforth, 1988). Sie würden vielleicht umso mehr bezahlen, je mehr sie berichten dürften. Es gibt wohl sehr wenige Branchen, denen grundsätzlich derartige Chancen geboten werden. Wenn man nämlich bedenkt, welche Anstrengungen Unternehmen auf sich nehmen müssen, um einen PR-Artikel in einer Zeitung zu lancieren, wird man sich der Ausnahmesituation im Sport erst wirklich bewußt.

Die Frage ist, welchen Kommunikationsinstrumenten Sportberichterstattungen in Zeitung, Radio und TV zugeordnet werden können. TV-Live Übertragungen entsprechen ihrem Charakter nach dem Instrument des Product-Placement, während Radio- und Zeitungsberichte als PR-Instrumente der Sportunternehmung konzipiert werden könnten. Konzipiert man Medien in dieser Form, erkennt man daraus das enorme Kommunikationspotential, das Sportmannschaften kostenlos zur Verfügung steht.

---

[3] Die Fallstudie bezog sich auf den FC Tirol Milch Innsbruck. Das Medium das untersucht wurde, war die Tiroler Tageszeitung, eine regionale Zeitung in Österreich.

4.1.2.1.3.2. Inhalte der Sportberichterstattungen

Konzipiert man Medien als Kommunikationsinstrumente, welche einen Beitrag leisten, die Marke im Kopf des Konsumenten stark zu machen und geht man von dem in Teil III entwickelten Ansatz aus, würden die Inhalte von Sportberichterstattungen eine krasse Veränderung erfahren.

1. Zum einen würden negative Aussagen weitestgehend vermieden, da negative Aussagen den Anschein erwecken, die Gruppe würde sich bzw. ihren Status selbst entwerten. Tendieren bestimmte Gruppenmitglieder dazu, ihre eigene Gruppe zu entwerten, hat dies eine negative Konsequenz aller Mitglieder in bezug auf die Identifikation mit der Gruppe zur Folge (vgl. z.B. Turner et al., 1987).

2. Zum anderen stellten Lucerna et al. (1996) fest, daß das Team in den Medien als eine von den eigenen Zusehern unabhängige Gruppe präsentiert wird. Im Sinne des postulierten theoretischen Ansatzes dieser Arbeit müßte das Team nicht als Team kommuniziert oder vermarktet werden, sondern als Repräsentant der Institution bzw. der Gesamtgruppe. Auf die Frage, wie es möglich wäre, das Team als Repräsentant der Institution zu kommunizieren, sei auf die Untersuchungen von Cialdini et al. (1976, 1980) verwiesen. Sie stellten fest, daß die Darstellung einer Gesamtgruppe und in Konsequenz daraus die Identifikation mit dieser durch die wiederholte Erwähnung des Begriffes "Wir" höher war als in Situationen, in denen der Begriff "Wir" nicht kommuniziert wurde. Dieses Ergebnis könnte in seiner semantischen Bedeutung folgendermaßen interpretiert werden: alle Begriffe, die eine Einheit von Menschen zum Ausdruck bringen (z.B. der Begriff "alle" oder der Begiff "gemeinsam"), fördern die Gruppenidentifikation. Vor diesem Hintergrund müßten beispielsweise unpersönliche Ausdrücke wie "Die Spieler *der* Mannschaft" ersetzt werden durch "Die Spieler *unserer* Mannschaft".

3. Grundsätzlich hat das Instrument der Kommunikation die Aufgabe, den Status der Gruppe in jeder Situation positiv erscheinen zu lassen, auch wenn er "objektiv" betrachtet negativ ist. Zu diesem Zweck wird vorgeschlagen, den Faktor "sportliche Leistung" nur dann zu betonen, wenn die sportliche Leistung tatsächlich positiv ist. Wenn sie negativ ist, muß stärkere Betonung auf andere Gruppenwerte gelegt werden.

Auf diesen Wertdimensionen würde die Gruppe in einem sozialen Vergleich mit anderen Gruppen besser abschneiden und könnte somit unabhängig von sportlichen Erfolgen immer einen hohen Status wahrnehmen. Diese Wertdimensionen müßten durch alle einem Sportunternehmen zur Verfügung stehenden Kommunikationsinstrumente (Medien, Stadionsprecher, Printmedien wie Informationszeitschriften usw.) gepflegt werden, damit sie von Sportkonsumenten in Negativsituationen aktiviert werden können.

4. Im Rahmen der Kommunikationsaktivitäten muß beachtet werden, daß in der einschlägigen Literatur zur sozialen Identität wiederholt die Überzeugung geäußert wird, daß die Positionierung einer Gruppe auf alternativen Wertdimensionen sehr schwierig wäre. Unabhängig ob es eine Gruppe geschafft hat, sich auf alternativen Wertdimensionen zu positionieren, in Negativsituationen wird die Gruppenidentifikation immer geringer sein als in Positivsituationen (vgl. z.B. Ellemers, 1993). Diesem Effekt kann - neben der Pflege alternativer Wertdimensionen - zudem durch Kommunikationsinhalte entgegengewirkt werden, die sich grundsätzlich auf zwei Aspekte beziehen.

◆ In der Arbeit wurde gezeigt, daß die Statusbeziehungen der Gruppen im Sportsetting als unstabil und illegitim wahrgenommen werden. Unstabilität bedeutet dabei, daß die Statusbeziehungen sehr variabel sind, m.a.W. daß in einer Negativsituation immer Hoffnung auf eine Verbesserung des Status besteht. Deshalb ist es Aufgabe des Vereins, in Negativsituationen die Hoffnung auf einen positiven (objektiven) sozialen Status glaubwürdig zu kommunizieren. Dabei könnten beispielsweise Sportereignisse oder bestimmte Perioden aus der Vergangenheit herangezogen werden, in denen es die Mannschaft geschafft hat, Negativsituationen zu überwinden. Durch die aktive Kommunikation unstabiler Statusbeziehungen wird die Wahrscheinlichkeit, daß auch gelegentliche Sportkonsumenten Gruppenstrategien aktivieren, vergrößert[4].

---

[4] Obwohl auch die Wahrnehmung illegitimer Statusstrukturen zur Aktivierung von Gruppenstrategien führt, wird auf die nähere Diskussion dieser Variable in der Folge aus ethischen Gründen verzichtet. Im Rahmen der Theorie der Sozialen Identität wird nämlich wiederholt die Überzeugung geäußert, illegitime Statusstrukturen wären sehr oft der Anlaß von aggressivem Verhalten zwischen Gruppen, das sich auch in Form von Gewaltausschreitungen äußern könnte (vgl. z.B. Tajfel, 1979).

◆ Zum anderen könnte ein Verein die Tatsache nutzen, daß Individuen in Negativsituationen eine Reihe weiterer alternativer Status-Management-Strategien potentiell zur Verfügung haben. Der Verein könnte durch unterschiedliche Kommunikationsaktivitäten den Zusehern die Aktivierung anderer Gruppenstrategien erleichtern. Als potentiell dem Sportkonsumenten zur Verfügung stehende Strategie wurde beispielsweise der "Gruppenvergleich nach unten" festgehalten. Auf Basis dieser Erkenntnis wäre es möglich, dem Sportkonsumenten in Negativsituationen kommunikativ die Aktivierung dieser Strategie zu ermöglichen bzw. zu erleichtern. Diese spezifische Strategie wäre vor allem dann kommunikativ zu betonen, wenn sich eine Mannschaft, mit der aufgrund des Beziehungsmusters eine grundsätzlich hohe Wettbewerbsintensität besteht (z.B. ein Derby), in einer noch schlechteren Statusposition befindet (Becker/Suls, 1983). Durch solche kommunikative Maßnahmen könnten kognitive Konzepte wie etwa "besser als die sind wir immer noch" aktiviert werden, die es dem Sportkonsumenten ermöglichen, auch in Negativsituationen einen positiven Status wahrnehmen zu können.

4.1.2.1.3.3. Bezeichnung der Sportmannschaft

Da dem Markennamen bzw. der Bezeichnung der Mannschaft nur schon aufgrund seiner hohen Kontaktanzahl mit dem (potentiellen) Sportkonsumenten (z.B. Markenname auf Merchandising-Ware) eine hohe kommunikative Bedeutung zukommt, wird letztlich explizit auf dieses Kommunikationsinstrument kurz eingegangen.

Der Name einer Marke gibt dem Konsumenten Orientierung. Durch den Markennamen erhält ein Konsument die Sicherheit der Erfüllung einer Erwartungshaltung, die er an eine bestimmte Produktkategorie stellt (Aaker, 1992).

Für welche Gruppe sich ein eine Institution repräsentierendes Team deklariert, sollte auch durch die Bezeichnung des Teams bzw. durch den Markennamen zum Ausdruck kommen. Das Team hat die grundsätzliche Möglichkeit, bereits im Markennamen die Werte zu deklarieren, für die es steht. Der Markenname ist somit ein zentrales Element der Selbstähnlichkeit der Gruppe, da er den Inhalt der Ähnlichkeit näher spezifiziert.

Positive Beispiele diesbezüglich können aus Namensgebungen in den U.S.A. entnommen werden. Als Beispiel könnten etwa die Pittsburgh Steelers genannt werden. In Pittsburgh gehört ein Großteil der Industrie der Stahlindustrie an. Der Markenname "Pittsburgh Steelers" bringt zum Ausdruck, daß sich dieses Team für die Stahlindustrie bzw. für der in ihr tätigen Mitarbeiter deklariert.

Als negative Beispiele können der Großteil der Markennamen europäischer Fußballvereine genannt werden. Dabei sei lediglich der in dieser Arbeit bereits mehrmals betonte Name "FC Tirol Milch Innsbruck" zu nennen. Dieser Name deklariert sich weder für eine bestimmte Gruppe, noch bringt er die Werte der Gruppe zum Ausdruck. Zum einen enthält der Name nämlich zwei Institutionen bzw. Gruppen, nämlich Tirol und Innsbruck. Dies führt zu Unsicherheiten bei Sportkonsumenten im Hinblick auf die Institution, die vom Verein repräsentiert wird. Zum anderen ist der Name des Sponsors "Tirol Milch" im Markennamen integriert. Es kann nicht davon ausgegangen werden, daß ein Unternehmen, in diesem Falle das Unternehmen "Tirol Milch" die Werte einer gesamten Institution zum Ausdruck bringt. Nur nebenbei sei erwähnt, daß der Begriff "Milch" mit Inhalten assoziiert wird, die für den Markennamen eines Sportunternehmens nicht geeignet erscheinen und somit dem Anspruch, der Name des Teams solle die Werte der Gruppe zum Ausdruck bringen, nicht genügen.

4.1.2.1.4. Implementierungsanforderung

Da vermutet werden kann, eine Realisierung von in dieser Arbeit vorgeschlagenen Ideen würde tiefgreifende Veränderungen innerhalb eines Sportunternehmens mit sich ziehen, muß die Umsetzungsproblematik zumindest angesprochen werden. In der Literatur zu Organisationsentwicklung (vgl. z.B. Hasper/Glasl, 1988), Veränderungsprozessen in Unternehmungen (vgl. z.B. Argyris, 1990) und Implementierung (vgl. z.B. Piercy, 1991) werden Ansätze diskutiert, welche die Umsetzung neuer Ideen gewährleisten sollen. Der Schwerpunkt wird dabei auf ganz unterschiedliche Aspekte wie beispielsweise die Einbeziehung der richtigen Personen oder die Bedeutung gemeinsamer Zielformulierungen gelegt.

Der Erfolg einer Umsetzung der in der vorliegenden Arbeit vorgeschlagenen Ideen hängt sicherlich nur zu einem gewissen Ausmaß vom Management, von Spielern und Trainern und vom übrigen Personal einer Sportmannschaft ab. Die Ausführungen machten deutlich, daß der Grad der Beteiligung von übrigen Austauschpartnern zur erfolgreichen Umsetzung der Ideen im Rahmen des Sportsettings ungemein höher ist als in anderen Branchen. Der Umsetzungsproblematik kommt deshalb eine umso höhere Bedeutung zu.

4.1.2.1.5. Das normative Modell im Überblick

Die sich aus Teil III der Arbeit ergebenden und in Teil IV der Arbeit explizit formulierten Implikationen werden abschließend in Abbildung 37 verknüpfend dargestellt.

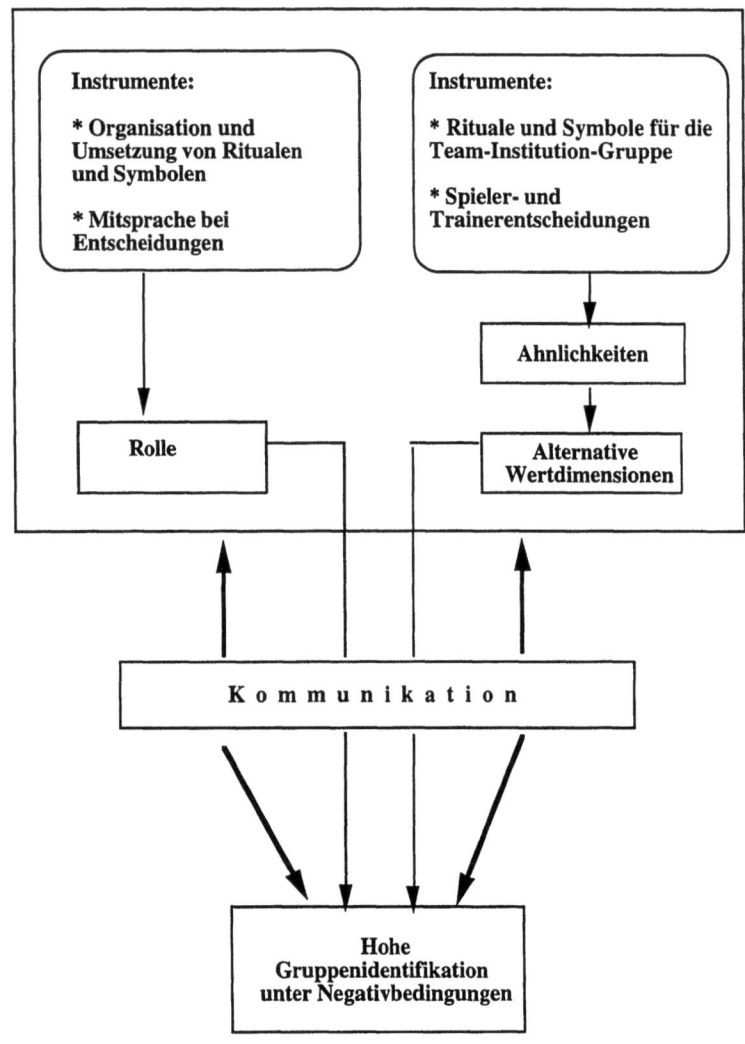

Abb. 37: Normatives Modell zur Erreichung einer hohen Gruppenidentifikation unter
Negativbedingungen im Rahmen von Sportereignissen

4.1.2.2. Wettbewerbsintensität

Den theoretischen Hintergrund zur Erhöhung der Wettbewerbsintensität bilden ihre bestimmenden Dimensionen.

Da der Faktor " Wettbewerbsintensität" noch stärker von anderen Teams abhängt als der Faktor "Status", ist seine grundsätzliche Beeinflussungsmöglichkeit aus der Sicht des Sportunternehmens geringer als die des Status. Die Beeinflussung dieses Faktors kann hauptsächlich durch die Art und den Inhalt der Kommunikation erfolgen, die zum Ziel haben muß, je nach dem jeweiligen Gegner eine oder mehrere der die Wettbewerbsintensität bestimmenden Dimensionen zu betonen. So könnten beispielsweise bestimmte Rivalitäten zwischen bestimmten Spielern der Gastmannschaft und der Heimmannschaft betont werden[5] oder es könnte versucht werden, durch strategische Kommunikationsentscheidungen Traditionsbeziehungen zwischen dem eigenen Team und bestimmten anderen Sportmannschaften aufzubauen.

Eine Einflußnahme auf den Faktor Wettbewerbsintensität ist eher auf der Ebene der Liga möglich, welcher der Verein angehört und in welcher er ein Mitspracherecht hat. Die Beeinflussung auf dieser Ebene kann durch zwei Instrumente erfolgen: Zum einen durch Kommunikationsaktivitäten; zum anderen dadurch, daß man durch bestimmte strukturelle Eingriffe die Dimension "Sportliche Leistung" nach dem Prinzip des Louis-Schmeling-Paradoxon beeinflußt. So kann versucht werden, die sportlichen Leistungen der einzelnen Mannschaften anzugleichen. Dies geschieht in den U.S.A. beispielsweise durch das Draft-System.

In den U.S.A. gibt es grundsätzlich zwei Meisterschaften, und zwar die Collegemeisterschaften und der Wettbewerb der Profimannschaften. Die besten Spieler der Collegemannschaften erhalten jedes Jahr die Möglichkeit, in eine Profimannschaft aufzusteigen. Dabei haben Profimannschaften, die in der sportlichen Leistung in der Vorsaison schlechter abgeschnitten haben, das Vorzugsrecht in der Auswahl der besten Spieler aus den

<u>Collegemannschaften.</u> Dadurch wird ein sogenanntes "Balancement of Powers" erreicht, das

---

[1] So wird in den U.S.A. diesem Aspekt in äußerst pathetischer Kommunikationsform der Spielkommentatoren Rechnung getragen, wobei mit dieser Art der Beeinflussung äußerst vorsichtig umgegangen werden muß und es einer Reihe flankierender Maßnahmen bedarf, damit dadurch keine Aggressionen ausgelöst werden.

zur Folge eine höhere Wettbewerbsintensität der in einer Liga teilnehmenden Mannschaften hat.

4.2. Ethische Anmerkungen

Den Implikationen zur Beeinflussung von Gruppenidentifikation könnte das Argument einer ethisch nicht vertretbaren Beeinflussung von Konsumenten entgegengehalten werden, da unmittelbare Konsequenzen einer (hohen) Gruppenidentifikation In-group-Bias, In-group-Favorisierung und Out-group-Diskriminierung sind. Durch die Beeinflussung der Gruppenidentifikation können also negative Nebeneffekte entstehen, die es auf gesellschaftlicher Ebene nicht zu fördern, sondern zu bekämpfen gilt.

Es soll der Arbeit eine auf abstrakteren Niveau befindliche Definition von Ethik bzw. Wirtschaftsethik zugrundegelegt werden. "Wirtschaftsethik (bzw. Unternehmensethik) befaßt sich mit der Frage, welche moralischen Normen und Ideale unter den Bedingungen der modernen Wirtschaft und Gesellschaft (von den Unternehmen) zur Geltung gebracht werden können" (Homann/Drees, 1992, S.14).

Es existiert nun innerhalb der Sozialpsychologie allgemein und innerhalb der Theorie der Sozialen Identität im besonderen ein Forschungsschwerpunkt, der sich explizit mit den Möglichkeiten des Abbaus der Diskriminierung zwischen Gruppen auseinandersetzt. Im Hinblick auf Fragen des Abbaus von sozialen Vorurteilen und Diskriminierungen spielen in der Sozialpsychologie zwei Ansätze eine zentrale Rolle, die nicht unabhängig voneinander sind und ein dritter, der im Rahmen der Theorie der Sozialen Identität vorgeschlagen wird.

Der erste Ansatz geht davon aus, daß der soziale Kontakt zwischen Gruppen soziale Vorurteile verringere; der zweite Ansatz spezifiziert die Art des Kontaktes zur Kooperation zwischen den Gruppen im Hinblick auf ein gemeinsames Ziel (Mummendey, 1989).

Die Kontakthypothese gründet sich im wesentlichen auf die Ähnlichkeits-Attraktions-Annahme; Kontakte zwischen Gruppen schaffen die Gelegenheit für Individuen, Ähnlichkeiten zwischen der eigenen und der fremden Gruppe wahrzunehmen, sodaß die Voraussetzungen zur Verringerung von Feindseligkeit bzw. der Entstehung von Sympathie geschaffen wäre (Rokeach, 1960; Pettigrew, 1971). Vor diesem Hintergrund wäre es zielführend, eine Unterstützung dafür zu leisten, Anhänger unterschiedlicher Teams beispielsweise in Form bestimmter Sozialereignisse, aber auch im Rahmen von Sportereignissen einander näher zu bringen, sodaß Interaktionen entstehen können. Erwähnt werden soll in diesem Zusammenhang die durchaus sinnvolle Organisation der Fantreffen und Fanfreundschaften von Anhängern von Teams der deutschen Fußballbundesliga (Borkenstein, 1988). Dabei gestalten die Anhänger unterschiedlicher Teams mehrmals im Jahr Sozialereignisse, wie etwa Fußballturniere.

Kooperation zwischen Gruppen zum Erreichen gemeinsamer übergeordneter Ziele als Bedingung für die Verringerung von Konflikten und Feindseligkeiten zwischen Gruppen ist zentraler Bestandteil der Sherifschen Realistischen Konflikttheorie (Sherif, 1951; Sherif/Sherif, 1953; Sherif/White/Harvey, 1955; Sherif et al., 1961; Sherif, 1966;). Dabei ist zu betonen, daß die Kooperation zwischen Gruppen nicht immer zu Verringerungen von gegenseitigen Out-group-Diskriminierungen führt. Vielmehr müssen eine Reihe von Bedingungen wie etwa Erfolg oder Mißerfolg der Kooperation, Anzahl der gemeinsamen Tätigkeiten oder spezifische Eigenschaften der Gruppen (Worchel, 1979) gegeben sein, damit der gewünschte Effekt eintritt. Vor diesem Hintergrund könnten sich Sportmannschaften beispielsweise überlegen, die Gestaltung von Sportereignissen bzw. einen Beitrag zur Gestaltung den Anhängern beider Teams zu überlassen. Dabei gilt es zu berücksichtigen, daß einerseits der Beitrag der Gruppen nur in Zusammenarbeit erfolgen sollte und andererseits die von Worchel postulierten Bedingungen eingehalten werden müssen.

Die S.I.T. bietet nun eine andere Perspektive in der Frage der Verringerung von Diskriminierung zwischen Gruppen. Dabei soll in der Folge deutlich werden, daß die Umsetzung des in dieser Arbeit vorgeschlagenen normativen Modells gleichzeitig zu einer Verringerung der Outgroup-Diskriminierung führt.

Prinzipiell können zwei Wege unterschieden werden, nämlich einmal die Verringerung der Salienz der Kategorisierung in Ingroup und Outgroup und zum anderen die Ausweitung des

Angebots mit positiver Distinktheit. Die erste Alternative muß zurückgewiesen werden, da die gesamten Implikationen von Teil IV darauf aufbauen, die Salienz der Kategorisierung, m.a.W. die Ausprägung der Gruppenidentifikation bei Sportkonsumenten zu erhöhen. Dafür ist die Erläuterung der zweiten möglichen Alternative aber umso wichtiger.

Deschamps/Brown (1983) differenzierten in einem Experiment zur Frage nach Effekten von Kooperation zwischen Gruppen unter einem gemeinsamen Ziel auf die Diskriminierung der Outgroup die Art der Funktionen, welche die Gruppen jeweils zum Erreichen des Ziels hatten. In einer Bedingung waren die Funktionen beider Gruppen sehr ähnlich, die gruppenspezifischen Beiträge zum gemeinsamen Leistungsprodukt waren somit schlecht zu identifizieren. In der anderen Bedingung waren die Funktionen beider Gruppen sehr unterschiedlich und ergänzten sich bei der Lösung der Aufgabe, die gruppenspezifischen Beiträge am gemeinsamen Produkt waren dementsprechend gut zu identifizieren. Während sich im Anschluß an die erste Kooperationsbedingung In-group-bias und Out-group-Diskriminierung verstärkten, nahm die Diskriminierung in der zweiten Kooperationsbedingung ab.

Dieses Ergebnis kann vor dem Hintergrund der Theorie der Sozialen Identität folgendermaßen interpretiert werden: während in der ersten Bedingung der soziale Wettbewerb verstärkt wurde, weil beide Gruppen ihren jeweiligen Status auf identischen Dimensionen wahren mußten, hatten sie in der zweiten Bedingung getrennte Bereiche für ihre Intergruppenvergleiche (Mummendey, 1989).

Schafft man es also, miteinander im Wettbewerb stehende Gruppen auf unterschiedlichen Wertdimensionen zu positionieren, kann damit die Wahrnehmung eines positiven Status der den jeweiligen Gruppen zugehörigen Individuen gefördert werden. Dadurch kann die Diskriminierung zwischen den sich konfligierenden Gruppen gemindert werden. "This means that, if it is possible to judge in- and out-group on separate dimensions, both groups can perform equally well" (Mummendey/Schreiber, 1983, S. 363).

Da die postulierten Beeinflussungsinstrumente der Gruppenidentifikation darauf abzielen, den Status der Gruppen auf unterschiedlichen Dimensionen zu positionieren, würde eine Umsetzung der vorgeschlagenen Implikationen ethisch nicht in Frage zu stellen sein, sondern im Gegenteil: sie wären nicht nur aus Marketingüberlegungen, sondern auch aus ethischen Gründen zielführend.

Diese Behauptungen können durch praktische Beobachtungen gestützt werden. In den U.S.A. versuchen die Sportunternehmen, sich auf zu den sportlichen Leistungen des Teams alternativen Wertdimensionen zu positionieren, während in Europa Strategien dieser Art kaum beobachtet werden können. Während in den Staaten über Ausschreitungen von Anhängern kaum bzw. überhaupt nicht berichtet werden kann, sind solche in Europa, besonders im Bereich des Fußballs, häufiger Bestandteil medialer Berichterstattungen geworden.

Das Argument einer ethisch nicht vertretbaren Beeinflussung von Konsumenten kann also obigen Ausführungen folgend nicht standhalten.

4.3. Grenzen und Ausblick

Obwohl bereits unterschiedliche Autoren in verschiedenen Wissenschaftsgebieten einen Versuch unternommen hatten, das Phänomen gelegentlichen oder regelmäßigen Zusehens, ein sich unter besonderen Bedingungen manifestierendes Konsumverhalten im Bereich des Sports zu erklären, mußte festgestellt werden, daß die Versuche einer kritischen Würdigung nicht standhalten konnten. Die zugrundeliegende Arbeit kann deshalb als erster Versuch gesehen werden, das zu erkärende Phänomen auf eine solide theoretische Basis zu stellen.

Obwohl im Rahmen der vorliegenden Arbeit die Überzeugung geäußert wird, daß Gruppenidentifikation in der Lage ist, das Phänomen zu erklären, müssen dem in dieser Arbeit entwickelten Ansatz Grenzen gesetzt werden. Diese werden in der Folge aufgezeigt, wobei aber gleichzeitig Vorschläge diskutiert werden, Schwächen durch zukünftige Forschungsaktivitäten auszumerzen.

1. Der erste Kritikpunkt betrifft die generelle Vorgehensweise von Teil II der Arbeit, in der Faktoren identifiziert wurden, die hohen Einfluß auf aktives Zusehen haben. Dem Versuch einer generellen Bestimmung der Bedeutung von Einflußfaktoren auf die Anzahl aktiver Zuseher werden von einigen Autoren Bedenken entgegengehalten. Er scheint nämlich aufgrund bestimmter Einflußvariablen Beschränkungen zu unterliegen. Dabei handelt es sich nach Becker/Suls (1983) um bestimmte situative Variablen, deren

Einfluß auf die Bewertung der Wichtigkeit bestimmter Faktoren so stark zu sein scheint, daß generelle Aussagen über die Wichtigkeit der Faktoren lediglich differenziert nach unterschiedlichen situativen Bedingungen getroffen werden könnten.

Als situative Variablen, die einen hohen Einfluß auf die wahrgenommene Wichtigkeit von Faktoren haben, werden dabei hauptsächlich die Anwesenheit oder Nichtanwesenheit eines Konsumenten bei einem Sportereignis (vgl. z.B. Strauß, 1995), der Ausgang des jeweiligen Spiels und der Zeitpunkt der Infomationserhebung[6] (Becker/Suls, 1983) erachtet. Je nach Situation wird ein und derselbe Konsument die Wichtigkeit ein und desselben Faktors unterschiedlich bewerten.

Untersucht man z.B. den Einfluß des Faktors "Record (won-loss) of home team" auf die individuell wahrgenommene Wichtigkeit für Zuseher, wurde festgestellt, daß Konsumenten die Wichtigkeit des Faktors unterschiedlich bewerten, je nachdem, ob sie vor, während oder nach dem Spiel befragt wurden und je nach Ausgang des Spiels (Becker/Suls, 1983). Da genau die zentralen Faktoren zur Erklärung der Sportnachfrage wie "Attractiveness factors" sehr schwanken, ziehen Becker/Suls (1983) folgenden Schluß: "Because fan support might be expected to vary as a function of .... shortterm performance, an analysis of the performance-attendance relationship ..... clearly provides an incomplete picture" (S. 307/308).

Diesen Argumenten zufolge wäre der Einfluß einzelner Faktoren auf die Zuschaueranzahl nur sehr schwer bzw. lediglich unter Berücksichtigung einer Reihe weiterer Bedingungen bestimmbar. Wollte man die Wichtigkeit einzelner Faktoren für Zuseher zu bestimmen versuchen, müßten differenzierte Aussagen über die Zuseher selbst in unterschiedlichen Untersuchungssituationen getroffen werden. Inwieweit diese Argumente eine Bedeutung haben, muß in Zukunft geklärt werden, indem die erwähnten Faktoren in empirischen Untersuchungen berücksichtigt werden.

---

6 Was den Zeipunkt der Informationserhebung betrifft, kann unterschieden werden in:
a. Informationserhebung vor oder nach einem Sportereignis;
b. Informationserhebung nach einer bestimmten Zeitperiode. Es wird z.B. angenommen, daß die Bedeutung eines Faktors, wie etwa sportliche Leistung, nach erfolgreichen Saisonen anders bewertet wird als nach mißglückten Saisonen.
Beide Zeitpunkte haben Einfluß auf die Bewertung der Wichtigkeit von Faktoren.

2. Was Teil II der Arbeit betrifft, können als weitere Schwachpunkt die Ausführungen zur Rechtfertigung des Konstrukts als Erklärungsansatz für das zu erforschende Phänomen genannt werden. Daß das Konstrukt neben der Fähigkeit, regelmäßiges aktives Zusehen zudem in der Lage ist, gelegentliches aktives Zusehen zu erklären, konnte nur vor dem Hintergrund, das Management des Selbstwertgefühls wäre das zentrale Motiv gelegentlicher Zuseher, Sportereignisse zu konsumieren, abgeleitet werden. Obwohl die Rechtfertigung in Kapitel 2.4. selbst, das Konstrukt der Gruppenidentifikation fungiere als intervenierende Variable zwischen den für regelmäßiges aktives Zusehen bestimmenden Faktoren, plausibel erscheint, weist die Bestimmung des Selbstwertgefühls als zentrales Motiv für gelegentliches Zusehen Lücken auf. Einerseits wurde das Motiv vor dem Hintergrund lediglich einer einzigen, die unterschiedlich möglichen Motive für gelegentliches Zusehen vergleichenden Studie (Sloan, 1979) hergeleitet, andererseits weist die Ableitung möglicher Motive dieser Studie erhebliche Mängel auf. Aus diesen Gründen wird man sich in Zukunft mit der Relevanz des Selbstwertgefühls für aktives, besonders für aktives regelmäßiges Zusehen nicht nur empirisch, sondern auch theoretisch auseinandersetzen müssen.

3. Als weiterer Kritikpunkt der Arbeit ist der Zusammenhang zwischen dem Konstrukt der Gruppenidentifikation und tatsächlichem Kaufverhalten zu nennen. Obwohl der Arbeit ein eigenes Kapitel gewidmet wurde und obwohl eine Reihe von Argumenten gesammelt wurde, die auf einen derartigen Zusammenhang schließen läßt, wurde er noch nicht empirisch überprüft.

4. Es wurde in Teil III ein Ansatz diskutiert, wie es regelmäßigen Sportkonsumenten möglich ist, trotz eines negativen (objektiven) sozialen Status die eigene Gruppe zu unterstützen bzw. einen positiven sozialen Status wahrzunehmen. Dabei wurde von der Annahme ausgegangen, regelmäßige Zuseher wären aufgrund der im Sportsetting vorherrschenden soziostrukturellen Faktoren und bestimmter subjektiver Faktoren in der Lage, alternative Status-Management-Strategien zur Überwindung des negativen Status zu entwickeln. Da aber die Überwindung eines negativen sozialen Status durch Gruppenstrategien mit hohen psychischen Kosten verbunden ist (vgl. z.B. Tajfel/Turner, 1979), muß weniger in Frage gestellt werden, ob Sportkonsumenten Gruppenstrategien aktivieren, sondern vielmehr, welchen zeitlichen Verlauf der Zusammenhang eines

negativen sozialen Status und der Gruppenidentifikation einnimmt. Murrell/Dietz (1992) meinen diesbezüglich:

"One important direction for future work is to determine whether the impact of fan identification is indeed resistant to the outcome of social competition. This question would best be answered by assessing individuals' level of group identification prior to contact with the relevant sport team and then assessing the changes in that identification over time and wins and losses produced by the team. As social identity theory asserts, losses by a team should not significantly decrease overall collective identity to the extent that fans employ one of the other available strategies for the enhancement of positive group identity. Perhaps this type of future research would demonstrate at what point, if any, fan identification will decrease as a result of negative social competition" (S. 36).

Obwohl Murrell/Dietz bereits 1992 auf die Notwendigkeit einer Überprüfung des Zusammenhangs der sportlichen Leistung und der Gruppenidentifikation im Zeitablauf hinwiesen, wurde bis heute zu dieser für die Erklärung aktiven Zusehens äußerst relevanten Frage nicht Stellung genommen.

5. Der in der vorliegenden Arbeit entwickelte Ansatz muß zur Bewertung seiner Güte empirisch getestet werden. Obwohl einige der postulierten Zusammenhänge bereits im Rahmen der Theorie der Sozialen Identität aufgrund zahlreicher empirischer Untersuchungen als robust bezeichnet werden können, sind zu einer Reihe weiterer Zusammenhänge empirische Untersuchungsergebnisse spärlich vorhanden. Einer empirischen Untersuchung scheinen aber aufgrund zahlreicher bestehender Meßskalen im Rahmen der S.I.T. zu einem Großteil der angewandten Konstrukte nicht große Hindernisse im Wege zu stehen. Es werden im folgenden Chancen und Probleme einer empirischen Überprüfung diskutiert.

Als Ausgangspunkt für die Messung der unterschiedlichen Konstrukte kann die von Crocker/Luhtanen (1992) entwickelte Skala verwendet werden, da die Skala in mehreren Untersuchungen hohe Validitäts- und Reliabilitätskoeffizienten aufwies. Crocker/Luhtanen (1992) wenden für die Messung des Konstruktes der Gruppenidentifikation die folgenden Items an:

Subscale and Item

Membership

I am a worthy member of the social groups I belong to.
I feel I don't have much to offer to the social groups I belong to.
I am a cooperative participant in the social groups I belong to.
I often feel I am a useless member of my social groups.

Private

I often regret that I belong to some of the social groups I do.
In general, I'm glad to be a member of the social groups I belong to.
Overall, I often feel that the social groups of which I am a member are not worthwhile.
I feel good about the social groups I belong to.

Public

Overall, my social groups are considered good by others.
Most people consider the social groups, on the average, to be more ineffective than other social groups.
In general, others respect the social groups that I am a member of.
In general, others think that the social groups I am a member of are unworthy.

Identity:

Overall, my group memberships have very little to do with how I feel about myself.
The social groups I belong to are an important reflection of who I am.
The social groups I belong to are unimportant to my sense of what kind of a person I am.
In general, belonging to social groups is an important part of my self-image.

Abb. 38: Meßskala der Gruppenidentifikation nach Crocker/Luhtanen (1992)

Um die Skala für das in dieser Arbeit entwickelte Modell anzuwenden, muß sie an einigen Punkten umgeändert werden. Zum einen bezieht sich obige Skala auf die Messung der sozialen Identität, einem globalen Konstrukt, das alle Gruppen, mit denen sich ein Individuum identifiziert, umfaßt. In unserem Falle muß nicht die soziale Identität als Gesamtkonstrukt, sondern eine spezifische Identifikation eines Individuums mit einer spezifischen Gruppe und zwar mit einer Sportgruppe, gemessen werden. Das Item "Overall, my group memberships have very little to do with how I feel about myself" muß beispielsweise umgeändert werden in "Overall, my membership to the FC Tirol Milch Innsbruck has very little to do with how I feel about myself".

Zudem müssen in die Meßskala Items für die subjektiven Faktoren integriert werden. Da Items für die Einstellung zur Gruppe teilweise von Crocker/Luhtanen (1992) berücksichtigt wurden (siehe die Items zu membership und identiy esteem, die einerseits die Rolle betreffen (membership esteem) und andererseits die emotionale Bedeutung (identity esteem)), gilt es, Items für Fähigkeiten und allgemeines individuelles Selbstwertgefühl zu integrieren. Die Generierung der Items kann dabei als geringfügigeres Problem betrachtet werden, da für diese Konstrukte bereits Meßskalen existieren (vgl. z.B. Blascovich/Tomaka, 1990).

Im Rahmen der Konzipierung und Messung der soziostrukturellen Faktoren sei auf die Untersuchungen von Ellemers und Kollegen (Ellemers et al., 1988; Ellemers/Wilke/Van Knippenberg, 1993; Ellemers, 1993) hingewiesen. Ein etwas größeres Problem scheint die Operationalisierung der Status-Management-Strategien zu sein, da diesbezüglich keine Überlegungen in der Literatur existieren. Mitberücksichtigt werden muß bei einer empirischen Überprüfung des Modells natürlich auch Punkt 2 dieses Kapitels, der den direkten Zusammenhang des Konstruktes mit Kaufverhalten betrifft. Operationalisierbar sind auch andere für diese Arbeit relevante Konstrukte wie die Meta-Kontrast-Ratio (vgl. z.B. Turner, 1987), die Dichte (vgl. z.B. Canetti, 1994) oder die Wettbewerbsintensität (vgl. z.B. Sherif, 1966).

Ein größeres Problem als die im Rahmen des Ansatzes verwendeten Konstrukte scheint die Operationalisierung von Negativsituationen zu sein. Ein sozialer Status einer Mannschaft kann im Hinblick auf zwei Situationen als negativ bezeichnet werden. Einerseits kann nämlich angenommen werden, der wahrgenommene Status wäre die Folge der sportlichen Leistung der Mannschaft (z.B. Sieg oder Niederlage) nach einem Spiel, andererseits ist es naheliegend, den Status einer Mannschaft im weiteren Kontext aller der in einer Liga in einer Saison spielenden Mannschaften zu betrachten. Da ein wahrgenommener Status immer die Konsequenz von sozialen Vergleichen ist und diese im Sportsetting zeitpunkt- als auch zeitablaufbezogen gezogen werden (Becker/Suls, 1983), wird der wahrgenommene Status von beiden Dimensionen beeinflußt. Deshalb muß eine Operationalisierung eines negativen sozialen Status beide Dimensionen berücksichtigen.

Zudem ist es wichtig, im Rahmen einer empirischen Untersuchung einige die Untersuchungsobjekte betreffenden Aspekte zu berücksichtigen.

Hofstede (1990) stellte in unterschiedlichen Kulturen eine unterschiedlich starke kollektivistische Orientierung der den jeweiligen Kulturen zugehörigen Individuen fest. Vor dem Hintergrund der Theorie der Sozialen Identität würde dies implizieren, daß die soziale Identität in verschiedenen Kulturen eine grundsätzlich höhere oder niedrigere Bedeutung hat. Anders ausgedrückt: die Neigung, sich mit Gruppen zu identifizieren hängt nicht nur von subjektiven, sondern zudem von in der Arbeit unberücksichtigt gebliebenen kulturellen Faktoren ab. Deshalb sollte zum Zweck einer möglichen Weiterentwicklung des Ansatzes versucht werden, Sportkonsumenten aus zwei relativ unterschiedlichen Kulturkreisen in das Sample miteinzubeziehen.

Weiters könnte dem in Teil III der Arbeit entwickelten Ansatz entgegengehalten werden, daß das Konstrukt der Gruppenidentifikation in verschiedenen Sportarten grundsätzlich unterschiedlich relevant wäre. Deshalb wird vorgeschlagen in empirischen Untersuchungen Sportkonsumenten von mindestens zwei unterschiedlichen Sportarten zu befragen.

Letztlich ist es sinnvoll, bei der Bestimmung des Samples die für aktives Zusehen, in der vorliegenden Arbeit mehrmals erwähnten demographischen Variablen zu berücksichtigen.

Das Sample betreffend wird zusammenfassend also vorgeschlagen, daß es vor dem Hintergrund von spezifischen demographischen Variablen mit mindestens zwei unterschiedlichen Sportarten in zwei unterschiedlichen Kulturkreisen erstellt werden sollte.

6. Letztlich sollte die Arbeit eine Anregung dafür sein, Gruppenidentifikation bzw. die Theorie der Sozialen Identität in Zukunft stärker in bestimmten allgemeinen Forschungsbereichen des Marketing und des Management zu berücksichtigen. Es kann nämlich davon ausgegangen werden, daß das Konstrukt nicht nur Konsum-verhaltensweisen im Sport erklärt, sondern auch in anderen Branchen durchaus eine gewichtige Rolle spielt. Zudem kann angenommen werden, daß der Ansatz auch eine bestimmte Bedeutung für innerbetriebliche Verhaltensweisen hat.

Anknüpfungspunkte im Bereich des Marketing wären der Ansatz des Dienstleistungsmarketing und der Ansatz der Markentreue. Beim ersten erscheint der Zusammenhang zwischen Gruppenidentifikation und der Kundenzufriedenheit und beim letzten der Zusammenhang zwischen Commitment und Gruppenidentifikation interessant. Für den Bereich des Management würde sich eine Integration des Ansatzes der Gruppenidentifikation im Bereich der Unternehmenskultur oder die Frage der Bedeutung des Konstruktes für das Phänomen der Mitarbeitermotivation anbieten.

Literaturverzeichnis

Aaker, D.: Managing Brand Equity, New York, 1991

Abrams, D.: Processes of Social Identification, in: Breakwell, G.: Social Psychology of Identity and the Self Concept, London, 1992, S. 57-99

Adams, J.: Inequity in Social Exchange, in: Berkowitz, L.: Advances in Experimental Social Psychology, New York, 1965, 267-299

Adler, M.: Wandlung der Arbeiterklasse, Wien, 1983

Albert, J.: Inequity in Social Exchange, in: Berkowitz, L. (Ed.): Advances in Experimental Social Psychology, New York, 1965, S. 267-299

Argyris, Ch.: Overcoming Organizational Defenses, Cambridge, 1990

Baake, B.: Jugend und Subkultur, München, 1972

Bader, V.: Protheorie sozialer Ungleichheit und kollektiven Handelns, Opladen, 1991

Bandura, A.: Social Foundations of Thougth and Action - A Social Cognitive Theory, New York, 1986

Barron, F.: The Needs for Order and Disorder as Motivation in Creative Activity, in: Taylor, C., Barron, F.: Scientific Creativity; Its Recognition and Development, New York, 1963a

Barron, F.: Creativity and Psychological Health: Origins of Personality and Creative Freedom, Princeton, 1963b

Barron, F.: Artists in the Making, New York, 1972

Bartsch, R., Judd, C.: Majority-Minority Status and Perceived Ingroup Variability Revisited, in: European Journal of Social Psychology, 1993, 23, S. 471-483

Bateman, T., Strasser, S.: A Longitudinal Analysis of the Antecedents of Organizational Commitment, in: AMJ, 1984, 27, S. 95-112

Baumeister, R., Tice, D., Hutton, D.: Self-Presentational Motivations and Personality Differences in Self Esteem, Journal of Personality, 1989, 57, S. 547-559

Beatty, S., Kahle, L., Homer, P.: The Involvement-Commitment Model: Theory and Implications, in: Journal of Business Research, 1988, 16, S. 149-167

Becker, G.: Sportverletzungen und Sportschäden bei Berufsfußballern, Mainz, 1992, Diss.

Becker, M., Suls, J.: Take Me Out to the Ballgame: The Effects of Objective, Social and Temporal Performance Information on Attendance at Major League Baseball Games, in: Journal of Sport Psychology, 1983, 5, S. 302-313

Beckmann, J.: Zuschauereinflüsse auf sportliche Leistung, in: Sportpsychologie, 1991, 4, S. 16-20

Beisser, A.: The Madness in Sports, New York, 1967

Benner, G.: Risk Management im professionellen Sport, Bergisch Gladbach/Köln, 1992

Bernard, M.: Das sportliche Spektakel, die Zwiespältigkeit des theatralischen Wettkampfs, in: Hortleder, G.: Sport-Eros-Tod, Frankfurt, 1986

Berkowitz, L., Walster, E.: Equity Theory: Toward a General Theory of Social Interaction, New York, 1976

Berlyne, D.: Conflict Arousal and Curiosity, New York, 1960

Berry, J.: Cultural Relations in Plural Societies: Alternatives to Segregation and their Sociopsychological Implications, in: Miller, N., Brewer, M. (Eds.): Groups in Contact, New York, 1984

Biondo, R., Pirritano, M.: The Effects of Sports Practice upon the Psycho-Social Integration in the Team, in: International Journal of Sport Psychology, 1985, 16, S. 28-36

Bird, P.: The Demand for League Football, in: Applied Economics, 1982, 14, S. 637-645

Blanz, M. et al.: Strategic Responses to Negative Social Identity: An Empirical Systematization of Field Data, Unveröffentlichtes Manuskript, Universität Münster, 1995

Blanz, M., Mummendey, A., Otten, S.: Perceptions of Relative Group Size and Group Status: Effects on Intergroup Discrimination in Negative Evaluations, in: European Journal of Social Psychology, 1995, 25, S.231-247

Blascovich, J., Tomaka, J.: Measures of Self Esteem, in Robinson, J., Shaver, P., Wrightsman. L.: Measures of Social Psychological Attitudes, Orlando, 1990

Bleicker, U.: Produktbeurteilung der Konsumenten, Würzburg/Wien, 1983

Borkenstein, W.: Fanfreundschaften im Fußball, Ahrensburg, 1988

Botschen, G., Thelen, E., Pieters, R.: Using Means-End Structures for Benefit Segmentation in a Service Industry, Unpublished Paper on the 1.French-German Workshop on Services Marketing Research, Berlin, 1996

Boulding, W., Kirmani, A.: A Consumer Experimental Examination of Signaling Theory: Do Consumer Perceive Warranties as Signals of Quality?, in: Journal of Consumer Research, 1993, 20, S. 111-123

Bourdieu, P.: Entwurf einer Theorie der Praxis (Outline of a Theory of Practice, German), Frankfurt, 1976

Branscombe, N., Wann, D.: The Positive Social and Self Concept Consequences of Sports Team Identification, in: Journal of Sport and Social Issues, 1991, 2, S. 115-12

Branscombe, N., Wann, D..: Collective Self-Esteem Consequences of Outgroup Derogation when a Valued Social Identity is on Trial, in: European Journal of Social Psychology, 1994, 24, S. 641-657

Breckler, S., Greenwald, A., Wiggins, E.: Public, Private, and Collective Self-Evaluation: Measurement of Individual Differences, Unpublished Manuscript, John Hopkins University, 1986

Brewer, M., Silver, M.: Ingroup Bias as a Function of Task Characteristics, in: European Journal of Social Psychology,1978, 8, S. 393-400

Bruhn, M.: Sponsoring: Unternehmen als Mäzene und Sponsoren, Frankfurt, 1991

Bruhn, M., Stauss, B.: Dienstleistungsqualität, Wiesbaden, 1995

Bruner, J.: On Perceptual Readiness, in: Psychological Review, 1957, 64, S. 123-151

Byrne, D.: Attitudes and Attraction, in: Berkowitz, L. (Ed.): Advances in Experimental Social Psychology, Vol. 4, New York, 1969

Byrne, D.: The Attraction Paradigm, New York, 1971

Caddick, B.: Equity Theory, Social Identity and Intergroup Relations, in: Review of Personality and Social Psycholgy, 1980, 1, S. 219-245

Caddick, B.: Perceived Illegitimacy and Intergroup Relations, in: Tajfel, H.: Social Identity and Intergroup Relations, Cambridge, 1982, S. 137-154

Cady, S.: Baskettball`s Image Crisis, in: New York Times, 1979 August (11), (C3)

Campbell, D.: Common Fate, Similarity and other Indices of the Status of Aggregates of Persons and Social Entities, in: Behavioral Science, 1958, 3, S. 14-25

Canes, M.: The Social Benefits of Restrictions on Team Quality, in: Noll, R.: Government and the Sports Business, Washington, 1974

Canetti, E.: Masse und Macht, Frankfurt, 1994

Cartwright, D., Zander, A.: Group Dynamics, Research and Theory, London, 1968

Cialdini, R., Richardson, K.: Two Indirect Tactics of Impression Management; Basking and Blasting, in: Journal of Personality and Social Psychology, 1980, 39, S. 406-415

Cialdini, R. et al.: Basking in Reflected Glory: Three (Football) Field Studies, in: Journal of Personality and Social Psychology, 1976, 34, S. 366-375

Clarke, J.: Football and Working Class Fans, in: Ingham, R., et al.: Football Hooliganism, Inter Action, London, 1978

Commins, B, Lockwood, J.: The Effects of Status Differences, Favoured Treatment and Equity on Intergroup Comparisons, in: European Journal of Social Psychology, 1979a, 9, S. 281-289

Comte, A.: A General View of Positivism, London, 1877

Conze, W.: Nation und Gesellschaft. Zwei Grundbegriffe der revolutionären Epoche, in: Historische Zeitschrift, 1964, 198, S. 57-68

Cook, T., Crosby, F., Hennigan, K.: The Construct Validity of Relative Deprivation, in: Suls, J., Miller, R.: Social Comparison Processes, Washington, 1977, S. 307-333

Cook, A.: The Economics of Leisure and Sport, London, New York, 1994

Coopersmith, S.: The Antecedents of Self Esteem, New York, 1967

Corsten, H.: Zur Diskussion der Dienstleistungsbesonderheiten und ihre ökonomischen Auswirkungen, in: Jahrbuch der Absatz- und Verbrauchsforschung, 1986, 32, S. 16-41

Crano, W.: Context, Comparison and Change: Methodological and Theoretical Contributions to a Theory of Minority (and Majority) Influence, in: Moscovice, S., Mucchi-Faina, A., Maas, A.: Minority Influence, Chicago, 1994

Critcher, C.: Football since the War, in: Clarke, J. et al., Working Class Culture, Hutchinson, 1979

Crocker, J., Luhtanen, R.: Collective Self Esteem and Ingroup Bias, in: Journal of Personality and Social Psychology, 1990, 58, S. 60-67

Crosby, L., Taylor, J.: Psychological Commitment and its Effects on Post-Decision Evaluation and Preference Stability among Voters, in: Journal of Consumer Research, 1983, 9, S. 413-431

Dawson, S., Malmisur, M., Lewis, J.: A Comparative Analysis of Professional Soccer in the United States and England, in: Journal of Sport Behavior, 1984, 3, S. 95-103

Day, G.: A Two-Dimensional Concept of Brand Loyalty, in: Journal of Advertising Research, 1969, 9, S. 29-36

Deimel, K.: Wirkungen der Sportwerbung, Frankfurt, 1992

Demmert, H.: The Economics of Professional Team Sports, Lexington, 1973

Deschamps, J., Brown, R.: Superordinate Goals and Intergroup Conflict, in: British Journal of Social Psychology, 1983, 22, S. 189-195

Deutsch, M.: A Theory of Cooperation and Competition, in: Human Relations, 1949, 2, S. 129-152

Deutsch, M.: The Resolution of Conflict, New Haven, 1973

DeVellis, R.: Scale Developement: Theory and Applications, Newbury Park, 1993

Döbert, R., Nunner-Winkler, G.: Adoleszenzkrise und Identitätsbildung, Frankfurt, 1975

Doise, W., Sinclair, A.: The Categorization Process in Intergroup Relations, in: European Journal of Social Psychology, 1973, 3, S. 145-157

Doise, W., Weinberger, M.: Representations Masculines Dans Différentes Situations de Rencontres Mixtes, in: Bulletin de Psychologie, 1973, 26, 649-657

Doise, W., Deschamps, J., Meyer, G.: The Accentuation of Intra-Category Similarities, in: Tajfel, H.: Differentiation between Social Groups, London 1978

Dombrowski, O.: Psychologische Untersuchungen über die Verfassung von Zuschauern bei Fußballspielen, Ahrensburg, 1975

Domizlaff, H.: Die Gewinnung des öffentlichen Vertrauens - Ein Lehrbuch der Markentechnik, Hamburg, 1992

Donabedian, A.: The Definition of Quality and Approaches to its Assessment and Monitoring, Michigan, 1980

Dollard J., et al.: Frustration und Aggression, Weinheim 1970

Drewer, P., MacDonald, J.: Attendances at South Australian Football Games, in: International Review of Sport Sociology, 1981, 16, S. 103-117

Duncan, T., McAuley, E.: Efficacy Expectations and Perceptions Causality in Motor Performance, in: Journal of Sport Psychology, 1987, 9, S. 385-393

Dundes, A.: Projection in Folklore: A Plea for Psychoanalytic Semiotics, in: Modern Language Notes, 1976, 91, S. 1500-1533

Dundes, A.: Into the End Zone for a Touchdown: A Psychoanalytic Consideration of American Football, in: Western Folklore, 1978, 37, S. 75-88

Dunning, E.: The Social Roots of Football Hooligan Violence, Leisure Studies, Vol. 1, No. 2, London, 1981

Durkheim, E.: The Division of Labour in Society, New York, 1933

Dustin, D., Davis, H.: Evaluative Bias in Group and Individual Competition, in: Journal of Social Psychology, 1970, 80, S. 103-108

Edwards, H.: Sociology of Sport, Homewood, 1973

Edwards, H.: Race in Contemporary American Sports, in: National Forum, 1982, 62, S. 19-22

Eitzen, D.: The Effect of Group Structure on the Success of Athletic Teams, in: International Review of Sport Sociology, 1973, 8, 7-16

Elias, N.: Die Gesellschaft der Individuen, Frankfurt, 1987

Ellemers et al.: Social Identification and Permeability of Group Boundaries, in: European Journal of Social Psychology, 1988, 18, S. 497-513

Ellemers et al.: Status Protection in High Status Minority Groups, in: European Journal of Social Psychology, 1992, 22, S. 123-140

Ellemers, N.: The Influence of Sociostructural Variables on Identity Management Strategies, in: European Review of Social Psychology, 1993, 4, S. 27-57

Ellemers, N., Wilke, H., van Knippenberg, A.: Effects of the Legitimacy of Low Group or Individual Status on Individual and Collective Status-Enhancement Strategies, in: Journal of Personality and Social Psychology, 1993, 64, S. 766-778

Ellis, M.: Why People Play?, Englewood Cliffs, 1972

Epstein, S.: The Self-Concept: A Review and the Proposal of an Integratet Theory of Personality, in: Personality: Basic Issues and Current Research, Englewood Cliffs, 1980

Erikson, E.: Identität und Lebenszyklus, Frankfurt, 1981

Eschenbach, R., Horak., C., Plasonig, G.: Modernes Sportmanagement, Beispiel Fußball: Entwicklung eines integrierten Managementsystems, Wien, 1990

Festinger, L.: Informal Social Communication, in: Psychological Review, 1950, 57, 271-282

Festinger, L., Schachter, S., Back, K.: Social Pressures in Informal Groups, New York, 1950

Festinger, L.: A Theory of Social Comparison Processes, in: Human Relations, 1954, 7, S. 117-140

Fitts, W.: Manual: Tennessee Self Concept Scale, Nashville, 1964

Flacks, R.: The Liberated Generation: An Exploration of the Roots of Student Protest, in: Journal of Social Issues, 1967, 23, S. 52-75

Freter, H.: Interpretation und Aussagewert mehrdimensionaler Einstellungsmodelle im Marketing, in: Meffert, H., Steffenhagen, H., Freter, H.: Konsumentenverhalten und Information, Wiesbaden, 1979, S. 163-184

Freud, S.: Group Psychology and the Analysis of the Ego, London, 1921

Freyer, W.: Handbuch des Sportmarketing, Wiesbaden, 1990

Fromm, E.: Haben oder Sein; Die seelischen Grundlagen einer neuen Gesellschaft, München, 1979

Früh, W.: Inhaltsanalyse; Therorie und Praxis, München, 1992

Gärtner, M., Pommerehne, W.: Der Fußballzuschauer - ein homo oeconomicus? Eine theoretische und empirische Analyse, in: Jahrbuch für Sozialwissenschaft, 1978, 29, S. 88-107

Gaertner, S. et al.: The Common Ingroup Identity Model: Recategorization and Reduction of Intergroup Bias, European Journal of Social Psychology, 1993, 4, S. 1-26

Gerard, H., Hoyt, M.: Distinctiveness of Social Categorization and Attitude Toward ingroup Members, in: Journal of Personality and Social Psychology, 1974, 29, S. 836-842

Gergen, K.: The Concept of Self, New York, 1971

Geyer, D., Dotson, M., King, R.: Predicting Brand Commitment: An Empirical Test of Rusbult's Investment Model, in: Mid Atlantic Journal of Business, 1991, 2, S. 129-137

Giddens, A.: Modernity and Self-Identity: Self and Society in the Late Modern Age, Stanford, 1991

Gierl, H.: Eine Erklärung der Preislagenwahl bei Konsumgütern, Berlin, 1992

Gierl, H., Marcks, M.: Der Einsatz von Modellen der Markentreue-Messung, in: Marketing ZFP, 1993, 2, S. 103-108

Giesinger, M.: Analyse der Marketingaktivitäten österreichischer Fußballunternehmen, unpubliziertes Manuskript, Innsbruck, 1996

Gill, D., Ruder, K., Gross, J.: Open-Ended Attribution in Team Competition, in: Journal of Sport Psychology, 1982, 4, S. 159-169

Goffmann, E.: Stigma: Über Techniken der Bewältigung beschädigter Identität, Frankfurt, 1967

Gollwitzer, P., Earle, W., Stephan, W.: Affect as a Mediator of Attributional Egotism: Residual Excitation and Performance Attributions, in: Journal of Personality and Social Psychology, 1982, 43, S. 702-709

Greenstein, T., Marcum, J.: Factors Affecting Attendance of Major League Baseball: Team Performance, in: Review of Sport and Leisure, 1981, 6, S. 21- 34

Greenwald, A.: The Totalitarian Ego: Fabrication and Revision of Personal History, in: American Psychologist, 1980, 35, S. 603-618

Grieswelle, D.: Sportsoziologie, Stuttgart/Berlin/Köln/Mainz, 1978

Grönroos, C.: Strategic Management and Marketing in the Service Sector, Helsingfors, 1982

Grönroos, C.: A Service Quality Model and its Marketing Implications, in: European Journal of Marketing, 1984, 4, S. 36-44

Grönroos, Ch.: Fundamental Research Issues in Services Marketing, in: Bitner, M., Lawrence, A.: Designing a Winning Service, 7th Annual Service Marketing Conference Proceedings, Chicago III, 1989, S. 9-10

Grove, R., Hanrahan, S., McInman, A.: Success/Failure Bias in Attributions Accross Involvement Categories in Sport, in: Personality and Social Psychology Bulletin, 1991, 17, S. 93-97

Guttmann, A.: Sports Spectators, New York, 1986

Hackfort, J.: Sportmedien & Mediensport, Wirkungen-Nutzung-Inhalte der Sportberichterstattung, Berlin, 1988

Haller, S.: Beurteilung von Dienstleistungsqualität, Wiesbaden, 1995

Hansen, H., Gauthier, R.: Factors Affecting Attendance at Professional Sport Events, in: Journal of Sport Management, 1989, 3, S. 15-32

Harris, D.: Involvement in Sport: A Somatopsychic Rationale for Physical Activity, Philadelphia, 1973

Haslam, A., et al.: Contextual Changes in the Prototypicality of Extreme and Moderate Outgroup Members, in: European Journal of Social Psychology, 1995, 25, S. 509-530

Hasper, W., Glasl, F.: Von kooperativer Marktstrategie zur Unternehmensentwicklung: Konzeption, Methodik und Praxisbeispiele der Organisationsentwicklung im Marketing, Bern, 1988

Hay, R., Thueson, N.: High School Attendance and Related Factors, 1986

Heckhausen, H.: Motivation und Handeln, Berlin/Heidelberg/New York, 1980

Heider, F.: The Psychology of Interpersonal Relations, New York, 1958

Heitmeyer, W., Peter, J.: Jugendliche Fußballfans - Soziale und politische Orientierungen, Gesellungsformen, Gewalt, Weinheim/München, 1988

Hentschel, B.: Die Messung wahrgenommener Dienstleistungsqualität mit SERVQUAL; Eine kritische Auseinandersetzung, in: Marketing ZFP, 1990, 4, S. 230-240

Hentschel, B.: Dienstleistungsqualität aus Kundensicht. Vom merkmals- zum ereignisorientierten Ansatz, Wiesbaden, 1992

Herrmann, H.: Die Fußballfans, Untersuchungen zum Zuschauersport, Frankfurt, 1977

Higgins, D.: Local and Urban Politics in Canada, Toronto, 1986

Hill, J., Madura, J., Zuber, R.: The Short Run Demand for Major League Baseball, in: Atlantic Economic Journal, 1982, 10, S. 31-41

Hofstede, G.: Culture`s Consequences: International Differences in Work-Related Values, Newbury Park, 1991

Hogg, M., Turner, J.: Intergroup Behavior, Self Stereotyping and the Salience of Social Categories, Unpublished Paper; Macquarie University, Sydney, 1985c

Hogg, M., Abrams, D.: Social Identifications; A Social Psychology of Intergroup Relations and Group Processes, London/New York, 1988

Hogg, M., Hardie, E., Reynolds, K.: Prototypical Similarity, Self-Categorization, and Depersonalized Attraction: A Perspective on Group Cohesiveness, in: European Journal of Social Psychology, 1995, 25, 159-177

Homann, K., Drees, F.: Wirtschafts- und Unternehmensethik, Göttingen, 1992

Homans, G.: Social Behavior: Its Elementary Forms, New York, 1961

Hortleder, G.: Die Faszination des Fußballspiels, Frankfurt, 1974

Hortleder, G.: Sport-Eros-Tod, Frankfurt, 1986

Iso-Ahola, S.: Immediate Attributional Effects of Success and Failure in the Field: Testing some Laboratory Hypothesis, in: European Journal of Social Psychology, 1977, 7, S. 275-296

Israel, J., Tajfel, H.: The Context of Social Psychology: A Critical Assessment, London, 1972

Jacoby, J., Kyner, D.: Brand Loyalty vs. Repeat Purchasing Behavior, in: Journal of Marketing Research, 1973, 10, S. 1-9

Jacoby, J., Chestnut, W.: Brand Loyalty, Measurement and Management, New York, 1978

Janis, I., Field, P.: A Behavioral Assessment of Persuasibility: Consistency of Individual Differences, in: Hovland, C., Janis, I.: Personality and Persuasibility, New Haven, 1959, S. 29-54

Jasper, G.: Die Identität der Deutschen, in: Identität - Fünf Vorträge, Erlangen, 1989, S. 67-83

Jeuland, A.: Brand Choice Inertia as one Aspect of the Notion of Brand Loyalty, in: Management Science, 1979, 27, S. 671-682

Johnson, M.: Commitment: A Conceptual Structure and Empirical Application, in: The Sociological Quaterly, 1973, 14, S. 395-406

Jones, J.: The Economics of the National Hockey League, in: Canadian Journal of Economics, 1969, 2, S. 1-20

Jones, J.: Winner, Losers and Hosers: Demand and Survival in the National Hockey League, in: Atlantic Economic Journal, 1984, 3, S. 54-60

Jones, S.: Self and Interpersonal Evaluations: Esteem Theories versus Consistency Theories, in: Psychological Bulletin, 1973, 79, S. 185-199

Kaempfer, W., Pacey, P.: Televising College Football: The Complementary of Attendance and Viewing, in: Social Science Quaterly, 1986, 67, S. 176-185

Kagan, J.: The Concept of Identification, in: PR, 1958, 65, S. 290-305

Kahn, B., Kalwani, M., Morrison, D.: Measuring Variety-Seeking and Reinforcement Behavior Using Panel Data, in: Journal of Marketing Research, 1986, 23, S. 89-100

Kanungo, R.: Work Alienation - An Integrative Approach, New York, 1982

Kassarjian, H., Robertson, T.: Perspectives in Consumer Behavior, Glenview, 1981

Kelley, H., Thibaut, J.: Interpersonal Relations: A Theory of Interdependence, New York, 1978

Kern, H., Salcher, E.: Empirische Marktuntersuchung zum Sportsponsoring, in: Roth, P. (Hrsg.): Sportsponsoring, Landsber/Lech, 1990

Kirchler, E., Palmonari, A., Pombeni, M.: Social Categorization Processes as Dependent on Status Differences Between Groups: A Step into Adolescents' Peer-Groups, in: European Journal of Social Psychology, 1994, 24, S. 541-563

Kirsch, W.: Entscheidungsprozesse, Wiesbaden, 1971

Krappmann, L.: Soziologische Dimensionen der Identität: Strukturelle Bedingungen für die Teilnahme an Interaktionsprozessen, Stuttgart, 1988

Kreeger, L.: Die Großgruppe, Stuttgart, 1977

Kroeber-Riel, W.: Konsumentenverhalten, München, 1992

Kruglanski, A., Mackie, D.: Majority and Minority Influence: A Judgemental Process Analysis, in: European Journal of Social Psychology, 1990, 1, S. 229- 261

Kuehn, A.: Consumer Brand Choise as a Learning Process, in: Journal of Advertising Research, 1962, 8, S. 25-36

Latanè, B., Nida, S.: Social Impact Theory and Group Influence: A Social Engineering Perspective, in: Paulus, P.: Psychology of Group Influence, Hillsdale, 1980

Latanè, B.: The Psychology of Social Impact, in : American Psychologist, 1981, 36, S. 343-356

Latham, D., Stewart, D.: Organizational Objectives and Winning: An Examination of the NFL, in: Academy of Management Journal, 1981, 24, S. 403-415

Lattin, J., McAllister, L.: Using a Variety Seeking Model to Identify Substitute and Complementary Relationships among Competing Products, in: Journal of Marketing Research, 1985, 22, S. 330-339

Lattin, J.: A Model of Balanced Choice Behavior, in: Marketing Science, 1987, 6, S. 48-65

Lau, R., Russel, D.: Attributions in the Sports Pages, in: Journal of Personality and Social Psychology, 1980, 39, S. 29-38

LeBon, G.: The Crowd: A Study of the Popular Mind, London, 1895

Lenk, H.: Leistungssport: Ideologie oder Mythos?, Stuttgart/Berlin/Köln/Mainz, 1972

Lenk, H.: Die achte Kunst, Leistungssport-Breitensport, Zürich, 1985

Leonard, G.: The Ultimate Athlete, New York, 1974

Lewin, K.: Resolving Social Conflicts, New York, 1948

Lewin, K.: Field Theory in Social Science, London, 1952

Lever, J.: Fußball in Brasilien, in: Lüscher, G.: Die Soziologie des Sports, Darmstadt, 1976, S. 222-239

Lifton, R.: The Protean Self: Human Resilience in an Age of Fragmentation, New York, 1995

Lott, B.: Group Cohesiveness, a Learning Phenomenon, in: Journal of Social Psychology, 1961, 55, S. 275-286

Lott, A., Lott, B.: Group Cohesiveness as Interpersonal Attraction, in: Psychological Bulletin, 1965, 64, S. 259-309

Lucerna, C. et al.: Die Medienaktivitäten des FC Tirol Milch Innsbruck, unpubliziertes Manuskript, Innsbruck, 1996

Luhtanen, R., Crocker, J.: A Collective Self-Esteem Scale: Self Evaluation of One's Social Identity, in: Personality and Social Psychological Bulletin, 1992, 18, S. 302-318

Mairamhof, G.: A Model of the Service Provider's Response Process to Customer Disconfirmation, Innsbruck, 1995, Diss.

Mann, L.: Sports Crowds Viewed from the Perspective of Collective Behavior, in: Goldstein, J.: Sports, Games and Play, Social and Psychological Viewpoints, Hillsdale, 1979

March, J., Simon, H.: Organizations, New York, 1958

Mark, M., Folger, R.: Responses to Behavioral Deprivation, in: Shaver, P. (Ed.): Review of Personality and Social Psychology, Beverly Hills, 1984, Vol. 5, S. 192-218

Marques, J., Robalo, E., Rocha, S.: Ingroup Bias and the "Black Sheep" Effect: Assessing the Impact of Social Identification and Perceived Variability on Group Judgements, in: European Journal of Social Psychology, 1992, 22, S. 331-352

Mark, M. et al.: Causal Attributions of Winners and Losers in Individual Competitive Sports: Toward a Reformulation of the Self-Serving Bias, in: Journal of Sport Psychology, 1984, 6, S. 184-196

Marsh, P., Harrè, R.: The World of Football Hooligans, in: Human Nature, 1978, 1, S. 62-69

Marx, K.: Early Writings, New York, 1963

Maslow, A.: Motivation and Personality, New York, 1970

McAllister, L., Pessemier, E.: Variety Seeking Behavior: An Interdisciplinary Review, in: Journal of Consumer Research, 1982, 9, S. 311-322

McAuley, E., Gross, J.: Perceptions of Causality in Sport: An Application of the Causal Dimension Scale, in: Journal of Sport Psycholgy, 1983, 5, S. 72-76

McDougall, W.: The Group Mind, Cambridge, 1921

McGuire, W., McGuire, C.: Content and Process in the Experience of Self, in: Berkowitz, L. (Ed.): Advances in Experimental Social Psychology, New York, 1988, Vol. 21, S. 97-144

McKillip, J., DiMiceli, A., Leubke, J.: Group Salience and Stereotyping, in: Social Behavior and Personality, 1977, 5, S. 81-85

McPherson, B.: Sport Consumption and the Economics of Consumerism, in: Ball, D., Loy, W.: Sport and Social Order: Contributions to the Sociology of Sports, New York, 1975

Medoff, M.: On Monopsonistic Exploitation in Professional Baseball, in: Quaterly Review of Economics and Business, 1976, 16, S. 113-120

Melnick, M.: The Sports Fan: A Teaching Guide and Bibliography, in: Sociology of Sport Journal, 1989, 6, S. 167-175

Merton, R.: Social Theory and Social Structure, New York, 1957

Meyer, A., Mattmüller, R.: Qualität von Dienstleistungen; Entwurf eines praxisorientierten Qualitätsmodells, in: Marketing ZFP, 1987, 3, S. 195-209

Meyer, A.: Dienstleistungs-Marketing, in: DBW, 1991, 51, S. 195-209

Michener, J.: Sports in America, New York, 1976

Miller, D.: Gods and Games: Toward a Theology of Play, New York, 1970

Miller, D., Ross, M.: Self-Serving Biases in the Attribution of Causality: Fact or Fiction?, in: Psychological Bulletin, 1975, 82, S. 213-225

Moghaddam, F., Taylor, D., Lalonde, R.: Individualistic and Collective Integration Strategies among Iranians in Canada, in: International Journal of Psychology,1987, 22, S. 301-313

Moorehouse, H.: Professional Football and Working Class Culture: English Theories and Scottish Evidence, in: Sociological Review, 1984, 32, S. 285-315

Morel, J.: Grundkurs der Soziologie, Innsbruck, 1988

Morris, D.: The Naked Ape, New York, 1967

Morris, D.: Das Spiel. Faszination und Ritual des Fußballs. Das Spiel, mit dem wir leben, München/Zürich, 1981

Mowday, R., Porter, L., Steers, R.: Employee-Organization Linkages - The Psychology of Commitment, Absenteeism, and Turnover, New York, 1982

Mucchi-Faina, A.: Minority Influence: The Effects of Social Status of an Inclusive versus an Exclusive Group, in: European Journal of Social Psychology, 1994, 24, 679-692

Mullen, B.: Group Composition, Salience, and Cognitive Representations: The Phenomenology of Being in a Group, in: Journal of Experimental Social Psychology, 1991, 27, S. 297-323

Mullen, B., Brown, R., Smith, C.: Ingroup Bias as a Function of Salience, Relevance, and Status: An Integration, in: European Journal of Social Psychology, 1992, 22, S. 103-122

Mullin, B., Hardy, S., Sutton, W.: Sport Marketing, Windsor, 1993

Mummendey, A., Schreiber, H.: "Different" just means "Better". Some Obvious and some Hidden Pathways to Ingroup Favoritism, in: British Journal of Social Psychology, 1984b, 23, S. 363-368

Mummendey, A.: Verhalten zwischen sozialen Gruppen: Die Theorie der sozialen Identität, in Frey, D., Irle, M.: Theorien der Sozialpsychologie, Band II: Gruppen- und Lerntheorien, Bern/Stuttgart/Toronto, 1989, S. 185-216

Mummendey, A.: Positive Distinctiveness and Social Discrimination: An Old Couple Living in Divorce, in: European Journal of Social Psychology, 1995, 25, S. 657-670

Murray, H.: Explorations in Personality, New York, 1938

Murrell, A., Dietz, B.: Fan Support of Sport Teams: The Effect of a Common Group Identity, Journal of Sport and Exercise Psychology, 1992, 14, S. 28-39

Nieschlag, R., Dichtl, E., Höschgen, H.: Marketing, Berlin, 1983

Neuberger, O., Kompa, A.: Wir, die Firma, Weinheim/Basel, 1987

Newcomb, T.: Interpersonal Balance, in: Abelson, E. et al.: Theories of Cognitive Consistency, Chicago, 1968

Nunner/Winkler, G.: Selbstkonzeptforschung und Identitätskonstrukt - ein Vergleich zweier Ansätze aus der psychologischen und soziologischen Sozialpsychologie, in: Zeitschrift für Sozialpsychologie, 1988, S. 243-254

Oakes, P.: Factors Determining the Salience of Group Membership in Social Perception, Bristol, 1983, Diss.

Oakes, P., Davidson, B.: Self-Perception and the Salience of Social Categories, Unpublished Paper; Macquarie University, Sydney, 1986

Ogilvie, B., Tutko, T.: A Psychologist Reviews the Future Contribution of Motivation Research in Track and Field, in: Track and Field News, 1963

Ortner, H.: Das Geschäft mit dem Sport, Rastatt, 1987

Parasuraman, A., Berry, L., Zeithaml, V.: An empirical Examination of Relationships in an Extended Service Quality Model, Report No. 90-122, Cambridge, 1990

Parkin, F.: Class Inequality and Political Order: Social Stratification in Capitalist and Communist Society, London, 1971

Parsons, T.: The Social Systems, New York, 1951

Parsons, T.: Sociological Theory and Modern Society, New York, 1967

Parsons, T.: Der Stellenwert des Identitätsbegriffs in der allgemeinen Handlungstheorie, in: Döber, R., Habermas, J., Nunner-Winkler, G.: Entwicklung des Ichs, Köln, 1977, S. 68-88

Penrose, L.S.: On the Objective Study of Crowd Behavior, London, 1952

Pettigrew, T.: Pacially Separate or Together?, New York, 1971

Piercy, N.: Market-Led Strategic Change, London, 1991

Porter, P., Scully, G.: Measuring Managerial Efficiency: The Case of Baseball, in: Southern Economic Journal, 1982, 48, S. 642-656

Pramann, U.: Fußball und Folter Argentinien '78, Hamburg, 1978

Preston, M. et al.: Impressions of Personality as a Function of Marital Conflict, in: Journal of Abnormal and Social Psychology, 1952, 47, S. 326-336

Pyszczynski, T., Greenberg, J.: Toward an Integration of Cognitive and Motivational Perspectives on Social Inference: A Hypothesis-Testing Model, in: Berkowitz (Ed.) L.: Advances in Experimental Social Psychology, 1987, 20, S. 297-340

Pyszczynski, T., Greenberg, J.: Depression and Preference for Self-Focusing Stimuli Following Success and Failure, in: Journal of Personality and Social Psychology, 1985, 49, S. 1066-1075

Quirk, J., El Hodiri, M.: The Economic Theory of a Professional Sports League, in Noll, R.: Government and the Sports Business, Washington, 1974

Rabinowitz, S., Hall, D.: Organizational Research on Job Involvement, in: Psychological Bulletin, 1977, 84, S 265-288

Reck, S.: Identität, Rationalität und Verantwortung; Grundbegriffe und Grundzüge einer soziologischen Identitätstheorie, Frankfurt, 1981

Riemer, M.: Beschwerdemanagement, Frankfurt/New York, 1986

Riess, M., Taylor, J.: Ego-Involvement and Attributions for Success and Failure in a Field Setting, in: Personality and Social Psychology Bulletin, 1984, 10, S. 536-543

Rijsman, J.: Sociale Hierarchisatie en Competitie: Een Theoretische en Experimentele Bijdrage tot de Psychologie van de Sociale Vergelijking en Individuering, Leuven, 1970, Diss.

Rijsman, J.: The Dynamics of Social Competition in Personal and Categorical Comparison-Situations, in: Doise, W., Moscovici, S. (Eds.): Current Issues in European Social Psychology, Vol 1, Cambridge 1983, S. 279-312

Riordan, C., Thomas, J., James, M.: Attributions in a One-on-one Competition: Evidence for Self-Serving Biases and Gender Differences, in: Journal of Sport Behavior, 1985, 8, S. 42-53

Roberts, G., Pascuzzi, D.: Causal Attributions in Sport: Some Theoretical Implications, in: Journal of Sport Psychology, 1979, 1, S. 203-211

Robinson, D., Howe, B.: Causal Attributions and Mood State Relationships of Soccer Players in a Sport Achievement Setting, in: Journal of Sport Behavior, 1987, 10, S. 137-146

Rokeach, M.: The Open and the Closed Mind, New York, 1960

Rosch, E.: Principles of Categorization, in: Rosch, E., Lloyd, B.: Cognition and Categorization, Hillsdale, 1978, S. 27-48

Rosenberg, M.: Society and the Adolescent Self-Image, Princeton, 1965

Rosenberg, M.: Conceiving the Self, New York, 1979

Runkel, G.: Soziologie des Spiels, Frankfurt, 1986

Rusbult, C.: Commitment and Satisfaction in Romantic Associations: A Test of the Investment Model, in: Journal of Experimental Social Psychology, 1980, 16, S. 172-186

Sachdev, I., Bourhis, R.: Social Categorization and Power Differentials in Group Relations, in: European Journal of Social Psychology, 1985, 15, S. 415-434

Sandler, J.: Zum Begriff des Über-Ichs, in: Psyche, 1964, 18, S. 721-743

Schade, Ch.: Kompatibilitätskriterien, Kompatibilitätsmanagement und Projektselektion in der Unternehmensberatung, in: Kleinaltenkamp, M. (Hrsg.): Dienstleistungsmarketing, Konzeptionen und Anwendungen, Wiesbaden, 1995, S. 63-88

Schafer, W.: Some Sources and Consequences of Interscholastic Athletics, in: Sociology of Sports, 1969, S. 29-56

Schanz, G.: Methodologie für Betriebswirte, Stuttgart, 1988

Schober, B.: Corporate Identity - Modisches Schlagwort oder schlagkräftige Philosophie, Innsbruck, 1995, Diss.

Schollaert, P., Smith, D.: Team Racial Composition and Sports Attendance, in: The Sociology Quaterly, 1987, 28, S. 71-87

Schuhan, J., DuPree, D.: Pro Basketball: The Black Majority, Washington, 1976

Schurr, K., Ruble, V, Ellen, A.: Myers-Briggs Type Inventory and Demographic Characteristics of Students Attending and Not Attending a College Basketball Game, in: Journal of Sport Behavior, 1985, 8, S. 181-194

Schurr, K., Wittig, A., Ruble, V.: Demographic and Personality Characteristics Associated with Persistent, Occasional, and Non-Attendance of University Male Basketball Games by College Students, in: Journal of Sport Behavior, 1987, 11, S. 3-17

Scitovski, T.: Psychologie des Wohlstands, Frankfurt, 1989

Scully, G.: Pay and Performance in Major League Baseball, in: American Economic Review, 1974, 6, S. 915-930

Secord, B., Backmann, C.: Social Psycholgy, New York, 1964

Sherif, M.: A Preliminary Experimental Study of Inter-Group Relations, New York, 1951

Sherif, M., Sherif, C.: Groups in Harmony and Tension, New York, 1953

Sherif, M., White, B., Harvey, O.: Status in Experimentally Produced Groups, in: American Journal of Sociology, 1955, 60, S. 370-379

Sherif et al.: Intergroup Conflict and Cooperation - The Robbers Cave Experiment, Oklahoma, 1961

Sherif, M.: Group Conflict and Cooperation: Their Social Psychology, London, 1966

Sherif, M.: Group Conflict and Cooperation, London, 1967

Sherif, M., Sherif, C.: Social Psychology, New York, 1969

Siegfried, J., Eisenberg, J.: The Demand for Minor League Baseball, in: Atlantic Economic Journal, 1980, 8, S. 59- 67

Sievers, B.: Organisationsentwicklung als Problem, Stuttgart , 1977

Simon, H.: The New Science of Management Decision, New York, 1960

Simon, B.: The Perception of Ingroup and Outgroup Homogeneity: Re-Introducing the Intergroup Context, in: Stroebe, W., Hewstone, M. (Eds.): European Review of Social Psychology, 1992, Vol. 3, Wiley/Wichester, S. 1-39

Simon, B.: On the Asymmetry in the Cognitive Construal of Ingroup and Outgroup: A Model of Egocentric Social Categorization, in: European Journal of Social Psychology, 1993, 23, S. 131-147

Simon, B., Kulla, C., Zobel, M.: On Being more than just a Part of the Whole: Regional Identity and Social Distinctiveness, in: European Journal of Social Psychology, 1995, 25, S. 325-340

Sirgy, M.: Self-Concept in Consumer Behavior: A Critical Review, in: Journal of Consumer Research, 1982, 9, S. 287-300

Sloan, L.: The Function and Impact of Sports for Fans: A Review of Theory and Contemporary Research, in: Goldstein, J.: Sports, Games and Play, Social and Psychological Viewpoints, Hillsdale, 1979, S. 220-263

Smith, G. et al.: A Profile of the Deeply Committed Sports Fan, in: Arena Review, 1981, 5, S. 26-44

Smith, M.: Violence in Sport, in: Sportwissenschaft, 1974, 4, S. 153-160

Smith, M.: Violence and Sport, Toronto, 1983

Snyder, C., Fromkin, H.: Uniqueness: The Human Pursuit of Difference, New York, 1980

Snyder, C., Higgins, R., Stucky, R.: Excuses: Masquerades in Search of Grace, New York, 1983

Snyder, C., Lassegard, M., Ford, C.: Distancing after Group Success and Failure: Basking in Reflected Glory and Cutting off Reflected Failure, in: Journal of Personality and Social Psychology, 1986, 51, S. 382-388

Spencer, H.: The Principles of Psychology, New York, 1896

Stauss, B., Neuhaus, P.: Das Qualitative Zufriedenheitsmodell (QZM), unpubliziertes Manuskript, Ingolstadt, 1995

Steenkamp, J.: Conceptual Model of the Quality Perception Process, in: Journal of Business Research, 1990, 4, S. 309-333

Stephan, W., Gollwitzer, P.: Affect as a Mediator of Attributional Egotism, in: Journal of Experimental Social Psychology, 1981, 17, S. 443-458

Stokes, A.: Psychoanalytical Reflections on the Development of Ball Games, in: International Journal of Psychoanalysis, 1956, 37, S. 185-192

Strauß, B.: Rasch-Modellierung bei Mehrfachwahlaufgaben, Kiel, 1993

Strauß, B.: Über die Identifikation von Zuschauertypen, in: Messing, M., Lames, M.: Empirische Untersuchungen zur Sozialfigur des Sportzuschauers, Mainz, 1993

Strauß, B.: Orientierungen von Sportzuschauern, Zeitschrift für Sportpsychologie, 1994, S. 19-25

Suarez-Orozco, M.: A Study of Argentine Soccer: The Dynamics of its Fans and their Folklore, in: Journal of Psychoanalytic Anthropology, 1982, 5, S. 7-29

Suls, J., Miller, R.: Social Comparison Processes: Theoretical and Empirical Perspectives, Washington, 1977

Tajfel, H.: Experiments in Intergroup Discrimination, in: Scientific American, 1970, 223, S. 96-102

Tajfel, H.: Differentiation between Social Groups: Studies in the Social Psychology of Intergroup Relations, London, 1978

Tajfel, H.: Individuals and Groups in Social Psychology, in: British Journal of Social and Clinical Psychology, 1979, 18, S. 183-190

Tajfel, H.: Human Groups and Social Categories: Studies in Social Psychology, Cambridge, 1981

Tajfel, H.: Social Psychology of Intergroup Relations, in: Annual Review of Psychology, 1982a, 33, S. 1-39

Tajfel, H., Turner, J.: An Integrative Theory of Intergroup Conflict, in: Austin, W., Worchel, S.: The Social Psychology of Intergroup Relations, Chicago, 1986

Taylor, D., Brown, J.: Illusion and Well-Being: A Social Psychological Perspective on Mental Health, in: Psychological Bulletin, 1988, 103, S. 193-210

Taylor, D., McKirnan, D.: A Five-Stage Model of Intergroup Relations, in: British Journal of Social Psychology, 1984, 23, S. 291-300

Taylor, D. et al.: Disadvantaged Group Responses to Perceived Inequality: From Passive Acceptance to Collective Action, in: Journal of Social Psychology, 1987, 127, S. 259-272

Taylor, I.: Football Mad: A Speculative Sociology of Football Hooliganism, in: Dunning, E.: The Sociology of Sport, Cass., 1971a

Taylor, I.: Soccer Consciousness and Soccer Hooliganism, in: Cohen, S., Images of Deviances, Penguin, 1971b

Taylor, I.: Soccer Hooliganism Revisited, in: Hargreaves, J.: Sport, Culture and Ideology, Routledge & Keegan, 1982

Tenbruck, F.: Moderne Jugend als Soziale Gruppe, in: Friedeburg, L.: Jugend in der modernen Gesellschaft, Köln/Berlin, 1969

Terborg, J., Castore, C., DeNinno, J.: A Longitudinal Field Investigation of the Impact of Group Composition on Group Performance and Cohesion, in: Journal of Personality and Social Psychology, 1976, 6, S. 782-790

Tesser, A., Campbell, J.: Self-Definition and Self-Evaluation Maintainence, in: Suls, J., Greenwald, A.: Psychological Perspectives in the Self; Hillsdale, 1983, Vol. 2, S. 1-31

Tetlock, P., Levi, A.: Attribution Bias: On the Inconclusiveness of the Cognition Motivation Debate, in: Journal of Experimental Social Psychology, 1982, 18, S. 68-88

Treinen, H.: Symbolische Ortsbezogenheit, in: Kölner Zeitschrift für Soziologie, 1965a, 17, S.73-97

Treinen, H.: Symbolische Ortsbezogenheit, in: Kölner Zeitschrift für Soziologie, 1965b, 17, S. 254-294

Trosien, G.: Die Sportbranche und ihre Geldströme, Witten, 1991

Turner, J.: Social Comparison and Social Identity: Prospects for Intergroup Behavior, in: European Journal of Social Psychology, 1975, 5, S. 5-34

Turner, J., Brown, R.: Social Status, Cognitive Alternatives and Intergroup Relations, in: Tajfel, H.: Differentiation between Social Groups, San Diego, 1978, S. 201-234

Turner, J.: Towards a Cognitive Redefinition of the Social Group, in: Tajfel, H. (Ed.): Social Identity and Intergroup Relations, Cambridge, 1982

Turner, J.: Social Categorization and the Self Concept: A Social Cognitive Theory of Group Behavior, in: Advances in Group Processes, Greenwich, 1985, S. 77-122, Vol. 2

Turner et al.: Rediscovering the Social Group: A Self-Categorization Theory, Oxford/New York, 1987

Unger, F.: Konsumentenpsychologie und Markenartikel, Heidelberg/Wien, 1983

Van Knippenberg, A., Oers, H: Social Identity and Equity Concerns in Intergroup Perceptions, in: British Journal of Social Psychology, 1984, 23, S. 351-362

Van Trijp, H.: Variety Seeking Consumption Behavior: A Review, Wageningen Agricultural University, 1989, Working Paper

Veccia, S.: Sunday Orgasm, in: International Journal of Sport Psychology, 1976, 7, S. 134-164

Vecsey, G.: White Heroes and Professional Basketball, in: New York Times, 1980 June (9), D5

Volkamer, M.: Sport als aggressives Verhalten - Aggressives Verhalten im Sport, in: Die Leibeserziehung, 1972, 12, S. 409-415

Volkamer, M.: Zur Definition des Begriffs "Sport", in: Sportwissenschaft, 1984, 14, S. 195-203

Von Krokoff, C.: Sport, Gesellschaft, Politik, München, 1980

Wagner, U., Lampen, L., Syllwaschi, J.: Soziale Identität und Diskriminierung zwischen Gruppen: Eine Erweiterung des "Minimal-Group" Paradigmas. Unveröffentlichtes Manuskript, Universität Bochum,1983

Wagner, W.: Social Representations, Group Affiliation, and Projection: Knowing the Limits of Validity, 1995, 25, S. 125-139

Wann, D., Branscombe, N.: Die-Hard and Fair-Weather Fans: Effects of Identification on BIRGing and CORFing Tendencies, in: Journal of Sport and Social Issues, 1990, 14, S. 103-117

Wann, D., Branscombe, N.: Sports Fans: Measuring Degree of Identification with Their Team, in: International Journal of Sport Psychology, 1993, 24, S. 1-17

Weary-Bradley, G.: Self-Serving Biases in the Attribution Process: An Examination of the Fact or Fiction Problem, in: Journal of Personality and Social Psychology, 1978, 36, S. 56-71

Weary, G., Arkin, R.: Attributional Self-Presentation, in: Harvey, J., Kidd, R.: New Direction in Attribution Research, Hillsdale, 1981

Weber, M.: The Protestant Ethic and the Spirit of Capitalism, London, 1930

Weber, M.: Wirtschaft und Gesellschaft - Grundriß der verstehenden Soziologie, Tübingen, 1972

Weber, W.: Das Identifikationsphänomen und seine Bedeutung als Determinante menschlichen Verhaltens in Organisationen, Mannheim 1971, Diss.

Weber, W. et al.: Die wirtschaftliche Bedeutung des Sports, Schorndorf, 1995

Weiner, B.: An Attribution Theory of Achievement Motivation and Emotion, in: Psychological Review, 1985, 92, S. 548-573

Weiß, O.: Sport und Gesellschaft. Eine sozialpsychologische Perspektive, Wien, 1990

Wetherell, M.: Social Identity and Group Polarization, in: Turner, J. et al.: Rediscovering the Social Group: A Self Categorization Theory, Oxford/New York, 1987

Widmeyer, W., Brawley, L., Carron, A.: The Measurement of Cohesion in Sport Teams: The Group Environment Questionaire, London, 1985

Wills, T.: Downward Comparison Principles in Social Psychology, in: Psychological Bulletin, 1991, 90, S. 245-271

Wilson, P.: Winds up the Willow, Melbourne, 1980

Wiswede, G.: Einführung in die Wirtschaftspsychologie, München, 1991

Worchel, S.: Cooperation and the Education of Intergroup Conflict: Some Determining Factors, in: Austin, W., Worchel, S.: The Social Psychology of Intergroup Relations, Monterey (Calif.), 1979

Zajonc, R.: Social Facilitation, in: Science, 1965, 149, S. 269-274

Zak, T., Huang, C., Siegfried, J.: Production Efficiency: The Case of Professional Basketball, in: Journal of Business, 1979, 52, S. 19-27

Zech, C.: An Empirical Estimation of a Production Function: The Case of Major League Baseball, in: American Economist, 1981, 25, S. 19- 27

Zeithaml, V., Parasuraman, A., Berry, L.: Delivering Service Quality, New York, 1990

Zillman, D., Sapolski, B., Bryant: The Enjoyment of Watching Sport Contests, in: Goldstein, J.: Sports, Games and Play, Social and Psychological Viewpoints, Hillsdale, 1979, S. 297-336

Zimbardo, P.: Psychologie, Berlin, 1992

Zohlnhofer, W.: Parteiidentifizierung in der Bundesrepublik und den Vereinigten Staaten, in: Kölner Zeitschrift für Soziologie und Sozialpsychologie, 1968, 20, S. 126-168

Zuckerman, M.: Attribution of Success and Failure Revisited, or: The Motivational Bias is Alive and Well in Attribution Theory, in: Journal of Personality, 1979, 47, S. 245-287

DeutscherUniversitätsVerlag

GABLER · VIEWEG · WESTDEUTSCHER VERLAG

Aus unserem Programm

Beate Kay-Enders
Marketing und Ethik
Grundlagen - Determinanten - Handlungsempfehlungen
1996. XXIV, 349 Seiten, Broschur DM 118,-/ ÖS 861,-/ SFr 105,-
GABLER EDITION WISSENSCHAFT
ISBN 3-8244-6341-5
Die Autorin erläutert die Determinanten moralischen bzw. unmoralischen Marketinghandelns. Auf dieser Basis entwickelt sie konkrete Vorschläge, wie innerhalb eines Unternehmens moralisches Marketinghandeln gefördert werden kann.

Dieter Litzinger
Computergestütztes Promotioncontrolling
Konzeption eines Informationssystems für das Controlling von Konsumgüterpromotions
1996. XXI, 262 Seiten, Broschur DM 98,-/ ÖS 715,-/ SFr 89,-
GABLER EDITION WISSENSCHAFT
ISBN 3-8244-6366-0
Eine bedeutende Ursache für die geringe Profitabilität von Promotions für Konsumgüter liegt in der mangelnden Kooperation des Handels bei Promotions der Hersteller. Zur Reduzierung des Aufwands und zur Verbesserung der Qualität von Promotionentscheidungen entwickelt der Autor eine Computerunterstützung.

Gerald Spitzer
Sonderwerbeformen im TV
Kommunikations-Kooperationen zwischen Fernsehen und Wirtschaft
1996. XXIV, 402 Seiten, 49 Abb., Br. DM 118,-/ ÖS 861,-/ SFr 105,-
DUV Wirtschaftswissenschaft
ISBN 3-8244-0286-6
Auf Seiten der Markenartikelunternehmen wie auf Seiten der TV-Anstalten ist eine zunehmende Bedeutung von "Sonderwerbeformen im TV" (TV-Sponsoring, Product Placement, Merchandising etc.) zu beobachten. Hier ist ein erster umfassender Überblick.

Die Bücher erhalten Sie in Ihrer Buchhandlung!
Unser Verlagsverzeichnis können Sie anfordern bei:
Deutscher Universitäts-Verlag
Postfach 30 09 44
51338 Leverkusen

MIX
Papier aus verantwortungsvollen Quellen
Paper from responsible sources
FSC® C105338

FSC
www.fsc.org

If you have any concerns about our products,
you can contact us on
ProductSafety@springernature.com

In case Publisher is established outside the EU,
the EU authorized representative is:
**Springer Nature Customer Service Center GmbH
Europaplatz 3, 69115 Heidelberg, Germany**

Printed by Libri Plureos GmbH
in Hamburg, Germany